江苏省法学会研究项目《行政法视野中的服务型政府研究》（SFH2011D01）成果
江苏省重点学科资助

黄学贤 等 著

行政法视野中的
服务型政府研究

RESEARCH ON THE SERVICE-ORIENTED GOVERNMENT
IN THE VIEW OF ADMINISTRATIVE LAW

中国政法大学出版社

2013·北京

图书在版编目（ＣＩＰ）数据

行政法视野中的服务型政府研究/黄学贤等著. --北京:中国政法大学出版社,2013.6

ISBN 978-7-5620-4726-1

Ⅰ.①行… Ⅱ.①黄… Ⅲ.①国家行政机关－行政管理－研究 Ⅳ.①D035

中国版本图书馆CIP数据核字(2013)第105099号

书　　名	行政法视野中的服务型政府研究	
	Xingzhengfa Shiye Zhong de Fuwuxing Zhengfu Yanjiu	
出版发行	中国政法大学出版社(北京市海淀区西土城路25号)	
	北京 100088 信箱 8034 分箱　邮编 100088	
	http://www.cup1press.com (网络实名: 中国政法大学出版社)	
	010-58908325(发行部)　58908334(邮购部)	
编辑统筹	第六编辑部　010-58908524　dh93@sina.com	
承　　印	固安华明印刷厂	
规　　格	720mm×960mm　16 开本　14.25 印张　260 千字	
版　　本	2013 年 6 月第 1 版　2013 年 6 月第 1 次印刷	
书　　号	ISBN 978-7-5620-4726-1/D・4686	
定　　价	39.00 元	

服务型政府的行政法审视（代序言）

黄学贤*

　　西方国家在经历了成熟的自由法治阶段后，重新设定了政府和民众之间的关系，服务型政府的理念应运而生。20 世纪 70 年代末，西方兴起一场声势浩大的公共管理改革浪潮，这场运动被看作是一场"重塑政府"和"再造公共部门"的"新公共管理运动"。该运动对传统的行政管理进行反思，调整政府和社会管理公共事务职能之间的关系，重塑政府管理自身和社会事务的手段、过程和模式。随后，加拿大、澳大利亚、新西兰、荷兰、日本等国都把"顾客导向"作为政府改革的重要环节，掀起了建设服务型政府的浪潮。

　　我国政府职能的重心已由政治转向经济，向社会管理和公共服务转变成为改革的必然趋势。近年来我国提出"落实科学发展观，构建社会主义和谐社会"的发展思路，努力推进经济体制转型和政治体制改革。2004 年温家宝总理在中央党校省部级干部研究班结业式上首次提出

---

　　* 苏州大学王健法学院教授、法学博士、博士研究生导师。

"建设服务型政府"。2005 年温家宝总理在《政府工作报告》中正式提出了"建设服务型政府"的目标,明确了在新时期政府转型的方向和任务,即政府转型要从治理改革入手,转变政府职能,依法行政,使政府转变为公共服务型政府、法治政府,真正成为公共物品的提供者、经济社会环境的创造者、人民权利的维护者。2007 年在党的十七大报告中,胡锦涛总书记进一步强调要"加快行政管理体制改革,建设服务型政府"。2008 年,温家宝总理在《政府工作报告》中指出:"加快建设服务型政府。进一步转变政府职能,健全政府职责体系,在加强和改善经济调节、市场监管的同时,更加注重履行社会管理和公共服务职能,着力改善民生和加强社会建设。"2012 年胡锦涛同志在党的十八大报告中指出要"深入推进政企分开、政资分开、政事分开、政社分开,建设职能科学、结构优化、廉洁高效、人民满意的服务型政府"。这些不仅说明了公共服务型政府作为我国政府转型的目标业已确立,而且也表明了我国正在朝着服务型政府的目标迈进。

但是,当前我国在构建服务型政府方面还存在着诸多法律问题,主要表现在:服务型行政模式下行政行为的法律依据不足,公共服务提供严重不足且不公平,政府行为还不符合服务型政府的要求,作为服务型政府体制核心内容的公众参与机制、权利救济机制、问责机制、绩效考核机制等重要法律制度仍然缺失等。

在服务型政府的研究上,学术界虽然已经取得了一定的成果,但仍有进一步深化研究的必要。就目前研究来讲,主要存在以下问题:

1. 研究角度较为单一。现有的研究大都从政治学或是管理学的角度进行,研究成果重复现象严重,原创、新颖和有深度的研究成果比较少见,行政法学角度的研究相对较少,也缺乏系统性。

2. 研究的整体性不足。就研究现状而言,学者们没有对"服务型政府"与"法治政府"的关系、服务型政府面临的法律难题予以整体性研究。从建设"法治政府"到提出建设"服务型政府",必然存在着复杂的博弈过程。服务型政府的构建,并不是政府自在自为的结果,而是公民、社会以及政府等多种力量相互博弈的结果。因此,我们不仅要研究我国构建服务型政府的社会约束条件,而且要研究我国政治发展水平与我国服务型政府的构建之间的相关性，以及如何在政府转型的过程中最大程度地保护人民的利益，如何用最小的损失来取得最大的成就。而现有的研究较为零散，未能系统地提出问题、分析问题和解决问题。因此，对建设服务型政府从法律层面进行系统性、整体性的研究非常必要。

3. 理论体系不够全面。在服务型政府的理论架构方面，现有的研究也多是不全面的。诸多研究成果都在不断强调构建服务型政府与我们党的宗旨、市场经济体制、加入世界贸易组织、提升政府竞争力、落实科学发展观以及经济全球化等变量之间的相关性，很少有人系统性地论述服务型政府的法理基础。在少有的几个提及该方面的学者中，理论探讨也不够深入，大都从"主权在民"或"人民当家作主"两方面来论述，尚未形成系统性的观点。

4. 缺乏具有实践性的研究结果。学者们大都将研究的重点放在服务型政府的基本概念方面，具有实践性的理论成果严重不足。比如建设服务型政府对行政法学提出哪些新的问题，行政法学如何回应服务型政府建设等问题，较少得到研究。

目前从政治学、行政学的角度对服务型政府的研究较多，但从法律层面对服务型政府进行的研究非常欠缺。针对理论与实践中存在的问题，我们必须从法律特别是行政法的角度认真加以研究。对"服务型政府"的概念加以明确界定，明确服务型政府与相对人之间法律上的权利义务关系。对服务型政府模式下行政法基本原则、行政主体、行政行为以及行政救济制度等进行具体的研究，以便为服务型政府模式下行政法理论体系的建立以及行政行为的有效规范及其法律救济等做好充分的理论准备。从行政法的角度对服务型政府进行研究，不仅有利于推动服务型政府建设的研究走向体系化，而且能引起学界更广泛、深入的探讨，促进行政法治理论研究的深化，更能进一步指导和规范政府行为，推动政府转型，指导立法和司法，从而推进服务型政府建设向纵深方向发展。

以行政法的视角审视服务型政府，其一，在理论基础方面，要对服务行政的思想渊源、发展脉络进行系统的梳理，总结出服务型政府的基本概念、基本特点。其二，在实践层面，将对西方"新公共管理运动"以来服务型行政的发展历程进行分析总结，提炼出值得借鉴的经验教训。其三，通过对中国行政立法、行政执法以及行政救济等实践状况的深入分析，梳理出我国在服务型政府建设方面取得的成就，指明在法律上存在的问题，对法制建设背景下服务型政府的内涵和具体要求进行阐释，展望服务型政府建设在我国的发展前景。其四，对我国依法建设服务型政府进行具体的理论规划，具体包括如何处理与依法行政原则的关系、如何通过法律的形式厘定政府和行政相对人各自的权利（权力）和义务、如何构建体现服务型政府理念的公众参与机制、权利救济机制、问责机制、绩效考核机制。其五，通过法律制度的创新消除服务型政府可能带来的负面影响。服务型政府建设可能带来行政成本增加、机构人员膨胀、服务效率低下等问题，如何运用法律的手段解决这些问题，是建设服务型政府必须解决的现实问题。

我们认为，建设服务型政府法律问题的研究有其相对独特的路径，因此在研究方法上应当对传统方法有所超越。这些超越主要体现在下列三个方面：一是强化对行政法治宏观背景的研究，即加强对法律赖以存在的社会基础、法律背后的各种社会关系进行研究。二是强化对行政法治微观背景的研究，要把构建服务型政府和行政法治存在的直接基础结合起来，研究各种相应的行政法律关系。三是强化对行政法若干构成要素的研究，服务型政府建立在复杂的社会机制之上，构建服务型政府就是要对社会关系中相关主体的关系进行重新整合，这些整合离不开对行政法设计主体、运行主体以及介入主体的深入研究。

总之，要通过全面系统的研究，分析和解决服务型政府建设实践中存在的法律问题，运用行政法学原理构建依法建设服务型政府的理论体系。当然，这只是从应然角度而言的，实然上我们的研究在不断朝着这个方向努力！

目录

以服务型政府为视角的行政法
原则变迁

黄学贤* 郑 哲**

服务型政府的概念自被提出以来，即被来自众多学科领域的纷繁复杂的理论所包围，诸多学者都对这一时下的热词发表了不同的见解，这种百花齐放的场面在让人欣喜的同时，也不禁会使人对服务型政府的本质及内涵愈加地迷惑。在行政法学界更是如此，许多不同以往的行政行为被实践所创造出来，同时被冠以"服务型政府的产物"的名称，而我们所依赖的行政法基本理论在解释这些新兴行政行为的时候会有力不从心之感，这种疏离感更为行政法基本理论与服务型政府这二者之间增添了许多剪不断理还乱的纠葛。那如何厘清这种恼人的纠葛呢？其关键还是在行政法基本理论本身要紧跟时代的步伐，在新的发展中找寻自我生长的养料，在新的实践中印证自身存在的价值。

一、服务型政府下行政法的特点

纵观当下行政法的发展，从服务型政府下的行政理念、行政性质、行政手段三方面考察，正是印证了服务型政府在

---

* 苏州大学王健法学院教授、法学博士、博士研究生导师。
** 苏州大学王健法学院研究生。

行政法领域最大的特点，即把风险预防作为行政行为的最核心目标之一。

（一）从服务型政府下的行政理念考察

若对当下服务型政府的理念进行总结与梳理，可以发现理论界对于服务型政府的指导理念主要有 3 种观点：①服务型政府就是"在公民本位，社会本位理念的指导下，在整个社会民主秩序的框架下，通过法定程序，按照公民意志组建起来的以为公民服务为宗旨并承担着服务责任的政府"〔1〕；②服务型政府"有机涵盖着'有限政府'、'有效政府'、'责任政府'等法治理念的基本内涵与要求"〔2〕；③服务型政府就是"为全社会提供基本而有保障的公共产品和有效的公共服务，以不断满足广大社会成员日益增长的公共需求和公共利益诉求，在此基础上形成的政府治理的制度安排"。〔3〕

以上三种关于服务型政府理念的见解，从不同角度剖析了服务型政府的行政理念，表面上相互独立，但是却不约而同地都蕴含着可供"风险预防"成长的土壤。

1．"公民本位"理念下的风险预防。所谓"公民本位"，可以理解为在公共管理过程中，政府要把公民放在根本和核心的地位，把实现公民利益最大化作为政府工作的首要价值目标，确保公民意志在公共管理中的决定性地位。〔4〕真正的公民本位以了解公民意愿、满足公民需求为核心内容。在现代社会中，公民的需求是由两方面决定的，简单地说一是守成之心，二是进取之欲。守成之心一方面是指公民生活条件发生了极大的变化，物质及精神条件的丰富，使得公民最强烈的需求已从对社会资源的进一步开发利用转向了保护已有的条件，这就决定了此时公民的主要需求之一即是对未来发生风险的预防。另一方面公民在享受已有成果的同时，在理性的驱动下，对自然及社会资源的进一步开发利用仍然有着强烈的欲望，然而对自然和社会资源的开发是有风险的，这种广泛存在的风险毫无疑问将增大开发成本，甚至使得开发收益成为负值，所以对进一步开发资源最有效率也最安全的做法莫过于对开发行为产生的各种风险进行预防。在"公民本位"的这两种不同的思维进路下，其结果是殊途同归的，所以"公民本位"理念下的服务型政府必然会把风险预防作为其最主要的职能之一。

〔1〕 刘熙瑞："服务型政府——经济全球化背景下中国政府改革的目标选择"，载《中国行政管理》2002 年第 7 期。

〔2〕 周佑勇、尹建国："构建服务型政府的法治理念、原则与机制创新"，载《中共浙江省委党校学报》2009 年第 1 期。

〔3〕 迟福林："全面理解'公共服务型政府'的基本涵义"，载《人民论坛》2006 年第 6 期。

〔4〕 张玉华："实现公民本位——建设服务型政府"，载《行政与法》2009 年第 5 期。

2. "有限、有效、有责"理念下的风险预防。在现代法治社会，一个完善的服务型政府必定是法治政府，法治政府是服务型政府的基础，没有法治的基础，服务型政府行使权力就会冒着失去合法性的风险，公民的权利也更容易被侵害，所以在法治社会中的服务型政府必然要遵循"有限、有效、有责"的基本理念。然而，这3种法治理念也与风险预防息息相关：①有限政府的角度。有限政府的基本要义在于限定政府权力运行的疆界，通过适当限缩政府的权力，更好发挥市场对经济的自发调节功能，并实现对公民权利的最充分保障。[1]如古典自然法学家洛克认为，政府存在的意义与目的，"只是为了人民的和平、安全和公众福利"[2]。有限政府代表着一种立场，一种与国家权力膨胀的自然冲动相反的自我克制的立场，而这种自我克制的目的即是维护人民的基本权利。原因在于，有限政府本身就是预防风险的一种方式。政府并非无所不能，在行政法律关系中，相对人被认为以同样的形象出现，这种在缺乏个别性与真实性的印象下作出的行政行为，很有可能基于对相对人或法律事实的不了解，而给相对人的权利带来侵犯，这时行政权力的行使即背离了服务型政府的基本要求。相反，如果基于对相对人理性的信任，在行政主体与相对人间进行协商沟通，做到政府权力只在必要时才运用，才能预防由政府"致命的自负"所引起的风险。②有效政府的角度。合法公正基础上的效率永远是政府行政时应追求的目标。对效率的定义有许多，各个学科的定位也各有不同，但是毋庸置疑的是，如何能够把危险遏止于初始阶段是有效政府必须面对的问题，也应是有效政府的最终目标之一。③有责政府的角度。这里的"责"主要指的是法律责任。法律责任是违反了法定义务或契约义务或不当行使法定权利（力），法律迫使行为人或其关系人所处的受制裁、强制和给他人以补救（赔偿、补偿）的必为状态。[3]从定义我们也可以看出，当风险成为现实，危险已经发生时，责任就显现出来，所以有责政府更是一种对政府积极进行风险预防的机制，一种事前激励、事后补救的制度构建。所谓事前激励，是当风险已经存在但还未转化为危害结果时，通过责任的明晰，要求责任人去积极预防。而事后补救，即当风险由于未能得到有效地抑制，最终导致危害结果的发生，就要由责任人承担各项责任，积极进行补救。

3. "公共产品的积极提供"理念下的风险预防。公共产品作为一个经济学

---

〔1〕 周佑勇、尹建国："构建服务型政府的法治理念、原则与机制创新"，载《中共浙江省委党校学报》2009年第1期。

〔2〕 ［英］洛克：《政府论》（下篇），叶启芳、瞿菊农译，商务印书馆1964年版，第80页。

〔3〕 周永坤：《法理学》，法律出版社2004年版，第283页。

上的概念有其明确的内涵，其最基本的特点是非竞争性与非排他性。非竞争性指的是公共产品的使用者之间并不存在利益上的冲突，不受他人影响。非排他性指的是公共产品无法（或者是排除成本极高而不经济）将特定的人排除在使用者的范围之外。在法学领域，对公共产品的区分就相对模糊，主要指的是由政府或社会投资提供的基础设施与服务。公共产品的提供同样与风险预防紧密相关：①公共产品本身有风险。公共产品的种类繁多，而且大多涉及巨大的工程、高额的投入，使用人数众多，相同的风险下与私人产品相比，引起的危害就更高，这些与公共产品本身属性相关的特性决定了公共产品本身的高风险性，如许多国家都将公有公共设施致害的赔偿纳入国家赔偿法的范围。[1] ②公共产品的提供就是风险预防的一个环节。其中最典型的就是制度性公共产品，例如行政制度、法律制度等，制度性公共产品的精髓就在于集中社会分散的力量解决问题，依靠已有的经验应对未知的风险，风险预防是其不言自明的功能。

（二）从服务型政府下的行政性质考察

服务型政府不仅在理念上与过去的管制型政府有差异，而且在不同政府类型下，行政行为类型的适用也会发生偏差。过去是警察行政国家即"政府必须随时履行3项职能：①国家防御；②维持国内安全与秩序；以及③司法"[2]。现在服务型政府下适用的行政行为更倾向于给付行政、参与行政与透明行政。

1. 给付行政下的风险预防。1938年德国行政法学者福斯特霍夫在其开创性论文《作为给付主体的行政》中，首次提出"生存照顾"的行政理念，并在此基础上形成了给付行政的概念。[3] 给付行政，是指行政机关不仅要管制他人维护秩序，也要积极地给人民提供产品、设施、服务或其他利益，给人民以帮助和保障，以满足人民的一般性和特殊性生活需求。[4] 根据学界对给付行政的各种观点可以总结出给付行政的内容含有供给、服务、保障、救助等方面。给付行政作为服务型政府最突出的行政行为之一，表面上并不涉及风险预防的问题，但是从侧面看其与风险预防可谓关系密切。给付行政的基本要求是为行政相对人提供更多的资源和服务，这些资源与服务一方面增强了相对人预防与应对风险的能力，另一方面有效缓解了行政主体与相对人之间对立的情绪，增强二者之间的联

---

[1] 参见马怀德、喻文光："公有公共设施致害的国家赔偿"，载《法学研究》2000年第2期。

[2] ［法］狄骥：《公法的变迁》，郑戈译，中国法制出版社2010年版，第43页。

[3] 闫尔宝："关于给付行政的若干思考——以德日行政法为中心"，载《行政法学研究》2010年第3期。

[4] 杨小军："从法律视角看服务型政府"，载《服务型政府与行政法——中国法学会行政法学研究会2008年年会论文集》。

络和共同抵御风险的能力。

2. 参与行政下的风险预防。参与行政是因为有异于行政行为的单方性特点而被提出并受到重视的。近年来，随着合作式治理、交往行动理论等理论上的创新与借鉴，在社会管理创新等实践要求下，参与行政从名不见经传的角落中走出，成为了万众瞩目的焦点。诚然，参与行政在理论与实践中地位的凸显是经过诸多学者、公民与行政主体的多方努力，但是其冉冉升起背后却离不开风险预防观念的暗潮涌动。因为参与行政正是预防风险的极佳手段，因为它能有效分散风险。行政行为一般都存在着行政主体与行政相对人两方，在一般行政过程中双方总是由于所处地位不同而产生意见分歧，当分歧异常激烈时，危害结果就可能发生。参与行政带有的共同作出行政行为的特点能有效减少分歧的产生，保证社会的和谐与稳定。

3. 透明行政下的风险预防。2008 年 5 月 1 日，《中华人民共和国政府信息公开条例》正式实施。就在该条例实施后的第 5 天，全国首例公民状告"政府信息不公开"的行政诉讼案件就出现在湖南汝城，接着各地频现信息公开诉讼案件。由此可见，服务型政府下透明行政问题是政府与公民共同关注的重要问题。有学者说过，"只有阳光照耀下，才能减少腐败"。政府信息公开亦是风险预防的灵丹妙药，透明行政的实质就是把行政行为从决策到作出都置于能受到大众监督的地方，真正要求行政主体做到实体与程序上的公平公正。一旦行政行为有哪一个环节出现问题，在大众的监督下，也能及时迅速的改正瑕疵，把危害降低到最小甚至避免危害。这种依靠群众监督而预防风险的办法，一方面提升了大众的法制意识，另一方面也增强了行政主体的守法意识，最终达到预防风险的效果，可谓一举多得。

（三）从服务型政府下的行政手段

由于理论的发展与现实的刺激，在服务型政府下产生了一系列新型的行政行为，值得关注的是，这些新型行政行为都以风险预防作为其内核，并在实践中焕发着巨大的生命力。

1. 民营化手段中的风险预防。从 2004 年开始，民营化的研究就在行政法领域刮起了一阵旋风，实践中各类行政任务的外包、民营化、公私合作等新的行政手段亦是层出不穷。作为风险预防理念下产生的新型行政手段之一，民营化手段的预防风险意味相当浓厚：①在行政主体方面，低成本带来低风险。政府手中的权力即是极大的资源，在现代社会中，国家的权力资源远非个人能比。但政府手中的权力资源具有无形性，当其作为资源所有人进行特别许可的时候，并没有受到什么损失，只是付出了一些程序上的成本，且基本可以忽略。这种低成本的投入意味着风险不会很大。如果再将市场作为一种手段引入政府活动，则能够更有效地节省行政成本。"在全球竞争激烈而资源稀缺的时代，将市场的某些问责机制和纪律引入政府活动中，这也可以作为一种重要的改革。政府越有效率，他在完成公益目标方面就会做得更好。"[1] ②在行政相对人方面，作为理性人的相对人会充分发挥自身优势，在激励机制的影响下，极力避免风险。行政相对人在民营化这种行政行为中是属于通过各种程序设计的筛选后才最终获得经营权的人，所以其必然是较之他人在经营方面更有优势的相对人，民营化的项目由此类更具优势的相对人进行经营管理，同样也能有效遏制风险的产生。

2. 公众协商手段中的风险预防。公众协商与民营化同样是参与行政下衍生出的行政手段，相比民营化的手段，它的适用范围更加广阔。从各类部门行政法中适用广泛的听证、建议、约谈、对话等具体方式来看，公众协商手段有以下几点：①通过设置意见通道排解社会不良情绪，预防由于群体盲思产生的风险。现在一般认为，"群体盲思"这个概念由美国心理学家艾尔芬·詹尼斯（Irving Ja-nis）首先提出。但 William Safire 于 2004 年 8 月 8 日《纽约时报杂志》（New York Times Magazine）撰文指出，群体盲思一词实为 William H. Whyte 于 1952 年在《财富杂志》中首先提出。1972 年，詹尼斯利用"群体盲思"一词形容团体作出不合理决定的决策过程。詹氏对"群体盲思"的原定义为"一种思考模式，团体成员为维护团体的凝聚力、追求团体和谐共识，而不能现实地评估其他可行办法"。及后于 1982 年，詹尼斯探究美国入侵猪猡湾事件（Bay of Pigs Invasion）、偷袭珍珠港事件、韩战、越战、古巴导弹危机、马歇尔计划的发展、水门事件等美国政府历年外交决策事件，参照各个事件的环境、决策过程、决策结果，归纳出了群体盲思的模型。[2] 协商是沟通的方式，也是情绪的发泄口，如果没有排解通道，受到挤压的不良情绪会产生巨大的社会风险，就犹如一个即将爆发的火山，会借由一个导火线引发巨大的灾难。②集思广益，博采众长，规避由于个人理性不足导致的未发现的风险。虽然行政主体作为掌握权力的一方，有更广泛的思考，更专业的人员配置，但是正如德国著名法哲学家拉德布鲁赫所言，"世界太丰富多彩，太生动活泼了，以至于使自己陷入惟一真理的牢笼之中"[3]。相对于对实践了解更细致的行政相对人来说，实践情况的瞬息万变往往会冲破理性

---

〔1〕 阿尔佛雷德·C. 阿曼："新世纪的行政法"，金自宁译，载迈克尔·塔戈特编：《行政法的范围》，中国人民大学出版社 2006 年版，第 138 页。

〔2〕 http://baike.baidu.com/view/8851448.htm，最后访问时间：2013 年 3 月 19 日。

〔3〕 ［德］拉德布鲁赫：《法律智慧警句集》，舒国滢译，中国法制出版社 2001 年版，第 1 页。

的预期，所以公众协商手段吸收更多相对人的意见和建议，能有效弥补行政主体理性有限、经验不足的窘境。③减少制定规则与解决问题的交易成本。以公众协商的方式解决问题或制定规则，"以合意为基础的进路能缓和规则制定的对抗性，有助于以更有成效的方式引导资源的运用。持相反意见之当事人的直接参与，能够促使管制问题的各方利益主体更快找到分歧的核心，这有助于加速推进该过程"〔1〕。④当风险无法避免时，降低社会负面效果。当风险已经无法预防时，广泛的公众协商亦能有效的排除社会负面情绪，团结一致进入解决现实问题的情境中，而不是长期陷于因专断而导致的普遍不满，削弱了集中解决问题的精神与力量。

3. 行政指导手段中的风险预防。虽然关于行政指导的性质还是众说纷纭，但是不可否认，行政指导这个新手段已经在实践中生根发芽。行政指导同样也是在风险预防理念下产生的，原因有：①运用行政主体的信息优势有效地指导相对人的行为，能够防止相对人由于信息不对称而承担不必要的风险。日本多年的经验也已经证明了，在政府有效行政指导下能顺利规避不必要的风险。②利用非强制性的行政影响能有效预防因为政府预测失误而带来的风险责任。强制性的行政行为本身被法律保留原则严格限制，而且强制性的行政行为本身是对自由意志的侵犯，只能在严格的条件下才能运用。行政指导因不具有强制性，对相对人自由意志的影响相对较小，所以更温和，也避免了承担过重责任的风险。

二、服务型政府下行政法原则的变迁

如上文所说，服务型政府下行政法的最大特点即是把风险预防的职能提升到了新的高度。在风险预防精神的指引下，各种新型行政行为不断冲击着行政法基本理论的大门，而首当其冲的就是作为行政法基本理论基石的行政法原则。过去被视为金科玉律的行政法基本原则在服务型政府的大潮下被不断冲刷着，呈现出各异的样态。

（一）法律保留原则的两极分化

法律保留原则作为合法性原则的重要组成部分，在行政法基本原则中占据着极其重要的地位。在服务型政府下，法律保留原则受到风险预防观念的影响，演变成了在行为性质和行为方式两种向度下，对行政行为产生区别对待的两极分化态势。

1. 向度一：法律保留原则下的给付行政与侵害行政。给付行政与侵害行政

---

〔1〕 ［美］朱迪·弗里曼：《合作治理与新行政法》，毕洪海、陈标冲译，商务印书馆 2010 年版，第209 页。

的分类对于法律保留原则来说至关重要，因为其关系到对法律保留本身存在的不同保留方式的争论。法律保留的范围大体有侵害保留说、全部保留说、重要事项说和机关功能说。其中侵害保留说即是"仅在行政权侵害国民之权利自由或对于国民课予义务负担等不利情形，始须有法律根据，至于其他行政作用，则在不违反法律之范围内，均得自由为之，无须有法律授权"[1]。我们可以从传统行政法中初见法律保留原则对该两种不同行政行为的区别对待，而在服务型政府的背景下，给付行政与侵害行政在法律保留方面更是呈现两极分化的局势。这种两极分化产生的原因有两方面：①服务型政府的基本理念之一即积极提供公共产品，提供公共产品是风险预防的物质条件，如果对给付行政在法律保留原则上进行严格的限制，则会影响到服务型政府最基本的目标；②服务型政府相较于传统管理型政府，基于其"公民本位"的理念，对公民权利的保护肯定更胜一筹，而公民权利保护的侧面即是侵害行政的限制，所以要保证公民已经享有的权利甚至超越过去拥有的权利，就必须对侵害行政进行更为严格的限制。

2. 向度二：法律保留原则下行政行为的职能范围与行为手段。任何行政行为的实施有两个重要的方面，一方面是行政主体行使行政权力的职能范围，另一方面是行政主体实施行政行为时运用的行为手段。在法律保留原则下，行政主体的职能范围变得模糊，而行政手段却受到更加严格的限制。

法律保留对行政主体职权范围的放宽，体现在行政组织法诸多方面的变革中，其中最典型的就是集中执法、行政协作的出现。集中执法在实践中被广泛应用，虽然人们对其作用褒贬不一，但是不能否认其代表了法律保留原则在服务型政府下对行政主体职能范围的放宽。法律保留原则在职能范围上的放宽并非偶然，其有着深刻的原因，风险预防理念下的行政活动面对的风险问题超越以往，这些问题带有专业性、混合性，它们的解决更多情况下需要几个不同职能范围的行政主体通力合作才能达到风险预防的效果，如果严格按照法律保留去行使职能，其结果往往会与风险预防这一目标相违背，也不符合服务型政府服务之理念。

行政手段的推陈出新往往给人一种错觉：行政主体能够自由创造并适用各种行政手段，但真实情况并非如此，而且对于层出不穷的新型行政手段，法律保留原则呈现出一种更严格的限制状态。其原因在于：①新型行政行为作为新的行政手段，在许多情况下，是某一地区根据其地区经验的积累而形成的，其在经过立

---

[1] 陈秀清："依法行政与法律适用"，载翁岳生主编《行政法》（上册），中国法制出版社2009年版，第193页。

法承认前,并非适合所有地区;②新型行政手段还面临着与其他行政行为和行政救济手段衔接的问题,贸然适用很可能造成行政相对人无法进行救济的情况,从而无端增加了社会风险。

(二)比例原则的主观化趋势

与法律保留原则的两极分化不同,在风险预防观念的作用下,比例原则正经受着巨大的变革,其最明显的表现就是比例原则的主观化。

1. 传统行政法下比例原则的客观性。启蒙以来,传统的自然法学家们由于对国家权力心存恐惧而提倡最小政府。比例原则正是最小政府思想的产物,并最终在德国发展成了宪法原则。传统行政法上的比例原则有3方面的内容,即特殊性、必要性、比例性。简单地说,特殊性是指行政权的行使是为了达到法定目的;必要性是指为达到法定的目的,实施的行为对相对人的侵害应为最小;比例性是指需衡量行政目的的价值与行为实施的结果是否相称。[1] 严格来说,比例原则自其诞生起就带有相当的主观色彩,因为比例原则本身就是判断的标准,但是由于传统行政法下的比例原则主要指向的是传统行政法领域,以排除已出现的妨害、社会管理为目标,行政行为的实施结果与行政目的价值相对确定,能够为行政机关较准确的衡量,所以比例原则的相对确定成了传统国家行政领域稳定的保障。

2. 服务型政府时的比例原则的主观化。然而服务型政府下的比例原则却远没有传统行政法中的比例原则那么简单,原本较为客观稳定的比例原则在周围环境的急速变幻中,展现了不断主观化的特征。所谓比例原则的主观化,指的是行政主体在预防风险时,因为难以预料行政行为的实施后果,导致比例原则的适用更依赖行政协商与决策,而并非简单的凭借价值判断进行适用。比例原则主观化的原因有两点:①在传统行政法领域,不同地域的社会发展状况导致价值衡量的标准发生偏差。举例来说,经济发展水平不同的两地对于同样的违反治安管理的行为,会作出不同甚至差距较大的处罚。这种社会发展状况的差异不仅在经济发展水平上,也体现在文化发展水平、道德发展水平等方面。近年来,各地纷纷制定本地方的行政裁量基准实际上也是对这个问题的有力佐证,正是由于比例原则的主观化趋势不断增长,所以地方立法机关才希望制定一部较为客观的规则去控制这种主观化的势头,使得比例原则的适用有迹可循。②在新兴的部门行政法领域,更专业的行政要求使得行政行为的决策更依赖于专业人才,更依赖于多方的协商与互动。新兴的部门行政法领域是行政法理论与其他专业知识相结合的领

---

[1] 参见黄学贤:"行政法中的比例原则研究",载《法律科学》2001年第1期。

域，这种专业的紧密联系是现代社会不可避免的，而且这种紧密联系间接导致了行政决策与行政行为的实施相对分离。这些领域的行政决策面对的是带有该领域专业特点的问题，既是新问题又可能是影响严重的问题，这种情况下各种风险评估机制与信息采集回馈制度必然如雨后春笋一般涌出，为行政决策的最终作出提供各种帮助。这种行政决策始终是在未知中开辟道路，即使有大量的评估与信息回馈，这些评估与信息也会带有强烈的主观性，而这种在有限的能力下作出的行政决策也必定会被抹上一层主观的色彩。所以这种在风险预防理念下的比例原则无可避免的会朝主观化的方向前进。

3. 服务型政府下的比例原则的客观规制。不过虽然主观的趋势是绝对的，但是法律的稳定性及客观性作为行政法的基本理念决定了社会坚持相对客观地适用比例原则的决心。相对客观地适用比例原则关键在于：①对传统行政法领域注重行政裁量基准的立法与运行。尽量使行政裁量基准能在其适用的区域范围内，培养较为一致、认同感较高的法治意识，在区域内部做到比例原则适用的客观化。在统筹区域法治意识的同时，增进地区交流，培养更广泛统一的法治意识。②在新兴的部门行政法领域，对行政决策进行更广泛的公众协商与信息收集，完善决策的程序设置，通过较完善较稳定的决策程序，使行政决策更为科学，更为客观。只有如此，才能更好的适用比例原则。

（三）信赖保护原则的全面拓展

信赖保护原则是我国行政法吸收借鉴国外行政法精华的重要成果之一，该原则的确立不仅在理论上完善了行政行为稳定性的要求，更重要的是在实践中使行政相对人的权利得到了更全面的保障。不过，由于过去管制型政府之下的干预行政大行其道，信赖保护原则只在《行政许可法》等有限的法律法规中才有规定，难以全面铺开。在当今服务型政府的趋势下，风险预防理念把原本运用受限的信赖保护原则推向了一个新的高度。最明显的标志就是2004年国务院发布的《全面推进依法行政实施纲要》中明确规定："行政机关公布的信息应当全面、准确、真实。非因法定事由并经法定程序，行政机关不得撤销、变更已经生效的行政决定；因国家利益、公共利益或者其他法定事由需要撤回或者变更行政决定的，应当依照法定权限和程序进行，并对行政管理相对人因此而受到的财产损失依法予以补偿。"风险预防对信赖保护原则的促进，不仅体现在法条上，更体现在对信赖保护原则保护范围的全面拓展。

1. 信赖保护原则拓展的趋势。

（1）信赖客体范围的拓展。关于信赖保护原则的信赖客体，学界向来把眼光集中在具体行政行为与抽象行政行为之分类上，但是一些学者提出了具有前瞻性的观点："行政信赖保护中'信赖'的客体是相当广泛的，绝非仅仅局限于具有单方性、处分性的具体行政行为，还应当包括行政主体颁布行政法规、行政规章、其他规范性文件的行为以及长期以来所形成的惯例、规则等，而行政指导、非拘束性行政计划、行政承诺等非强制性行为（包括一些事实行为）也应在信赖的对象之列，此外还应当包括行政主体之间的职权划分等"〔1〕。笔者认为，由于具体行政行为与抽象行政行为的分类本身就不能穷尽服务型政府为了预防风险而作出的各种新型行政行为，所以信赖客体范围的拓展主要包括 3 个方面：其一，作为具体行政行为拓展的部分对相对人利益产生重大影响的事实行为。一些被广泛应用并取得良好成效的"新型行政行为"亦有许多被看做事实行为，而这类作为"新型行政行为"的事实行为（如行政指导），同样也应被看成是信赖保护原则的信赖客体。其二，作为抽象行政行为拓展的行政惯例与其他软性规则。从表面上看，抽象行政行为作为信赖客体已经相当广泛了，但是众所周知的是，在我国的行政机关中存在着大量非成文的行政惯例和其他软性规则，这些惯例与软性规则在行政相对人在与行政机关互动时起到了不可忽视的作用，一旦行政相对人与行政机关因为惯例或其他软性规则的改变而导致相互之间默契的破裂，不仅会严重影响行政效率，更有很大可能性对相对人的信赖利益造成严重的损害。其三，作为行政行为拓展的对相对人利益产生重大影响的内部行政行为。随着新型行政行为增加，一些行政组织方面的创新也引起广泛的社会关注，关注的原因就是一些行政机关权限的变化会严重影响到相对人的权利，所以与其有关的内部行政行为也应该作为信赖客体。

（2）信赖利益范围的拓展。信赖保护原则保护的是信赖利益，所以信赖利益的范围是决定信赖保护范围的关键之一。信赖利益本身并非一个精确的概念，既得利益与期待利益的两分，一直让信赖利益的范围在学理上充满争议。在管制型政府下，对信赖利益更多的限定在既得利益上，而忽略期待利益。然而服务型政府下，对信赖利益的保护，已经突破了既得利益的限制，开始重视对期待利益的保护。

（3）信赖保护手段的拓展。《行政许可法》第 8 条规定："公民、法人或者其他组织依法取得的行政许可受法律保护，行政机关不得擅自改变已经生效的行政许可。行政许可所依据的法律、法规、规章修改或者废止，或者准予行政许可所依据的客观情况发生重大变化的，为了公共利益的需要，行政机关可以依法变更或者撤回已经生效的行政许可。由此给公民、法人或者其他组织造成财产损失

---

〔1〕 莫于川、林红潮："论当代行政法上的信赖保护原则"，载《法商研究》2004 年第 5 期。

的，行政机关应当依法给予补偿。"从实体法的规定来看，法律明确规定了两种信赖保护手段，即存续保护和财产保护。"所谓存续保护，即因行政行为而产生的行政法律关系主体之间的法律关系，不论其是否合法，一律要稳定行政相对人所信赖的法律状态。所谓财产保护，即在必要时打破原有法律状态，而对行政相对人因信赖行政行为而遭受的损失予以财产上的保护。"〔1〕但是，也有学者认为，信赖保护的手段分为"程序性保护"、"实体性保护"、"赔偿性保护"三种。〔2〕信赖保护手段从过去的存续保护、财产保护两种手段扩展到程序性保护、实体性保护、赔偿性保护等三种手段，反映了在信赖保护中对程序救济的重视，这点也是服务型政府下的信赖保护原则得到拓展的特点之一。

2. 信赖保护原则拓展的原因。服务型政府下信赖保护原则全面拓展的背后，实质上离不开风险预防理念的"推波助澜"。①从本质上说，风险预防理念与信赖保护原则有着天然的联系。风险预防总是对未来可能发生的危险做预先的准备，而行政行为的嬗变本身就是一种风险，控制这种风险的最好办法就是保证行政行为的稳定性，并对其进行强化。从行政法原则上看，这种对行政行为稳定性的强化，即是对信赖保护原则的强化与拓展，所以风险预防的理念与信赖保护原则有着天然的联系。②从信赖客体看，信赖客体的拓展是由于过去作为信赖客体的行政行为在服务型政府下已经不是唯一能对相对人权利产生重大影响的行为了，为了保证行政机关实施的对相对人权利产生重大影响的非行政行为的风险亦能得到有效控制，最好的办法便是把它们纳入信赖客体中来，使其能受到信赖保护原则的控制。③从信赖利益看，既得利益代表着服务型政府下行政相对人的守成理念，而期待利益则是风险预防理念的实体化。如上文所述，服务型政府是在守成基础上的风险预防，所以在信赖利益的保护上，既得利益得到充分的保护，而信赖利益的保护程度则会随着风险预防理念的加强而不断上升。④从信赖保护的手段看，重视程序性保护也是风险预防理念的要求之一。程序性保护重视对变动的信赖客体的事先告知及公开听证，一方面对信赖客体的事先告知，能让行政相对人及时了解并着手应对，把因信赖客体的变化而导致的风险降到最低，另一方面进行听证能让行政相对人与行政机关充分交流，减少了因程序不公开带来的冲突风险。

（四）正当程序原则中"正当"与"程序"含义的变化

现代社会中，当行政主体威风凛凛地行使行政权力时，行政行为的程序要求

〔1〕　黄学贤："行政法中的信赖保护原则"，载《法学》2002年第5期。
〔2〕　参见余凌云：《行政法讲义》，清华大学出版社2010年版，第94～98页。

总是如影随形，因为如果没有程序这一重要的安全阀，权力的行使只会更加肆无忌惮。在平等的民事行为方面，双方的合意才是行为的关键，强制的程序要求比较少，从这个侧面，我们也能看出程序是随着权力而产生，并且是把权力关进笼子的关键。然而在服务型政府理念下的正当程序原则却发生了某种转变，最明显的两个方面在于：一是"正当"的含义从"法定即为正当"变化为"超越法定的正当"，二是"程序"的含义从外部程序扩展到内部行政程序。这两种变化自然也是与风险预防的影响息息相关。

1. 正当程序原则中"正当"含义的变化。长久以来，有关正当程序与法定程序的关系总是让人难以捉摸。追根溯源，正当程序原则脱胎于英国的"自然正义原则"，它的两条基本规则为："①任何人不应成为自己的法官；②任何人在受到惩罚或其他不利处分前，应为之提供公正的听证或者其他听取其意见的机会"[1]。这种"自然正义原则"本身是与自然法思想紧密联系的，并作为比法律更高的法源存在，但在缺乏自然法理论浸润的我国，长期以来在实践中把正当程序等同于法定程序，令人扼腕。不过，国务院 2004 年颁布的《全面推进依法行政实施纲要》把正当程序阐释为："行政机关实施行政管理，除涉及国家秘密和依法受到保护的商业秘密、个人隐私的外，应当公开，注意听取公民、法人和其他组织的意见；要严格遵循法定程序，依法保障行政管理相对人、利害关系人的知情权、参与权和救济权。行政机关工作人员履行职责，与行政管理相对人存在利害关系时，应当回避。"我们欣喜地发现，在《全面推进依法行政实施纲要》中，正当程序的内容不断丰满，知情权、参与权、听取陈述与申辩等内容都被容纳，而且法定程序成为了要"严格遵循"的标准，成为了正当程序原则的底线。正当程序原则中"正当"含义的成长，表面上是诸多学者以及整个法律共同体的大力推动，实则更有政府在转型为服务型政府的背景下，风险预防理念在暗中"推波助澜"的作用。

有学者在研究美国的正当程序条款后得出结论："正当程序条款适用范围正在扩大。"[2] 其在正当程序条款扩张的原因中提到福利国家的发展，更是暗合政府转型为服务型政府的线索，原因在于：被肆意行使的权力会带来难以估计的风险，而程序是把权力装进笼子的关键，也就是只有正当程序才能有效地预防风险。回顾往昔，因权力滥用造成的悲剧仍然提醒着我们，不受控制的权力有多大

---

〔1〕 姜明安主编：《行政程序研究》，北京大学出版社 2006 年版，第 9 页。
〔2〕 汤德宗："行政程序法"，载翁岳生主编：《行政法》（上册），中国法制出版社 2009 年版，第 1004 页。

的破坏力，然而过去就已经存在的控制权力的方法却出现了某种程度的失灵，其中最典型的就是分权与司法审查制度。"本来，在国家权力的相互制约机制中，代议机关对政府的监督和制约是最重要、最基本的权力制约。但是，20 世纪以后，由于西方政党政治非民主性一面的发展，导致了由议会控制政府向政府控制议会的'异化'性转变。"[1]司法审查制度是典型的事后审查，相对人通常只能在其利益受损的情况下提起救济。在当今这个高速发展的时代，成本高、耗时长的司法审查不仅难以满足行政相对人高效解决问题的需要，而且大量案件也会使司法审查机构自身不堪重负。相对而言，正当程序原则的扩张能够从行政决定的作出到执行对权力滥用进行全方位的规制，而且能让司法审查机构进行更有效率的审查。这种对权力的全面规制能够更有效地控制风险，符合服务型政府以人为本、服务大众的基本要义。

2. 正当程序原则中"程序"含义的扩张。正当程序原则"程序"含义的扩张也已经被一些敏锐的学者发现了："我国学者对行政程序的关注主要聚焦于外部，其实，内部行政程序也异常重要。从我国的实践上看，通过重大案件的集体讨论、法制部门的审核、征求意见、行政机关负责人的批准等程序要求，内部程序对于校正行政决定的偏差、保障相对人合法权益也起着十分重要的作用。"[2]这种变化趋势不仅体现在学界对于行政协助、行政裁量、行政决策等问题的热切讨论中，还体现在现行的法律规范文本中，如备受关注的《湖南省行政程序规定》第 3 章即是行政决策程序，其中第 29 条规定："县级以上人民政府作出重大行政决策，适用本节规定。县级以上人民政府工作部门和乡镇人民政府的重大行政决策程序参照本节规定执行。重要紧急情况必须由政府立即决策的，可以由政府行政首长或者分管副职按职权临机决定，并及时在政府常务会议上通报或者向行政首长报告。起草地方性法规草案和制定规章，适用《中华人民共和国立法法》、《规章制定程序条例》和《湖南省人民政府制定地方性法规草案和规章办法》等有关法律、法规、规章的规定，涉及重大行政决策事项的，还应当适用重大行政决策程序。"这种"程序"含义的扩张对正当程序原则有着非比寻常的冲击，这种变化的根本原因就是风险预防理念的进一步加深，试图通过对内部行政程序进行规制以达到从源头上促进行政决定的科学化、合理化，从程序上保证风险预防理念的充分贯彻。

---

[1]　姜明安主编：《行政程序研究》，北京大学出版社 2006 年版，第 5 页。

[2]　余凌云：《行政法讲义》，清华大学出版社 2010 年版，第 103 页。

（五）权责统一原则的扩张

在过去相当长的时间中，我国行政官员都是只行使权力很少承担责任，即使承担也仅承担行政处分，由国家承担赔偿责任，如此情景恰似戴雪在《英宪精义》中对法国行政法院制度的否定那样，国家赔偿制度是变相免除官员责任，是一种纵容式的制度设计。[1]但是服务型政府下，原本并不完善的权责统一原则备受重视，受风险预防影响的权责统一原则渐渐完善，其完善表现在从责任主体到归责方式的全面扩张。

1. 责任主体的扩张：从官员责任到专家责任。过去权责统一的责任主体总是行政主体以及行政官员，但由于服务型政府下风险预防的职能扩张，单纯的官员责任已经发生改变，越来越多具有专业技能的非行政机关工作人员也受到责任制度的影响，最典型的如《食品安全法》第57条第1款规定："食品检验机构按照国家有关认证认可的规定取得资质认定后，方可从事食品检验活动。但是，法律另有规定的除外"。第93条规定："违反本法规定，食品检验机构、食品检验人员出具虚假检验报告的，由授予其资质的主管部门或者机构撤销该检验机构的检验资格；依法对检验机构直接负责的主管人员和食品检验人员给予撤职或者开除的处分。违反本法规定，受到刑事处罚或者开除处分的食品检验机构人员，自刑罚执行完毕或者处分决定作出之日起10年内不得从事食品检验工作。食品检验机构聘用不得从事食品检验工作的人员的，由授予其资质的主管部门或者机构撤销该检验机构的检验资格。"另外，典型的还有《国有土地上房屋征收与补偿条例》第34条规定："房地产价格评估机构或者房地产估价师出具虚假或者有重大差错的评估报告的，由发证机关责令限期改正，给予警告，对房地产价格评估机构并处5万元以上20万元以下罚款，对房地产估价师并处1万元以上3万元以下罚款，并记入信用档案；情节严重的，吊销资质证书、注册证书；造成损失的，依法承担赔偿责任；构成犯罪的，依法追究刑事责任。"此处，食品检验机构与房地产价格评估机构人员本身并非行政机关工作人员，并不具备行政权力，但是当其作出行政法律规定禁止的行为时，却仍要承担责任。可见在不经意间，由于风险预防职能的渗透，行政法中的权责统一原则已经开始变化。那么，这种改变的原因在哪呢？原因在于：①"权力"概念在风险预防的浸润下开始发生变化。在过去的阶级思维下，权力始终与强制力等同，国家权力基本等同于国家暴力，在这种简单权力观下的权责统一只能针对手握权柄的行政官员们，对于本身并非行政工作人员的其他人则排除在权责统一的原则下。随着西方越来越多的学

_____

[1] 参见［英］戴雪：《英宪精义》，雷宾南译，中国法制出版社2001年版，第408页。

者对权力、暴力、强力等概念进行更加细致的考察与反思，传统的暴力权力观越来越受到挑战，著名哲学家汉娜·阿伦特即认为权力是人类在公共事业领域协调一致地做出行动的能力，暴力无法产生权力，权力来自于群体，来自于沟通。美国政治学家罗伯特·达尔把权力与影响力联系在一起，"用制造严厉制裁的前景来对付不屈从，从而得到屈从，这种影响力常被称作权力"[1]。当权力的概念从暴力中抽离出来，权力的范围会扩大，把一些对决策具有强大影响的能力，也看做权力。在服务型政府对风险预防要求如此迫切的情况下，具有专业技能的人士作出的专业判断毫无疑问会对行政行为的作出产生极大的影响，所以把对行政行为具有重大影响的专业人士视为拥有权力的一员，并对之设置应承担的责任，也在情理之中了。②专业人士的专业技能在风险预防中产生巨大的利益，这很可能会导致专业人士被利益所奴役，这本身即是一种巨大的风险，因此对专业人士设置应承担的责任也正是一种预防风险的手段。服务型政府是社会高度文明的产物，高度文明之下社会分工也是异常发达，个人智慧已经无法聚合大部分的人类知识了，所以在一些技术性强的领域，少部分的专业人士必然会被社会所依靠，这种专业技能的相对垄断带来了非常大的寻租空间。为了遏制这种寻租的产生和由此带来的侵犯行政相对人或行政机关的风险，通过立法为专业人士设置责任，更保护了专业技术能得到更公平、公正的应用。

2. 归责方式的扩张：从行政处分到多元归责。权责统一原则的扩张不仅仅是归责主体的增加，归责方式也相对扩张，呈现出一种整体扩大的趋势。这种归责方式的扩张可以通过法条清晰地体现。《国有土地上房屋征收与补偿条例》第31条规定："采取暴力、威胁或者违反规定中断供水、供热、供气、供电和道路通行等非法方式迫使被征收人搬迁，造成损失的，依法承担赔偿责任；对直接负责的主管人员和其他直接责任人员，构成犯罪的，依法追究刑事责任；尚不构成犯罪的，依法给予处分；构成违反治安管理行为的，依法给予治安管理处罚。"其变化在于：①从狭义的行政责任到广义的行政责任。对比法条我们可以清晰地看出行政工作人员的归责方式从过去的狭义的行政责任，即行政处分，扩大到了对违反治安管理行为追究广义的行政责任，即进行行政处罚。这体现了服务型政府下的权责统一原则会根据不同的权力行使后果进行不同方式的追究，不再处以单一的行政处分归责方式。②从行政责任到刑事及民事责任。其中最值得关注的是把民事责任的归责方式凸显了出来。例如《食品安全法》第97条规定："违

---

[1] [美] 罗伯特·达尔：《现代政治分析》，王沪宁、陈峰译，上海译文出版社1987年版，第60页。

反本法规定，应当承担民事赔偿责任和缴纳罚款、罚金，其财产不足以同时支付时，先承担民事赔偿责任。"民事责任的归责方式得到更多应用体现了服务型政府下"公民本位"的指导理念，更蕴含着风险发生后首先对处于弱势地位的行政相对人进行补偿的指导思想。

3. 归责手段的创新：能力罚在行政法中的应用。在行政、民事、刑事三大归责方式下，存在着众多的归责手段，民事赔偿、行政处罚、刑事拘留等等，但是还是有一些归责手段在三大归责方式的边缘游走，对从业能力进行规制就是其中典型的一个。《公司法》第147条规定："有下列情形之一的，不得担任公司的董事、监事、高级管理人员：①无民事行为能力或者限制民事行为能力；②因贪污、贿赂、侵占财产、挪用财产或者破坏社会主义市场经济秩序，被判处刑罚，执行期满未逾5年，或者因犯罪被剥夺政治权利，执行期满未逾5年；③担任破产清算的公司、企业的董事或者厂长、经理，对该公司、企业的破产负有个人责任的，自该公司、企业破产清算完结之日起未逾3年；④担任因违法被吊销营业执照、责令关闭的公司、企业的法定代表人，并负有个人责任的，自该公司、企业被吊销营业执照之日起未逾3年；⑤个人所负数额较大的债务到期未清偿。公司违反前款规定选举、委派董事、监事或者聘任高级管理人员的，该选举、委派或者聘任无效。董事、监事、高级管理人员在任职期间出现本条第1款所列情形的，公司应当解除其职务。"《公司法》的该条规定是典型的限制从业能力。《食品安全法》第93条第2款规定："违反本法规定，受到刑事处罚或者开除处分的食品检验机构人员，自刑罚执行完毕或者处分决定作出之日起10年内不得从事食品检验工作。食品检验机构聘用不得从事食品检验工作的人员的，由授予其资质的主管部门或者机构撤销该检验机构的检验资格。"从中可以很明显看出，该条规定食品检验机构人员在受刑罚或开除处分后，其从业能力受到严格的限制。从根本上说，该变化的原因在于服务型政府下风险预防的观念，促使对有过严重过错的专业人员进行从业限制，以减少该人员在该专业再次导致危害结果的风险。

三、结语

服务型政府是时代的产物，是以风险预防为基本目标之一的行政模式。在风险预防目标的指引下，传统行政法走到了一个十字路口，是积极面对新现实，解决新问题？还是固步自封，因循守旧？行政法基本原则在当下可喜的变化已经给出了答案。当然，基本原则在变，与其相应的行政行为也需要改变，所以建立起一套能与基本原则相匹配的行政法体系亦是我们注定要走的道路。

行政法基本原则的重要性与确立
标准之再认识

黄学贤* 马 超**

　　行政法基本原则[1]的研究在 20 世纪末至 21 世纪初曾在行政法学界掀起了一股热潮，这一热潮的背后有理论界与实务界诸多因素的推动。其时的研究对于大陆法系经典行政法原则在我国行政法学界的传播起了巨大的作用。但在随后一段时间，行政法基本原则之研究却由于种种原因日渐趋冷，

　　* 苏州大学王健法学院教授、法学博士、博士研究生导师。
　** 苏州大学王健法学院研究生。

　　〔1〕 行政法基本原则这一概念在不同学者中有不同的看待，比如有的学者将行政法原则区分为"具体"原则和"基本"原则（参见杨海坤、章志远：《中国行政法基本理论研究》，北京大学出版社 2004 年版，第 106 页）；有的学者则区分为最高形式原则和基本原则两个层次（参见刘莘："行政法上之诚信原则刍议"，载《行政法学研究》2002 年第 4 期）；还有的学者则认为我国行政法原则目前仅处于思想原则层面，尚不是真正的法律原则（参见薛刚凌："行政法基本原则研究"，载《行政法学研究》1999 年第 1 期）。正如有学者所指出的，当下中国行政法学教科书或者专著无不为行政法基本原则设立专章或者专节。在中国当下的行政法学界，几乎已到达无行政法基本原则不成书的地步，但是，关于行政法基本原则到底有哪几项以及这些原则的具体内容又是什么，至今尚未统一［参见胡建淼：《行政法学》（第三版），法律出版社 2010 年版，第 36 ~ 57 页〕。必须说明的是，学者们的争论虽然对本文很有启发，但并不是本文的主要研究对象。关于行政法基本原则概念的各种观点，本文并不具体涉及，关于基本原则的具体构建，本文也不涉及。

甚至逐渐陷入"困境"。这与行政法基本原则所具有的行政法"元范畴"[1]地位极不相称。笔者通过对这一现象的观察，梳理了行政法原则研究兴起与停滞的原因，并提出走出困境的相应对策。而良好行政则应当成为服务型政府语境下行政法基本原则的确立标准。

一、行政法基本原则重要性之再认识

"法律原则是规则和价值观念的汇合点",[2]"是体现法的根本价值的原则，是整个法律活动的指导思想和出发点，构成法律体系或法律部门的神经中枢"[3]。行政法基本原则作为行政法领域的一般法律原则，同样是行政法核心价值的宣示，在行政法结构中占据着核心位置，对于行政法的理论架构与法治实践起着根本性的指导作用。

行政法基本原则作为行政法"元范畴"之一，其重要性首要体现在其功能上，这一点早已为学者详尽述之，如杨海坤教授与章志远博士概括为指导、解释、规制、整合、补缺功能；[4]周佑勇教授则一并概括为法律整合价值，具体体现为稳定、协调和优化价值[5]。笔者以为，学者们的这些概括虽各有不同，但都是恰当的，都准确地揭示出了行政法基本原则对于行政法的重要作用。但不可否认的是，行政法学者对于基本原则作用的认识，很大程度上是套用法理学者对于法律原则作用的认识，并未能完全阐明行政法基本原则之于行政法的特殊意义。正如叶必丰教授所言："行政法没有一部统一的法典，行政法原则具有特殊的意义。"[6]笔者以为，这里所谓的"特殊的意义"应当是区别于法律原则的一般功能而言，是指行政法基本原则在行政法领域具有的特殊的重要性。笔者根据自己的理解，认为行政法基本原则对于行政法之重要意义至少体现在以下六个方面：

第一，行政法基本原则是宪法与行政法的连接"纽带"。行政法与宪法一直就有彼此相互依存的关系，在执行行政法律规范时，宪法的原则早已自觉地贯彻

---

[1] 朱维究教授将那些处于行政法学第一层次的基础性范畴，称为行政法的"元范畴"，大致包括行政、行政法、行政法律关系、行政法基本原则等，笔者从之。参见朱维究：《中国行政法概要》，中国人民大学出版社 2009 年版，第 24 页。

[2] [英] 尼尔·麦考密克、[奥] 奥塔·魏因贝格尔：《制度法论》，周叶谦译，中国政法大学出版社 2004 年版，第 90 页。

[3] 沈宗灵主编：《法理学》，高等教育出版社 1994 年版，第 40 页。

[4] 参见杨海坤、章志远：《中国行政法基本理论研究》，北京大学出版社 2004 年版，第 108～112页。

[5] 参见周佑勇：《行政法基本原则研究》，武汉大学出版社 2005 年版，第 5～14 页。

[6] 叶必丰：《行政法与行政诉讼法》（第三版），武汉大学出版社 2008 年版，第 50 页。

于行政行为之中。[1] 从宪法的角度来看，这种宪法的原则表现在行政法领域即是行政法基本原则。尽管并非所有行政法基本原则均可以由宪法中推导而出，[2] 但行政法基本原则确实是宪法精神在行政法领域的栖身之所，"大部分的行政法一般法律原则，可以从宪法的规定及原则中导出，而属于'已经具体化的宪法'以及从宪法原则导出的推论结果"[3]。这是因为宪法本身不可能直接作用于行政法领域，尤其是在涉及基本权利之外的一般行政法领域，否则，便不存在独立的行政法调整领域，行政法也无独立之必要。所以宪法对于行政法领域的调整与规范，实是通过由宪法之解释发展而来的行政法基本原则的间接影响。例如，在德国行政法上，"信赖保护原则是从法治国家原则和法的安定性原则中引申出来的"[4]。德国联邦法院则又由信赖保护原则发展出了撤销理论以控制行政机关的肆意。[5] 而从行政法的角度观之，作为行政权运作规范的具体行政法规本身是一种浸润了宪法价值的规范，"行政法并非只是行政执法机关的工具，不论是行政法总论或是各论，均须回应宪法的要求"[6]。譬如我国《行政许可法》第5条规定，"……申请人有依法取得行政许可的平等权利，行政机关不得歧视。"这既是行政法上平等原则在行政许可领域的实证化，也是对作为宪法原则的平等原则之接继。同时，在德国学者 RainerWahl 看来，"（行政法总论）系介于宪法与个别行政法律之间的一座桥梁，是一种'传送带'（Transmissionsriemen）的角色"[7]。在笔者看来，行政法基本原则正是此传送带之"承载器"（如图1）。由此可见，行政法基本原则作为行政法领域宪法"旨意"的"下达者"和行政法回应的"上传者"，应当责无旁贷地承担起"沟通"宪法精神与行政法规范之重任，成为连接二者之"纽带"。

---

〔1〕 参见陈新民：《公法学札记》（增订新版），法律出版社2010年版，第5页。

〔2〕 行政法的个别原则亦可由公共道德、习惯和法理中推导而出。

〔3〕 陈清秀："行政法的法源"，载翁岳生主编《行政法》（上册），中国法制出版社2009年版，第155页。

〔4〕 ［德］哈特穆特·毛雷尔：《行政法学总论》，高家伟译，法律出版社2000年版，第22页。

〔5〕 同上书，第65页。

〔6〕 翁岳生："行政的概念与种类"，载翁岳生主编《行政法》（上册），中国法制出版社2009年版，第38页。

〔7〕 黄锦堂："行政法的发生与发展"，载翁岳生主编《行政法》（上册），中国法制出版社2009年版，第81页。

图 1

　　第二，行政法基本原则指导行政法规范的创设。[1]"只要社会不是混乱无序，而是作为一个统一体而存在，其中一定有它的统一的秩序。"[2]在笔者看来，在行政法领域这一统一的秩序建构，即是在行政法基本原则的指导下所进行的行政法规范的制定、修改与废止。"行政法的基本原则作为沟通行政法的理念与规则的桥梁，一方面要能够指导行政法规则的建立，另一方面则要能够忠实地表达行政法所追求的基本价值。"[3]这一指导体现在3个方面：首先，行政法基本原则为行政法规范制定提供价值指引。行政法基本原则是宪法精神和行政法治理念的传达者，[4]其为行政法规范的创设提供最原始、最本真的价值引导，使立法机关得以确定具体法律制度之价值取向，即决定具体法律构建"走哪条路"。这是行政法基本原则的"事前"指导。其次，行政法基本原则指引创设中的行政法规则之建构。法律规则作为法律原则的规则化，必然渗透进原则所蕴含的法律价值。行政法规则之具体设定也是行政法基本原则蕴含价值的具体化，受原则的指引，即解决"怎么走"的问题，这是行政法基本原则的"事中"指导。最后，行政法基本原则为行政法规范提供稳定、连续的价值基础。如所周知，相比于一般规则，法律原则一般更具稳定性。正如周佑勇教授所言："不论对行政法规范做怎样的修改，做多少次修改，所体现的行政法基本原则却不能变。在先前的法律中体现了平等对待原则、比例原则，在经修改的法律中同样要体现平等对待原则、比例原则，万变不能离其宗，从而保证法律之间的连续性，因此，行政法基本原则是行政法在变化中保持相对稳定的价值。"[5]即是说，在确定"走哪条路"、"怎么走"之后，行政法基本原则还要持续不断地确定"路线"保持

---

　　[1]　此处所言"创设"，做广义理解，即包含"修改"与"废止"情形。

　　[2]　[日]川岛武宜：《现代化与法》，申政武等译，中国政法大学出版社2004年版，第43页。

　　[3]　杨海坤、章志远：《中国行政法基本理论研究》，北京大学出版社2004年版，第101页。

　　[4]　有关行政法治理念与行政法基本原则之关系，可参阅朱维究：《中国行政法概要》，中国人民大学出版社2009年版，第29～30页。

　　[5]　周佑勇：《行政法基本原则研究》，武汉大学出版社2005年版，第7页。

在正确的方向，这是行政法基本原则的"事后"指导（如图2）。

值得一提的是，有学者认为，行政法律原则可以成为新的生活事实进入行政法律规则的"接驳口"，新生的行政生活事实经由法律原则进入行政法规则之中。[1] 笔者认为这一观点值得商榷。在社会现实生活中，除司法领域外，直接与社会现实进行接触的更多的是既有的行政法规则，而非行政法原则，这一点尤其体现在行政执法当中。现实中的社会景象往往是经由与行政法规则的互动，传送到行政法基本原则之中的，而并非相反。

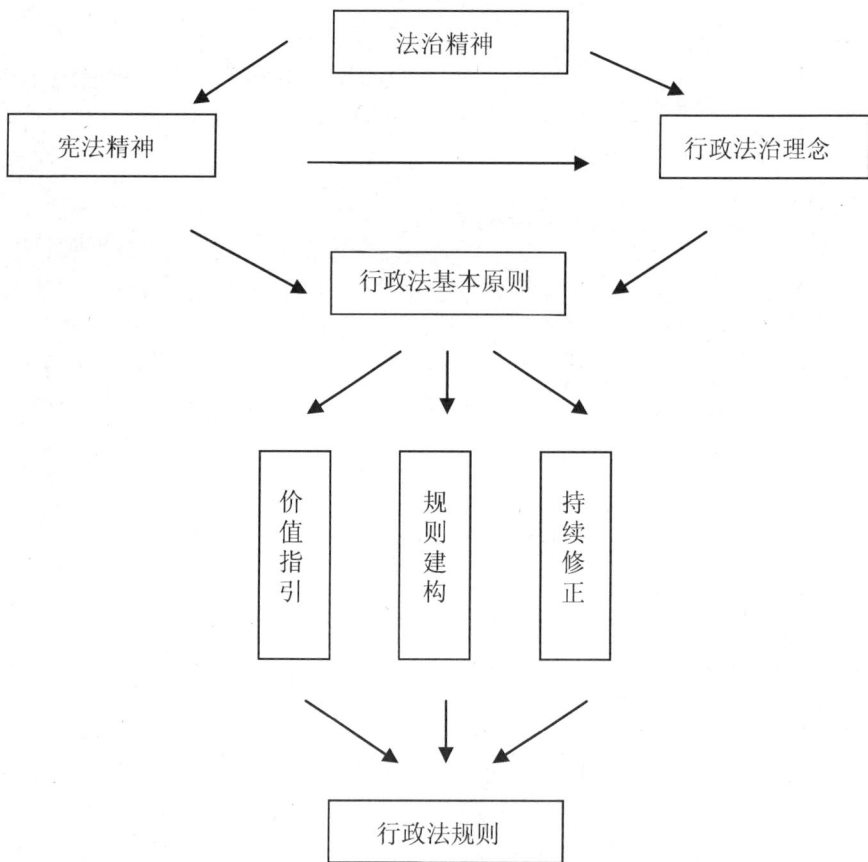

图2

----

[1] 陈骏业：《行政法基本原则元论》，知识产权出版社2009年版，第197页。

第三，行政法基本原则是行政权运作"框架"的"控制枢纽"。"行政权是行政法学的理论基点，是'行政法一切特殊性的根源'。"[1]在现代社会，行政权对社会的功能从消极转为积极，权力内容和行使范围大加扩张，已是一个不争的事实，授权立法的出现以及行政司法权的形成均是这种扩张的表现。[2]如何有效规范这种扩张了的行政权，使其安稳地运行在法治轨道而不是肆意冲撞成为了现代行政法的根本任务。

面对这种"升级版"的行政权，法治国家以不断深入和递增的实体法规范，以及新兴的程序性控制机制予以回应，前者表现为不断类型化并通过立法规范的各种行政单行法规，后者则以对正当程序的强调和行政程序法的构建为特征，在某种程度上，二者共同构成了现代行政权运行的"框架"和"边界"。在笔者看来，行政法基本原则则是这一"框架"当之无愧的"控制枢纽"。原因有二，一是行政法基本原则所具有的一般法律原则覆盖面广、开放性强等特征使其能够对"动态"的行政权予以相应的"动态"的控制，而这一特征也使得对行政权控制的外部框架得以不断根据基本原则的精神并相应于行政权变动予以延伸或收缩；二是同一行政法基本原则往往同时涵盖前述实体法规范与程序法规范，成为实体与程序交叉的"中心地带"，譬如依法行政原则既要求依实体法行政，也要求依程序法行政。行政法基本原则在这里成为了二者价值的"交汇点"。因此，基于法律原则本质上所具有的穿透力和基础性，行政法基本原则得以灵活地调整规范行政权运作的整体框架，并成为这一"框架"的"枢纽"所在。

第四，行政法基本原则是司法审查的最后"防线"。在法理学者看来，在司法审查中，法律原则的适用与个案正义的实现是密不可分的。[3]法律原则进入司法适用往往是为了缓解个案正义与成文法规则漏洞之间的紧张状态。而学者们公认，行政法领域中无法可依的状况远远超过其他部门法领域，一方面，这是基于成文法固有的滞后性与不周延性，是"死"的法律（相对稳定、静止）与"活"的社会（发展迅速，情况多变）之间的固有矛盾；另一方面，行政作为"有生命之物"[4]，其内涵也在随着现代社会的高速发展而不断演进。为此，行政权必须保持相当程度的灵活性以适应纷繁复杂的社会状况，以致各种新型的社

---

〔1〕 杨海坤、章志远：《中国行政法基本理论研究》，北京大学出版社 2004 年版，第 15 页。

〔2〕 参见章剑生：《现代行政法基本理论》，法律出版社 2008 年版，第 18～19 页。

〔3〕 参见舒国滢："法律原则适用中的难题何在"，载《苏州大学学报（哲学社会科学版）》2004 年第 6 期。

〔4〕 ［日］南博方：《行政法》（第六版），杨建顺译，中国人民大学出版社 2009 年版，初版序第 2 页。

会管理手段层出不穷，进一步拉大了行政权与行政法之间的"时间差"。这种滞后的立法与先进的行政权对垒的后果，表现在司法审查中，即是行政法官在法律适用中的捉襟见肘，而为了寻求个案正义的实现，其不得不求助于开放性的行政法原则。譬如在著名的"田永诉北科大案"中，法官对"正当程序原则"的适用就是一个显例。[1]并且，这一点尤其在中国具有极大的现实意义，在行政法发展相对落后于社会发展的境况下，立法的粗糙和执法的疏浅都给司法这最后一道"正义的防线"带来了巨大的压力，哈特所谓的"空缺结构"[2]在行政法上尤为明显。而成文法"法网"的"空疏"必然难以招架司法审查的现实需求，因此，法律原则必须时时充当"救火队员"的角色。晚近以来，行政法学者对判例制度的呼声远较其他部门法为多，正从一个侧面反映了行政法基本原则作为司法审查"最终防线"的作用。

第五，行政法基本原则是"凝聚"行政法各领域的"神魂"。如所周知，行政法形式上规范性文件数量庞杂与内容上调整范围广泛且易于变动的双重特点决定了行政法难以产生一部统一、完整的行政法典，[3]这一特征使得行政法天然缺失了如同民法、刑法等部门法那样具有统揽全局功效的"总则"规范，由此对行政规范性文件"一盘散沙"的状态就不难理解了。而在这种情形下，行政法基本原则必然会起到一定的特殊作用，正如有的学者指出："对于缺乏一部统一法典的行政法来说，要想使成千上万的行政规范之间保持紧密的联系，形成一个有序的整体，就必须依靠行政法基本原则的统帅和整合。"[4]

在笔者看来，在这种情形下，行政法仍然能保持一门独立的学科地位，而没有被其他部门法所瓜分，主要是由行政法"形散而神不散"的特点决定的。所谓"形散"是指形式上各行政法单行法规在各自调整领域内各行其是，以及各部门行政法的研究随着向各自研究领域的纵深挺进而愈加呈现分散状态。而所谓"神"，则无疑是指行政法确定不变的行政法治理念，是指行政法各法律制度共同的价值追求；无论对于总论还是分论，行政法治的理念和追寻行政法正义的精

---

〔1〕 参见何海波："通过判决发展法律——评田永案件中行政法原则的运用"，载罗豪才主编：《行政法论丛》（第3卷），法律出版社2000年版。

〔2〕 哈特所言"空缺结构"有两种含义，其一是语义上的，指自然语言固有的模糊性，语言存在核心地带与边缘地带，那么，使用自然语言表述的法律必然存在"空缺结构"；另一是评价意义上的，指人类基于认识的局限性，对未来认知有限，必然也会产生法律上的"空缺结构"。笔者在这里取后者。参见［英］哈特：《法律的概念》，张文显等译，中国大百科全书出版社1995年版，第124页以下。

〔3〕 参见罗豪才、湛中乐主编：《行政法学》，北京大学出版社2006年版，第10页。

〔4〕 杨海坤、章志远：《中国行政法基本理论研究》，北京大学出版社2004年版，第91页。

神渗透进行政法研究中的方方面面，从头到尾贯穿始终，故谓之"不散"。行政法作为重要的部门法，在难以法典化、总则缺失的情形下，依然与其他部门法界限清晰、泾渭分明，正是得益于这种"珠联不散"、"外松内紧"的特点。而串联起各个行政法部门的"绳线"即是作为行政法治理念最根本体现的行政法基本原则。它是行政法核心价值的体现，是其领域内不同取向的法律制度必须共同遵循的价值规范。它整合了不同行政法律制度迥异的价值，是凝聚不同行政法律制度的"魂灵"，使"丛生"的行政法规范得以有序"生长"。

第六，行政法基本原则是部门行政法研究的"路标"。所谓"路标"，则是针对日益兴起的部门行政法研究而言。在目前的行政法理论研究中，部门行政法学的研究正在社会快速发展和社会管理创新的大潮中高奏凯歌，诸多学者纷纷在传统行政法总论以外的领域抢滩登陆。[1]这种行政法学发展的新动向无疑是对传统行政法研究领域的极大扩展，代表了行政法学未来一段时期的发展方向。但部门行政法作为"游离在部门行政管理学与行政法学之间的学问"[2]，其与部门行政管理学的交织是在所难免的，二者常常面对同一问题，区别只在于研究立场与角度的不同。而在研究中如果没有行政法总论的指引，行政法学者极有可能迷失在对具体问题的琐碎细节的梳理之中，不自觉地进入行政管理学或社会学等学科的视角，而失去应有的行政法学立场。正如余凌云教授所提醒的："受部门利益驱动以及视野狭隘的影响，部门行政法在发展之中或许会发生这样或那样的偏差，需要行政法从宏观政策上的导引与制约。"[3]笔者以为，对于部门行政法研究中的此种情况，某种程度上，是否受行政法基本原则之规制，可以成为区别行政法学与其他学科的重要标准。当部门行政法学者埋首具体部门制度法治化的研究之时，行政法基本原则至少能成为部门行政法学研究进路上起标识作用的"路标"。同时，从行政法全局的角度来看，行政法基本原则也可以视为行政法治理念牵引部门行政法的"风筝线"。

二、行政法基本原则研究观察及评析

行政法基本原则本身是行政法领域的基本问题，对行政法的整体价值取向与体系构建都有着举足轻重的影响，其理应受到高度的理论重视。但在 20 世纪末所兴起的基本原则研究热潮，除去应有的重视外，仍有诸多的客观因素在推动。

---

〔1〕 如沈岿教授在食品安全监管领域，余凌云教授在警察法领域，章志远教授在民营化领域，宋华琳博士在药品监管领域都已取得了一系列高质量的研究成果。

〔2〕 余凌云：《行政法讲义》，清华大学出版社 2010 年版，第 59 页。

〔3〕 余凌云：《行政法讲义》，清华大学出版社 2010 年版，第 61 页。

（一）行政法基本原则研究观察（1998～2011 年）

行政法基本原则的研究在 20 世纪末受多种客观因素推动而逐渐兴起，取得了长足的发展。笔者依照"中国法学创新网"所收录的 15 种法学类期刊以及《行政法研究》作为目标刊物[1]，通过"中国知网"检索，对从 1998 年至 2011 年在其上所发表的有关行政法基本原则的论文作为统计对象，梳理出相关数据：

1. 在笔者收集到的 51 篇论文中，有关行政法基本原则架构的论文共 6 篇，约占论文总量的 11.8%，而其余皆是有关具体原则的专题论文，约占总量的 88.2%。在专题论文中，有关合法性原则（包括法律保留与法律优先）的共 5 篇，占论文总量的 9.8%；有关合理性原则的论文 7 篇，占论文总量的 13.7%；有关信赖保护原则的共 11 篇，占总量的 21.6%；[2] 有关比例原则的共 10 篇，占总量的 21.6%；有关诚信原则的 5 篇，占总量的 9.8%；有关正当程序原则及其子原则的共 3 篇，占总量的 5.9%，其他原则的 6 篇，占总量的 11.8%。[3]（如图 3）

图 3　各主要原则所占百分比统计

各具体原则	篇　　数	百分比
总体架构	6	11.8%
合法性原则	5	9.8%
合理性原则	7	13.7%
信赖保护原则	11	21.6%
比例原则	11	21.6%
诚实信用原则	5	9.8%

---

[1] 有关行政法基本原则之论文当然并非仅见于以上法学类期刊，诸多综合性期刊亦曾刊载，如姜明安教授的《行政法基本原则新探》，即刊载于《湖南社会科学》2005 年第 2 期。但法学类核心期刊毕竟代表了我国法学研究的最高水平与总体研究取向，其在法学界仍然具有最高的权威性，并且限于笔者能力，也无力对所有期刊论文展开研究，故只针对上述期刊进行统计。同时，《行政法学研究》作为专门刊载行政法学论文之期刊，在行政法学界具有较大影响力，能够代表行政法学界的研究趋向，笔者也列入统计。必须说明的是，笔者并未将针对行政法中某一法律部门的原则列入考察范围，如行政处罚法定原则，因这种分析更多地属于具体法律制度之研究，而非针对基本原则之研究。

[2] 基于合法预期原则与信赖保护原则在适用范围上的相对重合，笔者将余凌云教授有关合法预期原则的论文一并归入后者统计。

[3] 由于个别论文涉及两个原则之比较研究，故统计中稍有重复。

各具体原则	篇　数	百分比
正当程序原则	3	5.9%
其他	6	11.8%

2. 在以年份归类整理后，可以看出，自 1998 年以来，有关行政法基本原则的论文数量总体呈上升趋势，至 2004 年达到最高峰，此后逐年下降，甚至在 2008 年度无一篇论文发表在目标期刊（如图 4）。（值得一提的是，在 2011 年度，余凌云教授一人在目标期刊上发表了 4 篇有关合法预期之论文，占去当年度基本原则论文发表量的八成。笔者以为，这是余凌云教授多年来在合法预期这一研究对象上的厚积薄发，是其凭借个人学术能力的"单兵突进"，而非基本原则研究的"全线复苏"。）

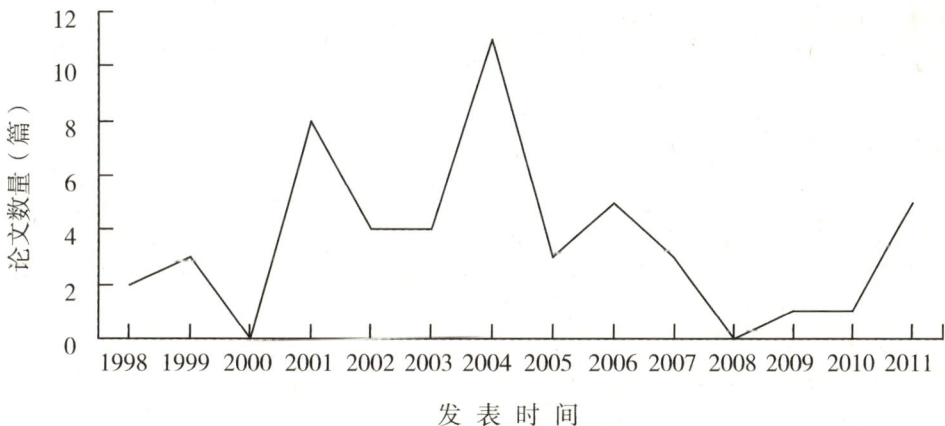

图 4　行政法基本原则论文数量趋势变化图

（二）行政法基本原则研究评析

通过资料的梳理，再结合行政法发展中的具体环境，笔者认为，在 1999 年至 2011 年的 13 年间，行政法基本原则的研究在形式上呈现出先高潮后低潮的特点，在实质上，则逐渐由"大而全"的宏观架构走向"小而精"的专题研究，而行政法基本原则的整体研究之起落其实一直与实务部门尤其是司法机关的实践状况紧密相关。

1. 研究关注点由"宏观"的总体架构转向"微观"具体原则的专题研究。自 1986 年"行政法的基本原则"逐渐取代"行政管理的基本原则"以来，20 世纪 90 年代的行政法基本原则基本以"行政合法性"与"行政合理性"为主要内容。[1]学者围绕着这两大原则架构起现行行政法学体系，迄今为止，在诸多教科书中，这两大原则仍是通说。但仔细考察笔者以上统计结果，可以发现，自 21 世纪初以来，虽然仍有学者为行政法基本原则框架架构造进行着不懈努力，[2]但正如上文数据所揭示的那样，有关总体架构的讨论实际仅占到基本原则研究领域极小的一部分，学者们主要将"火力"集中于对个别重要原则的深入挖掘，这主要是基于司法审判实践对行政法基本原则发展所提出的要求。

自 20 世纪末起，随着一系列外在情况的变化，过于抽象的"合法"与"合理"原则已经明显不能满足司法机关审判实践的需要，尤其是合理性原则，由于其架构不明晰、内涵模糊等缺陷，在司法实践中遭到了比例原则的重大挑战。因此在 21 世纪初，诸多学者将目光转向了在德日地区已经相当成熟精致，并有广泛司法适用的信赖保护原则与比例原则，[3]据余凌云教授考证，教科书或者论文中出现"信赖保护"术语与介绍大约是 2000 年前后，[4]可以作一佐证。而在笔者的统计中，有关信赖保护与比例原则这两大原则分别在单个具体原则的研究文献数量中并列第一，两者合计几乎占去全部论文数的半壁江山（43.2%），足见这两者在行政法学者的研究中所受重视程度。[5]而其余如诚实信用等原则也都受到了学者不同程度的关注。总体上关于具体原则的专题研究之"风头"远

---

〔1〕 参见胡建淼：《行政法学》（第三版），法律出版社 2010 年版，第 37 ~ 39 页。

〔2〕 例如《中国法学》在 2003 年第 3 期与第 4 期曾连续刊载章剑生教授与周佑勇教授有关行政法基本原则总体架构的论文。参见章剑生："现代行政法基本原则之重构"，载《中国法学》2003 年第 3 期；周佑勇："行政法基本原则的反思与重构"，载《中国法学》2003 年第 4 期。

〔3〕 应当说，我国引入比例原则较信赖保护为早，有学者认为在 20 世纪 80 年代中期，比例原则即引入我国，但当时并未受到应有的重视（参见何景春："行政比例与合理性原则的比较研究"，载《行政法学研究》2004 年第 2 期）；学界通常认为 1996 年的"汇丰公司诉哈尔滨市规划局案"是我国行政法治引入比例原则的标志（参见余凌云：《行政法案例分析与研究方法》，中国人民大学出版社 2008 年版，第 136 页）。但无论如何，比例原则研究的真正兴起应当是与信赖保护原则基本同步的，这一点，有笔者以上统计为证。

〔4〕 余凌云：《行政法上合法预期之保护》，清华大学出版社 2012 年版，第 51 页。

〔5〕 本文作者之一的黄学贤在《法律科学》2000 年第 1 期上发表的《行政法中的比例原则研究》和《法学》2002 年第 5 期上发表的《行政法中的信赖保护原则研究》，被学界广泛引用，跻身 1978 年至 2008 年 30 年间中国行政法学最有影响的 50 篇论文之行列，排序分别为第 34 和第 20。具体请参见何渊、徐剑："中国行政法学三十年高影响论文之回顾与反思——基于主流数据库（1978 ~ 2008 年）的引证分析"，载《行政法学研究》2010 年第 2 期。

远盖过了有关基本原则架构的研究。

2. 行政法基本原则研究之先"涨潮"后"退潮"。由图 2 可看出，行政法基本原则的论文发表量在 2004 年前后明显呈现出截然不同的趋势。在 2005 年之前，有关行政法基本原则之研究自 1999 年起逐渐勃兴，尤在 2004 年论文发表数量达到最高峰，这一时期所发表的论文占据笔者统计总量的 70% 以上，而且，不但笔者从统计数据可以得出这种倾向，在 2004 年出版的一部行政法学著作中，其作者也与笔者有同样的认识："近五年来，我国行政法学界对于行政法基本原则问题始终给予了异乎寻常的关注，新的认识、新的表述层出不穷，令人目不暇接。"[1] 及至 2005 年论文数量虽有明显回落，但这一年却有两部关于行政法原则的集大成之作相继出版——周佑勇教授所著《行政法基本原则研究》与胡建淼教授主编的《论公法原则》，某种程度上，这两部力作可以视作对前一段时期蓬勃发展的基本原则研究所作的一次"总结"。另外值得一提的是，在这一时期陈骏业博士完成了其博士学位论文《行政法基本原则导论》，该文针对行政法基本原则的价值、功能与实践作了深度追问，探讨了行政法基本原则的"元问题"，对行政法基本原则的某些方面首次作了哲学意义上的探讨。[2] 这标志着对行政法基本原则本体论的初步建立。据此，笔者以为，这段时期可以视为行政法基本原则研究之"涨潮期"。

而同样自图表可以看出，相关论文数量从 2005 年起明显呈回落趋势，论文发表量一路走低，甚至在 2008 年未有一篇有关行政法基本原则的论文发表于目标期刊。而 2011 年的短暂兴起，主要是基于余凌云教授在合法预期研究方面的厚积薄发，不能代表行政法学界对基本原则研究的整体"回暖"。笔者将 2005 年以后至今称为行政法基本原则研究之"退潮期"，这一时期的行政法基本原则研究出于种种原因正处于"困境"之中。下文将详述之。

3. 行政法基本原则研究之起落与实践运用联系密切。不可否认，中国行政法之发展一直都处于实务部门的有力推动中，行政法基本原则也概莫能外。在笔者看来，无论是行政法基本原则研究的兴起还是最近几年的低潮，其背后都有着远较学术研究本身更为深层的问题。

第一，行政审判中的司法适用直接刺激了行政法基本原则研究的兴起。行政审判的司法适用在事实上确立了行政法基本原则的法源地位。如所周知，1999

---

〔1〕 杨海坤、章志远：《中国行政法基本理论研究》，北京大学出版社 2004 年版，第 92 页。

〔2〕 参见陈骏业：《行政法基本原则导论》，苏州大学 2006 届宪法行政法博士研究生学位论文。该文已经由作者修订为《行政法基本原则元论》一书，由知识产权出版社于 2009 年出版。

年的"田永诉北科大"案在行政法学界产生了广泛的影响，必将在中国行政诉讼史上留下浓墨重彩的一笔。在有的学者看来，"田永案"的意义不仅在于是"正当程序原则"司法适用的开端，[1]更在于通过这次判决确立了行政法中"原则亦法"的观念，明确了行政法原则也是我国行政法法源的一种，同样具有法律效力，是对以往"单一法源说"的否定。[2]而在此之前的"汇丰公司诉哈尔滨市规划局案"也被视作我国行政法治引入比例原则的标志。笔者认为，面对司法审判的动作频频，行政法学者不可能熟视无睹、无动于衷，从1999年至2005年间所兴起的行政法基本原则研究在很大程度上是受到了司法适用热潮的鼓舞，是学界对于司法实践的回应，是在行政法原则在事实上被确立为行政法法源后地位抬升的表现。而二者时间上的一致性更是一个明证。[3]同时，这也可以视作我国司法裁判与理论研究对行政法由"形式意义上的法律"走向"实质意义上的法律"[4]的一次共同推动。而在2005年之后，行政法基本原则的研究逐渐进入"退潮期"，也与原则的司法适用受阻有一定关系，笔者将在下文详述。

第二，《行政程序法》的立法浪潮间接推动了行政法基本原则的研究。行政程序法的研究一直处于我国行政法学的研究的"高热区"，正如杨海坤教授在21世纪初所观察到的："如果说近年来程序热在整个法学研究热点中热度属于比较级的话，那么行政程序及行政程序法研究热在整个行政法热点研究中则属于最高尖端的地位……行政法上尚无其他课题能同时得到这么多专家学者的关注"[5]。而在行政程序法的研究浪潮中，诸多学者参照大陆法系行政程序法法典化之成果，逐渐明确了制定一部在内容上实体规范与程序规范并重的行政程序法之目标，而实体规范之首要内容便是行政法原则。如我国台湾地区1990年"行政程序法草案"第1章第2节为"行政之一般原则"，规定了依法行政、明确性、平等、比例和诚信等原则；荷兰《基本行政法典》（行政程序法部分）规定了适当

---

〔1〕 应当提及的是，"刘燕文诉北大案"在推动正当程序原则司法适用的过程中，亦有巨大影响。有关正当程序原则在行政审判中之发展，详情可参阅何海波：《实质法治——寻求行政判决的合法性》，法律出版社2009年版，第127~162页。

〔2〕 参见金自宁："探析行政法原则的地位"，载《浙江学刊》2011年第4期。

〔3〕 何海波博士在当时同样也观察到了这一点。参见应松年、何海波："我国行政法的渊源：反思与重述"，载浙江大学公法与比较法研究所编：《公法研究》（第2辑），商务印书馆2003年版，第8页。

〔4〕 德国学者认为，形式意义上的法律是指立法机关按照法定程序以书面形式作成，作为法律通过的任何一种主权行为；实质意义上的法律则是指具有普遍约束力的规则。前者基本等同于成文法，后者还包括不采取正式法律形式的法律规范。参见［德］哈特穆特·毛雷尔：《行政法学总论》，高家伟译，法律出版社2000年版，第55~57页。

〔5〕 杨海坤主编：《跨入21世纪的中国行政法学》，中国人事出版社2000年版，第476页。

行政的原则；葡萄牙和我国澳门地区行政程序法规定了合法性等 11 条原则，其中规定了谋求公共利益与保护公民权益原则、平等原则及适度原则等实体原则。[1]由此，有关行政法基本原则的研究也在某种程度上成为行政程序法研究的一个必要"支点"。譬如在 2000 年前后抛起了的《行政程序法》的立法热潮，先后出现了由姜明安教授主笔的北大版试拟稿、马怀德教授主笔的法大版试拟稿以及应松年教授主持的行政立法组试拟稿，其中均对平等原则、比例原则、诚信原则等基本原则进行了相应关注。[2]这在时间上也与行政法基本原则的"涨潮"相互印证。而行政法基本原则研究的"退潮"某种程度上也与《行政程序法》迟迟不能出台相关。

（三）行政法基本原则研究的现状

通过以上分析比较，笔者已对前一阶段行政法基本原则研究之"涨潮"进行了初步探讨，而回归当下，我们则同样可以由上述统计看出，有关基本原则的研究在行政法领域正处于低潮时期，正陷于某种困境之中。在笔者看来，这种困境同时表现于形式层面与实质层面。

1. 行政法基本原则研究的形式困境。基本原则研究的形式困境正如上文所言，一方面表现在论文产出的稀少：从 2008 年至 2011 年发表的论文数屈指可数，与上一阶段的繁荣形成了鲜明的对比；另一方面，有关基本原则的研究在前一阶段由总体架构的探讨走向具体原则的深入研究之后，缺乏后继深入研究的动力，对行政法基本原则的研究大致上仍处于学说的域外介绍与引进阶段，多是理论研究之"规划"（且雷同者多，差异者少），而绝少能为行政审判之司法适用提供足够细致的操作标准。

2. 行政法基本原则研究的实质困境。行政法基本原则的实质困境实则是上一阶段繁荣背后暗藏的"隐忧"。上一阶段的学说引介中，学者们仅停留于域外学说之介绍，而未能更进一步探讨其操作标准，且学术争鸣远不够充分，对于同一原则往往有不同认识，譬如信赖保护究竟是发源于诚信原则抑或是法安定性原则，学者并未完全理清；对于不同原则之间的冲突与选择，也未能形成基本共识，譬如，合理性原则与比例原则的位阶关系及调整范围究竟是一种什么关系，学者们虽然进行了初步探讨，但并未能为司法适用提供一个准确的答案。总体上

---

〔1〕　参见王万华："行政程序法的内容分析及中国立法的选择"，载《行政法学研究》2002 年第 2 期。

〔2〕　参见黄学贤主编：《中国行政程序法的理论与实践—专题研究述评》，中国政法大学出版社 2007 年版，第 95～147 页。

来说，在研究成果中，价值肯定多，手段运用少，处于一个"相对有限的司法审查实践和浮于浅表的宏观价值肯定"[1]的阶段。在笔者看来，这种实质困境主要有三个方面：

第一，未能完全促使行政法基本原则由"开放式原则"转化为"法条式原则"[2]。有关研究中的原则仍然是一种行政法领域内的价值宣示，其对于司法审判中的个案适用仍较多地体现于判决说理过程之中，尽管不排除个别原则取得了不错的适用效果，但对于多数具体原则而言，仍处于学理原则之地位，而难以径行适用于个案，距离相对具体化的"法条式原则"仍有相当距离。当然，这与立法机关之懈怠有很大关系。

第二，缺乏概念整合，与本土资源接继不足。在这一点上，前一阶段的研究缺乏重视，个别原则之间虽有争鸣，但探讨不足。譬如余凌云教授所力倡的合法预期原则，显然是对信赖保护原则的一个有力挑战，但笔者迄今未见到有学者对其作出适当回应，更遑论相关概念之整合。而缺乏概念整合更深层次的原因在于，也许研究者并未能够真正认清中国目前急需的是一种什么样的行政法原则，究竟是面向司法的行政法还是面向行政的行政法，理论界并未取得共识，在中国既往强大行政权传统与"服务行政"的新理念下，行政法基本原则却在大多数情况下仍是机械地套用域外经验，而未能体察转型期之特殊国情。行政法基本原则在整体上仍处于"本土化"的初级阶段。

第三，缺乏司法适用之类型化研究。正如前文所述，行政法基本原则的研究由宏观的总体架构逐渐走向了微观的具体原则研究，但站在具体原则角度观之，有关具体原则的研究实际上也面临着同样的问题。仅仅停留于价值肯定层面的探讨并不能为司法实践提供足够称手的操作"工具"，司法实践所要求的是"手术刀"式的精细解剖，亟需理论研究的不断锤炼打造，并归纳出尽可能详细的适用类型谱系。[3]

概而言之，行政法基本原则在 20 世纪末开始的繁荣背后其实一直潜藏着诸

---

〔1〕 蒋红珍、王茜："比例原则审查强度的类型化操作——以欧盟法判决为解读文本"，载《政法论坛》2009 年第 1 期。

〔2〕 拉伦兹所言"开放式原则"，是指通常具有主导性法律思想的特质，其不能直接适用于裁判个案，毋宁只能借助其于法律或者司法裁判的具体化才能获得裁判基准；"法条式原则"则是"已经凝聚成可以直接适用的规则，其不仅是法律理由，毋宁已经是法律本身，它几乎是处于开放式的原则（后者借助前者得以向特定方向具体化）与具有不太严格的构成要件的法规范之间。"参见〔德〕拉伦兹：《法学方法论》，陈爱娥译，台湾五南出版公司 1996 年版，第 394~395 页。

〔3〕 这一点上，蒋红珍博士与王茜副教授在《比例原则审查强度的类型化操作》一文中做了有益的尝试。

多"隐忧",并且这些"隐忧"已由暗至明浮出水面,造成了目前理论研究中的"困境"。在笔者看来,有关基本原则的域外引进与本土化改造可以视作一个采矿冶金之过程——采西方之矿,冶中国之金。如果说在前一阶段行政法基本原则是由"矿石"铸成了"铁坯",那么下一阶段的任务,即是打造能为司法实践精细化操作所运用的"手术刀"。或者说,行政法基本原则已建构起相应之骨架,但仍肢体干瘪,亟待血肉之充实。下面笔者将进一步分析这一困境之成因与应对之策。

三、行政法基本原则"困境"之成因分析

（一）宪政基础的阙如

正如前文所述,行政法基本原则是宪法精神在行政法领域的栖居之所。行政法本身是西方现代法治国家的产物,其目标在于解决行政领域内的法治问题,"行政国家与宪政国家,两者如鸟之双翼,是密不可分的"[1]。在某种程度上,一国的宪政实践正是该国行政法存在的最大基础,行政法本身即是宪政国家中代表法律整体对现代行政权予以规制的有力工具。而行政法基本原则则正如前文所述是这一工具的控制枢纽,是宪政精神与行政法沟通的"纽带",宪政精神中所包含的现代法治精神与理论进步通过行政法基本原则这一"渠道"源源不断地为行政法输送着精神食粮。而中国处于"有法制,无法治"、"有宪法,无宪政"的窘境已是不争之事实,宪政基础的付之阙如不可能不对行政法基本原则产生影响。实际上,作为行政法基础的宪政精神与实践的缺失对行政法基本原则的生成与构建有着致命性的消极影响。体现在理论研究中,即是在缺乏本国宪政实践"输血"的境况下,学者们过于追求逻辑完美的理论构造[2],缺乏与本国宪政基础的必要连接或这种连接仅处于浅薄的"设想"阶段。这种本国宪政实践的"贫血",使行政法基本原则的研究在这一境遇下犹如无根之木、无源之水,迫使学者们将研究更多地建立在域外经验的基础之上,难以获得"深度"研究所必需的经验与动力。由此,行政法基本原则的研究在短暂勃兴之后即不可避免地陷入"困境"之中,宪政实践在中国的"缺席"是根本原因之一。

（二）行政程序法典的"难产"

21世纪初,不仅理论界出现了以3部"试拟稿"为标志的行政程序法立法

---

〔1〕 陈新民:《公法学札记》（增订新版）,法律出版社2010年版,第5页。

〔2〕 譬如周佑勇教授以"行政与法"的关系作为行政法基本原则确立的主要矛盾,而章剑生教授则以有限且有效的行政权作为其构建的逻辑起点。两位学者的逻辑结构皆得自圆其说,堪称完美,但这种架构的基础均是对行政法一般理论的分析中得出的,却从未追问,究竟当下的中国法治需要什么的行政法基本原则? 完美的逻辑结构是否能够获得中国当下法治实践的"拥护"? 这些问题依然值得探究。

高潮，而且 2003 年十届全国人大常委会将《行政程序法》列入立法计划第 2 类"研究起草、成熟时安排审议的法律草案"之中，这更为行政程序法的相关研究打了一针强心剂，行政程序法典的出台似乎已经指日可待。但出人意料的是，不仅《行政程序法》的立法从未真正启动，2008 年十一届全国人大常委会立法计划更是将《行政程序法》从计划中删去，[1] 使为《行政程序法》鼓呼了二十多年的行政法学者备感失望。在此之前，由于行政程序法立法处于事实上的停滞状态，行政法基本原则的研究也在一定程度上受其影响而渐入"退潮期"。行政程序法典之于行政法基本原则的意义，正如德国学者对德国行政程序法的介绍："对一般行政法来说，联邦行政程序法的意义在于把一些重要的、不成文的行政法一般原则确定下来，并且以法律规定的形式予以替代"[2]。而"没有行政程序规范的辅助，这些现代行政法原则如同没有轨道的机车寸步难行"[3]。大陆法系之行政程序法典本身被当做行政法法典化的一个契机，实现了部分行政法基本原则的实证化，在客观上为行政法基本原则提供了一个统摄行政法全局的高位。行政程序法典在官方立法上的停滞使得基本原则的司法适用困难重重，难以直接连接行为模式与法律后果，也不可避免地波及了行政法基本原则在联系实践基础上的进一步深入研究。

（三）司法适用缺乏持续深入的实践

众所周知，以"田永案"为标志并经由最高人民法院所确认的一系列典型案例，的确曾抛起行政法原则司法适用的一阵热潮。但正如何海波博士在列举正当程序原则司法适用的正面案例后所冷静观察到的——"运用正当程序判决的判决，多半是较高级别的法院在比较宽松的环境中作出的，这暗示了上述案例中对正当程序原则的运用存在现实的考量"[4]。而"在许多案件中，处境艰难的法官连法律明定的重要程序都惘然不顾，何况正当程序？而在制定法确定无疑的规定之外，正当程序原则的运用更不是一路凯歌"[5]。如所周知，最高人民法院的案例公报对于下级法院判案仅有指导功能，而并非必须遵循的先例。在笔者看来，案例公报中所刊载的案件确实代表了最高人民法院的某种意愿，但却未必能够代表司法实践的总体状况，尤其是处于司法最前线的基层法院之审判现状。由

---

〔1〕 中国新闻周刊："《行政程序法》难产 25 年背后"，载 http：//news. sina. com. cn/c/sd/2010 - 05 - 13/125220264708_ 3. shtml，最后访问时间：2012 年 6 月 25 日。

〔2〕 [德] 哈特穆特·毛雷尔：《行政法学总论》，高家伟译，法律出版社 2000 年版，第 90 页。

〔3〕 章剑生：《现代行政法基本理论》，法律出版社 2008 年版，第 31 页。

〔4〕 何海波：《实质法治——寻求行政判决的合法性》，法律出版社 2009 年版，第 157 页。

〔5〕 何海波：《实质法治——寻求行政判决的合法性》，法律出版社 2009 年版，第 156 页。

于司法判决信息公开的不足，笔者固然难以对行政法原则的司法适用状况妄下断言。但基于对中国当下人所共见的政治现实的体察，以及司法改革中"进两步，退一步"的既往认知，可以想见，行政法原则的司法适用（尤其是在基层法院）必然与案例公报的光鲜成绩有差距。而且，在目前的司法体制下，法律原则的适用始终潜藏着"高风险"，一方面，个别法官基于其勇气与良知的适用很有可能遭到体制的"纠正"；另一方面，法律原则的司法适用往往会在客观上带来司法裁量权的扩张，难免会造成法官裁判的随意，甚至对行政权的不当干涉。[1] 而法律原则适用理论与现实的差距，更可能放大这种风险，譬如，虽然法律原则的适用暂时缓解了个案正义与规则漏洞之间的矛盾，但在强大的成文法传统下，有关判决权源的正当性与运用的适当性仍然存疑（这背后暗含的仍然是"开放式原则"与"法条式原则"的矛盾）。基于这种观察与分析，行政法原则的司法适用其实远不够持续深入，学者们所津津乐道的有关判例，其实翻来覆去仍旧是前一时期原则研究热时的寥寥数例。新鲜且有突破的案例的缺失，使得行政法原则的司法适用逐渐"寂然于现实"，也客观上导致"跃然于纸上"的有关原则的研究也尽显疲态。

（四）本土化的未竟[2]

不可否认的是，中国行政法学本身是西学东渐的产物之一，同时吸收了大陆法学与英美法学的诸多先进因素。但先进未必意味着适合，西方先进的制度往往有其独特的历史纵深，是建立在其自身国情与经验累积之上的。正如宋华琳博士所言："一个国家的行政法制建设和行政法学理论的发展，和该国历史传承、社会结构、官僚文化、民众心理都有密切的关联。"[3] 叶必丰教授也认为："行政法学在一国的产生是借鉴他国文化并结合本国国情的结果。"[4] 而中国行政法学通过前 30 年不遗余力引介地西方法学先进成果，已逐渐建构起自己的骨架。某

---

[1] 英国法院即曾因对"越权无效"原则的过度使用，而招致议会与行政机关之异议。参见何海波："'越权无效'是行政法的基本原则吗？"，载《中外法学》2005 年第 4 期。

[2] 行政法学及其基本原则的本土化是一个行政法学者时时提及但又从未深入的话题，限于本文篇幅，笔者难以对此做深入探讨，仅提出该问题，抛砖引玉，以期引起学者争鸣。

[3] 宋华琳：《部门行政法与行政法总论的改革——以药品行政领域为例证》，2010 行政法学年会论文。

[4] 叶必丰：《行政法的人文精神》，北京大学出版社 2005 年版，第 2 页。

种程度上，我们在下一阶段所面临的正是行政法学本土化的问题。[1]

而具体至行政法基本原则之研究，考察中国行政法发展史，传统行政法上"合法性原则"与"合理性原则"之提出，可以视作基本原则本土化的开端，其与中国传统思想中"王法"与"情理"的观念有意或无意的契合，使其很快被接受为通说。[2]而此后学者们在大陆法系行政法原则尚未被大力引进的20世纪90年代，在究竟何者应是我国行政法基本原则的理论争鸣中，进行了有益的探讨。在笔者看来，这可以视作我国学者对行政法基本原则本土化的初步尝试。但出于本土视野的局限以及司法实践的迫切需要，在20世纪末，我国学者逐渐将目光转向比例原则、信赖保护原则等大陆法系比较成熟的行政法原则。之后，掀起了前文所述的21世纪初行政法基本原则研究的热潮，实质上大多是对国外行政法原则的基本介绍与价值肯定，而未能进一步深入。有关这一阶段的评价，正如前文所述，对于我国行政法学界迅速传播并熟悉这些西方经典学说功不可没，但却没有能够使其进一步细化深入，达到司法精密操作的标准。在笔者看来，我国学者对西方法学"他山之石"的机械移植与粗浅理解，欠缺了本土化的改造与接继，才使得行政法基本原则陷入如今"水土不服"的困境。而下一时期，对行政法基本原则进一步的形塑与改造，则必须建立在与我国行政法制现实以及具体社会背景结合的基础之上。

四、行政法基本原则"困境"的突围对策

在笔者看来，尽管行政法基本原则的研究正陷入一定程度的"停滞"，但并不意味着其研究的"衰落"。行政法基本原则作为行政法领域的基本问题之一，其重要性与地位不言而喻。尤其是我国行政法学有关基本原则的争论并未能够达成一个广泛接受的共识，诸多原则还仅处于骨架构造阶段，血肉尚未充实丰满，这些问题都有待于理论界与实务界的进一步的深入挖掘。笔者仅就行政法基本原则如何走出"困境"提出几点拙见。

（一）将深入挖掘域外经验作为行政法基本原则建构的理论源泉

正如前文所述，大陆法系经典行政法原则已经由20世纪末所兴起的研究热

---

[1] 在本土化这一点上，似乎与行政有关的另一门学科——行政学，较行政法学有着更为紧迫的认识。参见芮国强："行政学本土化：内涵、意义及路径"，载《江海学刊》2008年第6期；范邵庆："行政学本土化：历史、生态和哲学的途径"，载《行政与法》2008年第6期；王星闽："本土化：我国公共行政学研究的路径取向"，载《湖北社会科学》2010年第6期；李彦娅、刘典文："公共行政学本土化的几点思考"，载《理论探索》2010年第1期。

[2] 何海波博士持此观点，笔者赞同之。参见何海波：《实质法治——寻求行政判决的合法性》，法律出版社2009年版，第176页。

潮而在我国学界广泛传播。我国行政法基本建立起以大陆法系原则为骨架，以英美法系原则为补充的基本原则架构。众所周知，我国行政法基本原则乃至行政法本身的产生与成长始终都有赖于西方法治文明提供着源源不断的理论补给，西方理论的源泉地位在我国是一个无法否认的事实。

行政法基本原则的进一步推进有赖于对西方经验和成果的进一步挖掘。目前的行政法原则研究实际上仅仅构建起了一个大体合格的骨架，有关进一步的适用标准与适用强度等细腻操作基本处于空白状态。纵观中国法制发展，不得不说，我们对于域外经验的引进往往带有浓厚的功利性诉求，求其速效，而不问缘起，力求又快又好地以他国之刃破解中国之难题，但往往忽略了西方文明本有其独特的历史纵深，有不同于中国的价值前提与事实基础，以致实践应用中常常出现圆凿方枘的窘境。正如何海波博士的评价："因为我们总想要人家最先进的东西，而忽略了历史中隐藏的智慧。"[1]理论引介既然浮于浅表，实践中的水土不服则旋踵而至。在我国行政法仍处于相对稚嫩、"以西为师"的当下，对域外经验的深入挖掘仍是我们必需的理论与灵感源泉。行政法基本原则血肉的充实亦有赖于我们对西方经典原则深入的历史考察，以及对其现实发展的持续关注。譬如，比例原则传统的三位阶构造，在西方已有相关理论的挑战。[2]而在欧盟法的司法实践中，比例原则更是一个灵活滑动的标准，"它根本不是一个稳定不变的标准，而是一个在保护不同利益的不同场景中，变化审查强度要求的灵活的标准"[3]。在我国则少有学者对此予以关注。对域外经验的深入挖掘与纵深考察，将是下一阶段行政法基本原则发展中所必须倚重的。

（二）将本土化改造作为行政法基本原则走出困境的必由之路

在德国学者看来，一般法律原则具有超越地域和文化的普适性，可以成为不同法律制度共同的最低道德标准和规范基础。[4]但正如黄仁宇先生所指出的："每一个国家所标榜的道德观念，都要透过他的历史地理才行得通。"[5]笔者认为，这种"最低道德标准"尽管具有普适性，但其普适标准的背后却是由不同

---

〔1〕 何海波："'越权无效'是行政法的基本原则吗?"，载《中外法学》2005 年第 4 期。

〔2〕 参见蒋红珍："比例原则阶层秩序理论之重构——以'牛肉制品进销禁令'为验证适例"，载《上海交通大学学报（哲学社会科学版）》2010 年第 4 期。

〔3〕 蒋红珍、王茜："比例原则审查强度的类型化操作——以欧盟法判决为解读文本"，载《政法论坛》2009 年第 1 期。

〔4〕 参见［德］汉斯·J. 沃尔夫、奥托·巴霍夫、罗尔夫·施托贝尔：《行政法》（第 1 卷），高家伟译，商务印书馆 2002 年版，第 254 页。

〔5〕 黄仁宇：《万历十五年》，生活·读书·新知三联书店 2004 年版，第 276 页。

的道德观念来支撑的。行政法基本原则的本土化背后其实是行政法本身本土化的问题。一个国家的历史、地理与文化实际上构成了一国行政最根本的基础。那种不是建立在本国过往历史文化与当下社会现实，而是更多借鉴于域外经验的行政法治，最终是难以获得本国国民认同的（也许从这一点出发，我们能够理解为什么研究行政本身的行政学，相比于行政法学有着更为紧迫的本土化要求）。法治与宪政作为西方历史文化的杰出产物，尽管已经取得世界性普世价值的地位，但这并非意味着其可以不需要与一国既有文化接继就可以"放之四海而皆准"。这一点，中国近代宪政的不断挫败即是一个明证。[1] 而行政法作为宪政实践中极为重要的一部分，如同中国宪政一样，迫切面临着本土化的任务。笔者十分钦佩翁岳生先生对这一问题的认识："每个国家都有其传统文化与政治经济等特殊背景与结构，因此在仿效'外国'理论与相关法律之后，应该透过司法裁判与学说诠释，持续不断地落实与深化，并进一步发展出合于我们社会需要的行政法。"[2] 而行政法基本原则作为行政法的"元问题"之一，在本土化问题上首当其冲。

在笔者看来，行政法基本原则的本土化正是行政法基本原则研究与实践走出"困境"的关键所在，是其在中国语境中深入发展的必由之路。而在这一本土化过程中，至少有两点是不可或缺的。

第一，行政法基本原则必须建立在中国行政法制现实的基础之上。作为行政法治的后发国家，中国行政法制现实与西方法治国家有着不小的差距是不争的事实，尽管有学者提出我国需要行政法制建设的跨越式发展，但笔者始终对此抱有一定的警惕。"历史没有跳跃"，纵观中国现当代史，无论初衷如何，每一次高呼跃进的背后都是惨痛的现实教训。行政法作为先进的依法治国理念的产物，其无疑应当相对先进于我国的社会现实，否则便不能促进社会发展。但这并不代表其能脱离于我国行政法制相对落后的基础，[3] 正像我们不能要求在加减乘除的初始学习阶段就能够解开二次元方程。"向前一步是先进，向前三步是先烈"的社会谚语具有一定程度的真理性，我们希望行政法基本原则的发展是前者，而不是后者。

第二，行政法基本原则发展必须兼顾到中国特有的历史文化背景。中西方不

---

〔1〕 有关中国近代宪政试验屡次失败与中国文化现实的关系，可参阅王人博：《中国近代的宪政思潮》，法律出版社 2003 年版。

〔2〕 翁岳生："行政的概念与种类"，载翁岳生主编《行政法》（上册），中国法制出版社 2009 年版，第 39 页。

〔3〕 朱维究教授认为，行政法基本原则具有时代性，既是历史发展的产物，具有承前性，也反映一国行政法的发展趋势、体现一国民主法治的进程，具有启后性。笔者认同此点。

同的历史文化背景，是西方法治文化始终在中国步履维艰的根本原因之一。"行政法就其知识而言是地方性的，不同于刑事法、民事法那样具有普适性。"[1]而行政法的基本原则作为一定程度上社会道德观念的反映，更应当契合于一个国家特有的历史背景。中国"大政府，小社会"的传统格局与公民交往理性的相对缺失，都是行政法基本原则在司法裁判与学说阐释中必须正视的现实。

（三）将谨慎的司法适用作为行政法基本原则确立的锤炼熔炉

正如前文所述，在经历司法适用的初步试验后，行政法基本原则既显示出其强大的实践生命力，又暴露出其理论与实践皆流于表面、缺乏细化的不足。为克服此种缺陷，必须将行政法基本原则放诸司法实践中予以打磨锤炼。"正像袁隆平的实验室在田野一样，哲学社会科学真正的实验室在社会，在生活。或者说，社会和生活本身就是哲学社会科学的实验室。"[2]行政法学作为哲学社会科学的分支学科，其发展也在社会这所实验室中不断修正进步，而行政法基本原则的改造与确立更离不开司法裁判这一"熔炉"。

第一，司法解释的适当确认。在我国，司法解释具有一定的法源地位已是不争的事实，而与其他部门法相比，最高人民法院透过司法解释对行政法的推动尤其巨大。[3]笔者以为，在短期内无法经由立法确认行政法基本原则的情况下，不妨由司法解释在适当的时机以适当的方式对某些行政法原则进行一定程度的确认。譬如，最高人民法院在2012年3月发布的《最高人民法院关于办理申请人民法院强制执行国有土地上房屋征收补偿决定案件若问题的规定》第6条第5项中所提及的"正当程序"正是对正当程序原则由幕后走向台前的一次有力推动。

第二，案例指导的大胆尝试。判例法作为两大法系国家行政法重要的法源之一，早已是学者们的共识。[4]"在法律还不完备的行政法领域，判例法所占有的地位尤其重要。"[5]尽管最高人民法院刚刚构建起的案例指导制度，与判例法仍有着较大差距，但在成文法传统浓厚的我国，无疑具有极大的突破意义。笔者认为，从司法适用的角度而言，行政法基本原则借着案例指导的"东风"将大有

---

〔1〕 章剑生：《现代行政法基本理论》，法律出版社2008年版，第38页。

〔2〕 叶必丰："先行其言而后从之"，载 http://news.sjtu.edu.cn/info/1002/125748.htm，最后访问时间：2012年6月30日。

〔3〕 参见江必新："司法解释对行政法学理论的发展"，载《中国法学》2001年第4期；余凌云："法院如何发展行政法"，载《中国社会科学》2008年第1期。

〔4〕 参见王名扬：《美国行政法》（上），中国法制出版社2005年版，第15～35页；王名扬：《法国行政法》，北京大学出版社2007年版，第12～18页；余凌云："法院如何发展行政法"，载《中国社会科学》2008年第1期。

〔5〕 ［日］南博方：《行政法》（第六版），杨建顺译，中国人民大学出版社2009年版，第10页。

可为。通过最高人民法院遴选并作为指导案例发布的行政法原则适用案例，将能够使行政法基本原则的司法适用在一定程度上推向深入，从而积累起足够的实践经验，再经由学者阐释，予以一定的精细化与类型化，行政法基本原则完全有可能开拓出全新的理论空间。

司法解释与案例指导无疑将构成行政法原则的两个适用维度。在笔者看来，二者并不是非此即彼的关系。通过案例指导乃至判例的适用以累积一定的司法实践经验，再在适当的时候透过司法解释乃至立法予以确立，这种渐进式的发展方式是可以为我国司法现实所接受的。

（四）将写入《行政程序法》作为行政法基本原则的扎根之本

法律原则本身并不是法律条款，缺乏为法律条款所必要的确定性和明确性，需要进一步规范化后才能直接适用于具体的案件事实。[1] 正如前文所述，现阶段作为"开放式原则"的行政法原则缺乏适用的规范性，客观上带来了司法裁量权的扩张。而在法官个体素质仍参差不齐的司法境况下，这种司法裁量权的扩张既有其利好之处也始终潜藏着一定的"风险"。在笔者看来，对于行政法基本原则的实证化，至少可以在一定程度上消解其"滥用"的风险。大陆法系的实践已经证明，将行政法基本原则写入行政程序法典是可行且有效的。《行政程序法》将是行政法基本原则真正的扎根之处。譬如我国台湾地区"行政程序法"通过概括加列举的方式确认了行政法原则的法律效力，其第 4 条规定：行政行为应受法律及一般法律原则之拘束。而第 5~8 条分别列举了明确性原则、平等原则、比例原则与诚信原则，明确宣示了行政机关作出行政行为必须受这些原则的拘束。由此可见，行政法基本原则在行政法体系中真正确立自己"基本原则"的地位有赖于行政程序法典的一锤定音。在我国大陆，将经由司法实践检验之后、并为本土国情所接受的行政法基本原则写入将来的《行政程序法》，将是行政法基本原则确立的最终途径。

以上四点在一定程度上分别对应了法律学者、司法机关与立法机关三大主体。经由学者对西方经典原则的深度考察与本土化的理论改造，并通过司法适用的实践检验，最终将行政法基本原则确立于行政程序法典，不失为现实国情下的可行之道。行政法基本原则的不断发展与最终确立实有赖于三者的合力推动。

行政法基本原则作为行政法理论的"元问题"之一，其构造过程的背后所反映的现代行政法的价值取向。学者们表述各异的观点，在一定程度上反映了理

---

〔1〕 参见 [德] 汉斯·J. 沃尔夫、奥托·巴霍夫、罗尔夫·施托贝尔：《行政法》（第 1 卷），高家伟译，商务印书馆 2002 年版，第 256~257 页。

论界对于现代行政法价值判断的不一致。在笔者看来，对究竟需要什么样的行政法基本原则的追问，即是对需要什么样的行政法的追问。对于这一问题，我们必须立足于中国既有的行政法制现实与发展，以西方法治发达国家的先进经验作为理论源泉，同时持续进行行政法的本土化改造，才能求得最终解答。

无论控权还是保权对于行政法而言均应当是手段，而非目的。推动行政权良好、有序行使，促进公民广泛参与，并使公民权利及时得到救济的"良好行政"的实现，才应当是行政法的根本目的，也是行政法基本原则构建的实质标准。

英国学者 Elliot 将行政法的功能界定为控权和实现良好行政（good administration）。他认为控权仅仅是手段，实现良好行政才是灵魂。[1] 在 2001 年 9 月 6 日，欧洲议会通过了《欧洲良好行政行为法》（Code of Good Administrative Behavior），将良好行政理念提升为欧盟本身的行为准则。[2] 而 2001 年 12 月欧盟更是将获得良好行政的权利作为一项基本权利写入欧盟基本权利宪章。[3] 实际上，良好行政这一理念的产生是现代行政法治国家发展的必然。众所周知，行政法治理念自产生于公民法治国以来，一直伴随着近代福利国家中行政权之扩张而演进，今日其任务早已不再限于保障人民不受国家过度侵害之自由，还在于要求国家必须积极提供生存照顾（Daseinsvorsorge），国家不再是夜警，而是各项给付之主体（Die Verwaltung als Leistungstraeger）。[4] 这意味着，在现代社会中，政府已不单单是个人权利的守卫者，更是个人权利的促进者。行政法正从传统上为了因应高权压制型行政管理模式而产生的控权型行政法，逐渐走向以合作治理作为主要手段的公共治理型行政法，这是行政法面对转变的社会现实的必然选择。在公

〔1〕 余凌云：《行政法讲义》，清华大学出版社 2010 年版，第 12 页。
〔2〕 参见李春燕："欧洲良好行政行为法"，载《行政法学研究》2007 年第 3 期。
〔3〕 欧盟基本权利宪章第 41 条：
获得良好行政的权利：
1. 每个人都有权利使他（她）的事务无偏见地、公正地和在合理期间内，得到欧盟机构和团体的处理。
2. 这项权利包括：
——在被采取不利措施前，每个人都享有听证权；
——在不妨碍机密、专业秘密和商业秘密的合法利益的情况下，每个人都有获取卷宗的权利；
——行政机关有义务对其决定说明理由。
3. 每个人都有权要求欧共体根据各成员国法律共有的一般原则，对其机构或公务员履行职责过程中造成的损害进行赔偿。
4. 每个人都可以以条约规定的语言文字给欧盟写信，并且必须得到以同一种语言文字作出的答复。
〔4〕 黄锦堂："行政法的发生与发展"，载翁岳生主编《行政法》（上册），中国法制出版社 2009 年版，第 47～63 页。

共治理模式中，其逻辑起点由传统对于人性之恶发作的有效控制转变为最大限度发挥人的潜能，而控权虽然仍作为一种必要手段，但却非唯一手段。[1] "在行政法学中，负责维持秩序的'粗暴之手'体现为秩序行政，而负责给予的'温柔之手'则体现为服务行政，二者对应存在。"[2] 尤其在"生存照顾（Daseinsvorsorge）"[3] 这一任务成为现代国家行政的重心所在之后，行政法中单一的管制手段已远远不能满足现代行政任务履行之需要。随着大量的新型行政方式如行政契约、行政给付等手段的引入，"控权"这一回应于秩序行政的传统认识也随之降格为新行政法的手段之一，而不再是目的。由此，一种新的同时运用"粗暴之手"与"温柔之手"的行政理念——良好行政——应运而生。

而我国自 2004 年温家宝总理正式提出"建设服务型政府"的目标以来，各级政府积极响应，开启了一场旨在建立"服务型政府"的改革热潮。有学者将政府这一转变总结为 5 个目标：从管制走向服务；从单向走向互动；从强制走向合作；从单一走向多元；从封闭走向开放。[4] 而为了回应这一趋势，相应的行政法学研究也逐渐由以秩序行政为重心转化为以服务行政为重心。一定程度上来说，如果说传统秩序行政之目的在于防止一个最坏政府的出现，那么，服务行政则是力图打造一个最好的政府。但在笔者看来，服务行政相比于良好行政仍有其不足之处。服务行政要求行政机关在行使行政权力时应当以服务作为理念，其更多的是对行政者主观出发点的考察。而良好行政与服务行政相比，更注重于对行政结果之考察，比服务行政有着更为客观的判断标准。譬如在《欧洲良好行政行为法》中，不仅包含了传统的合法性原则、比例原则、合法预期等经典原则，甚至明确了礼貌、同种语言回复、决定的合理期限等要求。[5] 我国作为一个行政法治后发国家，在改革持续深入、社会快速发展的情况下，行政法学研究不可能按部就班地重复西方几百年法治进程中的每一步。良好行政尽管仍是一个比较新颖的话题，但出于回应中国行政改革的客观需要，其应当成为行政法学研究中的新目标。传统行政法学由于固守"控权"的理论窠臼，过于强调"法对行政的

---

〔1〕 罗豪才、宋功德："公域之治的转型——对公共治理与公法互动关系的一种透视"，载《中国法学》2005 年第 5 期。

〔2〕 江必新："行政法学研究如何回应服务性政府的实践"，载《现代法学》2009 年第 1 期。

〔3〕 "生存照顾"这一理论由德国行政法学家福斯多夫（Ernst Forsthoff）所提出。参见陈新民：《公法学札记》（增订新版），法律出版社 2010 年版，第 39～40 页。

〔4〕 石佑启："论法治视野下行政管理方式的创新"，载《广东社会科学》2009 年第 6 期。

〔5〕 李春燕："欧洲良好行政行为法"，载《行政法学研究》2007 年第 3 期。

控制"，有脱离行政现实之趋势，[1] 已明显不能给予快速变动的行政实践足够的理论给养，而服务行政作为一种理念上的出发点，而并非结果之评价，也有着难以达到司法审查之标准的缺陷，往往在行政审判中缺乏一定的可操作性，因为"服务"还是"不服务"作为一种主观心理，难以形成一个准确的客观判断标准。在这种情形下，引入良好行政这一理念可以说正当其时。

而作为行政法灵魂的行政法基本原则，其构建也理应以良好行政作为实质标准。在笔者看来，良好行政这一标准对于行政法基本原则之构建至少有以下三点利好：首先，良好行政理念有效地统一了行政法与行政管理之目标。行政法学与行政学应共同讨论行政之理想图像与建制原则。[2] 良好行政这一理念所具有的包容性能够最大程度地化解行政正义与行政效率这一基本矛盾。其次，良好行政理念能够更好地回应中国行政法制改革的现实需求。过往学者们对于行政法基本原则的讨论中，往往过于抽象地讨论行政与法律之关系，将讨论过多地建立在西方既往法治经验的梳理中，而往往忽略了中国改革中所面临的现实问题。在行政法基本原则的讨论中，我们不能忘记行政法肩负着促使中国传统统治向现代治理与善治转换的历史使命。最后，良好行政理念能够较好地解决过往讨论中未竟之问题。譬如，在行政法基本原则的讨论中，行政效益原则究竟是否应当成为一项行政法基本原则，学者们的认识不尽相同。有学者认为效益最大化同样是现代社会对政府的要求，行政效益原则应当成为一项基本原则。[3] 但更多学者却常常将之作为行政管理原则予以排斥。在将良好行政作为确立标准后，行政效益原则自然是实现良好行政的题中应有之义。譬如，《欧洲良好行政行为法》第17条对行政决定合理时限的规定："……最终决定应在最短时间内告知申请人或申诉人"。这一规定即是效益原则的一个明显体现。

---

〔1〕 在笔者看来，中国行政法与中国宪法似乎有着刚好相反的问题。中国宪法由于客观原因，政治属性远强于法律属性，价值宣示功能远强于法律实践功能，而中国行政法似乎出于弥补宪法实践不足的深层驱动和域外传统行政法学的影响，法释义学研究蔚为大观，缺乏必要的法政策学研究，与行政专业领域缺乏相应的对接。一个明显的体现是，中国既往行政法面向司法远多于面向行政。而近年以来，部门行政法研究的兴起，一定程度上正是对这一缺憾的弥补。

〔2〕 黄锦堂："行政法的发生与发展"，载翁岳生主编：《行政法》（上册），中国法制出版社2009年版，第112页。

〔3〕 杨海坤、章志远：《中国行政法基本理论研究》，北京大学出版社2004年版，第117～118页。

多元公共服务模式下的行政主体框架

黄学贤*　吴　菲**

随着改革开放的深入发展，我国市场经济体制更加规范和成熟、辐射范围更广，以往建立在计划经济体制上的管理型政府进一步瓦解；同时伴随着计划和管制放开，私营企业、第三部门以及公民个人逐渐获得自由与独立的地位，我国的市民社会迅速崛起。人们已经普遍意识到，政权的合法性来源不再是其阶级属性或其自身宣之于民的权威，而是国家能否为公民基本生活提供公共服务。因此，建设一个以提供公共服务为主要职能的服务型政府成为适应我国社会转型期发展战略与社会变化的必然。而在市场经济之下，公民对社会和国家的依赖程度在加强，公共服务的范畴扩展、层次也在提升。在有限政府与法治政府理念要求下，我国提供公共服务的机制已经从政府完全主导的"计划主义"阶段走向服务供给机制的市场性和公共性在不同层面得到强化，同时志愿性、区域网络性的供给机制也逐渐兴起的"混合安排，混合生产"的阶段。[1] 在借鉴西方公共管理理论和实

---

　　* 苏州大学王健法学院教授、法学博士、博士研究生导师。

　　** 苏州大学王健法学院研究生。

　　〔1〕 参见陈振明等：《公共服务导论》，北京大学出版社2011年版，第157页。

践经验基础上，我国公共服务的提供模式总体呈现出这样的发展脉络：即在政府权威提供仍占主要地位的情况下，积极发展公共服务的市场化提供模式和社会化提供模式，并依照多中心治理理论对政府提供模式进行改革，[1]最终实现合作化、多元化的公共服务提供模式。

公共服务提供模式的转变是公共行政从国家行政时代走向国家行政与社会行政共存合作的重要表现，其蕴含着行政权分散实施、行政方式多元化等现代行政的变革性内容。而"与公共行政的变迁相伴而行的，是行政法的发展与演变"[2]，新公共服务提供模式冲击了传统以国家行政为中心的行政法理论，甚至需要在行政法结构性变革意义上重构出"新行政法"。纵观既有研究，虽然已有很多学者注意到这一重要课题并进行了前瞻性的探索，但对于这种前瞻程度的把握却多有偏差。有鉴于此，笔者欲在客观考察我国现阶段公共服务主要提供主体的基础上，结合行政主体的核心要件，探讨因公共服务提供模式变化而兴起的"行政主体多元化"问题，在怀有行政法变革性期待的同时务实地厘清公共服务提供主体与行政主体的关系。

一、我国公共服务的主要提供主体

社会理论从公、私"二分法"发展到政府—市场—社会"三分法"推动了多元化公共服务提供模式的形成，结合我国现阶段的发展情况，这种模式下公共服务的提供主体总体代表着政府、私营部门以及第三部门。进一步考察可分为：

1. 行政机关。公共服务以向公民提供公共产品为载体，以维护公共利益为目的。其公益性、整体性、持续性、普遍性和重要性决定了由国家提供公共服务的合法性和必然性。我国政府正从管理型政府转向服务型政府，在管理型政府下"全能政府"职能仍余温未退，加之我国私营部门与第三部门发展不足，在很多公共服务领域缺位。因此，行政机关提供公共服务不仅是其天然义务，也是我国公共服务提供模式转型时期稳固服务提供体系以保障转型顺利进行的必然。

实际上，"政府活动的一项规则就是有义务以避免产生任何混乱的方式来组织和支配公共服务"[3]，不管是私营企业还是第三部门提供公共服务，政府都承担着组织和担保的义务。因此从宏观上可以认为公共服务模式的变化是政府调

---

〔1〕 多中心治理模式是服务型政府的内在属性，其意味着在公共服务提供的过程中除政府之外还存在多个权力中心，这些权力中心是自由和相对独立的，行动是互动式的。参见王千华、王军：《公共服务提供机构的改革》，北京大学出版社 2011 年版，第 12 页。

〔2〕 蔡乐渭："论公共行政变迁背景下行政法发展的新趋势"，载《国家行政学院学报》2009 年第 1 期。

〔3〕 ［法］莱昂·狄骥：《公法的变迁》，郑戈译，中国法制出版社 2010 年版，第 46 页。

整自己的位置和职能，向其他主体分权与收权的结果。而笔者这里所说，是在当下多元化公共服务提供模式下由政府直接生产并提供公共服务的情况。

随着现实和理念的变化，行政机关虽在各类公共服务中都有直接生产并提供的具体项目，[1]但由于公民对服务专业化、层次化的要求加强，以及其他提供主体特别是私营部门积极寻求参与，政府已经意识到公共服务分散实施的必然，其应当致力于基本公共服务均等化实现、维持服务常规化提供以及承担服务提供缺位责任。因此，如今由行政机关直接生产和提供的公共服务主要集中在公共安全、社会保障、公共信息方面；而公共教育、医疗卫生、基础设施等其他公共服务已不同程度地由其他组织承担，行政机关仅在其中关涉公共服务均等化的保障性内容缺少提供主体时进行生产提供。

2. 事业单位。公共服务的生产不仅需要投入大量人员与资金，更是一项不同于行政管理的专业工作。为了减轻财政负担、提高公共服务的生产效率，同时为了满足公民不断增长的公共服务需求，政府举办了分布广、规模大、数量多的事业单位，以非营利性地生产并直接提供公共服务为运作主旨。

我国的事业单位是在计划经济时期建立起来的，其初始定位是政府的公共执行部门，除了生产和提供公共服务的主要职能之外，还承担部分政府行政职能和中介沟通职能。这些事业单位一般都由政府管理，内部机制和运作流程都按照政府的组织结构来建立，其不仅在多年的运行中积累了大量问题，更难以适应经济和社会的发展。因此，从20世纪80年代中期开始，我国的事业单位步入了改革阶段，重点解决其"政事不分"、"事企不分"问题，但直至今日仍未取得显著成果。

在这样的背景下考察事业单位的性质，会发现其有独立存在的价值，甚至有学者认为事业单位应当成为"相对独立于市场域即第一域、政府域即第二域和志愿域即第三域的第四域"[2]。其作为政府权威提供公共服务模式的重要一环，承担着几乎所有公共服务的生产和提供责任，是当下最主要的公共服务提供主体。

3. 私营企业和个人。由政府权威提供公共服务原本是符合其职能发展的当然选择，却在实际操作中时常背离其维护公共利益的初衷，产生了一系列问题。在这一背景下，打破公共服务由政府垄断生产和提供的格局，将市场机制引入公

---

〔1〕 我国公共服务的分类在实务界与学界都有争议，本文赞同构建公共服务的"二维动态分类框架"，详细内容参见陈振明等：《公共服务导论》，北京大学出版社2011年版，第60~70页。

〔2〕 杨团："探索'第四域'"，载《中国社会文摘》2005年第1期。

共服务的具体供给过程中的公共服务市场化提供模式成为化解难题的良策。这种市场化提供模式以适当的盈利空间为条件调动社会一切可利用的资源，吸引了大量私人部门的参与，可以在很大程度上提高公共服务的质量和效率。[1]

在过去的 30 年里，我国的私营企业和个人通过政府的合同外包、解除管制、民营化、共同生产等渠道获得了部分公共服务生产、经营权。但囿于我国私营经济发展不足和现有制度预留空间有限，公共服务的市场化提供实例常常受挫，其配套机制和操作范式仍然处于模糊状态。这种薄弱的社会制度基础和实践负面影响也造成了我国公共服务中私营部门参与不足，其活动局限在发展性公共服务领域之内，并以医疗卫生、社会保障和文体休闲方面为主。

4. 第三部门。随着市场经济和政治分权改革的进行，从 20 世纪 80 年代起公民社会获得了极大发展。[2] 同时社会利益的多元化发展使作为社会分子的公民发现，公共部门与私人部门有其自身的私利需求和决策偏向，并不能完全满足其对于公共服务的需求。因此，他们通过成立中介的社团组织以志愿性的活动参与到公共服务领域之中，以解决政府失灵和市场失灵现象。这些社团组织经过理论和实践的充实，逐渐发展成为今天公民社会的代名词——第三部门。[3] 而像第三部门这样的社会力量以志愿形式参与公共服务的模式，即是公共服务的社会化提供模式。

经过多年的发展，我国的第三部门已取得了长足的发展，据官方统计，截至 2008 年底，我国共登记社会团体 23 万个、民办非企业单位 18.2 万个、基金会 1597 个，[4] 除此之外还广泛存在着大量未登记的、临时性的社会组织。应当认识到，我国的第三部门有自己的特殊性，分为有"官办背景"的和民间自行生长的两类组织。这两类组织处于完全不同的制度环境中，通过独立提供、影响决策、合作生产或提供的方式，在不同程度上参与了公共安全、社会保障、环境保护、医疗卫生等几乎所有公共服务，但其参与层次仍停留在发展性公共服务，参与作用也是辅助性的。

5. 社区组织。自"社区"概念诞生以来，一直是各国社会学家争论的课题。

---

〔1〕 参见刘星：《服务型政府：理论反思与制度创新》，中国政法大学出版社 2006 年版，第 170～171 页。

〔2〕 参见罗辉：《第三域若干问题研究》，中国地质大学出版社 2006 年版，第 5 页。

〔3〕 与第三部门概念类似的还有"非营利性组织"、"非政府组织"、"民间组织"、"志愿者组织"等概念，其之间仍有差别。笔者认为从三分法角度，第三部门是重要的社会力量，较为中性，可以涵盖这些概念的主要内容。因概念本身颇为混乱，且不是文章重点，在此不再对其进行区分和辨析。

〔4〕 数据来源：中国社会组织网，http://www.chinanpo.gov.cn/web/index.do.

在我国的研究语境中，社区即法定的基层社区，也就是城乡基层政权和基层群众性自治组织，其中城市由于单位制解体后急需解决社会整合与社会控制问题，率先开始社区建设，目前所说的社区主要是指城市社区。[1]

我国社区组织在政府的主导下，发迹于 20 世纪 80 年代，其主要职能是向特定地域的居民提供社会服务，包括具有导向性的私人服务、为特殊群体防危解困的社会福利服务以及部分公共服务。其作为自治组织提供的公共服务也是公共服务社会化提供模式中的重要内容。

但我国社区由政府主导的发展道路导致了社区管理机制的行政化，严重影响了社区的自治职能，反映到社区公共服务上就是居民对服务的选择权小，社区的自治提供较少、多为协助政府提供。因此，总体上我国社区以区域为限，向居民提供公共安全、环境保护、医疗卫生、社会保障、文体休闲、公共教育方面的发展性公共服务，并以辅助政府工作为主要形式。

二、成为行政主体的核心要件

服务行政已经提上我国行政改革日程，政府顺从公共行政的发展趋势，回应社会利益多元化的现实，将为公民提供公共服务的行政事务分散给市场和社会已成为不争的事实。对于行政法学者来说，一方面他们为公共服务提供模式的转变而欢欣鼓舞；另一方面却也为在行政权抽离的情况下，如何从公共行政的视角考察新型主体的组织性质和行为模式，进而审视和修正传统行政法理论而感到困惑。这种现实与理论的碰撞反映到行政主体上，即表现为学者虽普遍认为我国传统的单一行政主体已向多元化发展，但对这众多的服务提供主体哪些才能担当行政主体资格却语焉不详。为解决这一问题，首先应考察：在现代行政背景下，成为行政主体的核心要件是什么？

从发展过程来看，行政法是作为保障或控制行政权的工具而诞生的。[2] 在现代宪政理念下，行政法"保权"与"控权"的作用已经融合，成为一个过程的两面，但行政法理论的视角仍聚焦在行政权的发展与变化之上。同时，行政主体即"行政所由出的主体"，"其实质意义在于探求、概括行政职能最终落实的权利义务主体"[3]。行政职权是具体法定化的行政权力，这就决定了成为行政主体的核心要件便是拥有行政权，其内涵和外延的变化必然与伴随公共行政发展

---

〔1〕　参见吴群刚、孙志祥：《中国式社区治理》，中国社会科学出版社 2011 年版，第 8～13 页。

〔2〕　参见杨建顺：《行政规制与权利保障》，中国人民大学出版社 2007 年版，第 76～77 页。

〔3〕　李昕："现代行政主体多元化的理论分析"，载 http://www.studa.net/xingzhengfa/061030/1116411.html，最后访问时间：2012 年 7 月 15 日。

而产生的行政分权与行政还权现象紧密相关。

行政分权源于社会利益多元化发展的需要与西方国家政府机构改革的实践，在我国当下语境中，行政分权应从体系化的角度理解，"不仅是上下级的行政权层级划分，更强调行政系统内部各行政机关之间以及行政机关与社会对于行政权的划分"[1]，是一个在行政实体法框架内对行政权重新科学配置，以求得行政职权充分实现，行政效率不断提高的过程。行政分权运作的前提是政府所拥有行政权的范畴符合社会与行政发展，其没有凭借天然的权力优势侵占属于行政权力调整范围之外的其他领域。虽然行政权的内涵始终随着时代流变，但"总的来说是一种执行法律、治理国家和服务社会的公权力"[2]，其需要受到宪法与法律的控制，更不能挤压公民社会生活的空间，取代社会的自我治理。

但实际上行政权的膨胀和异化在各国都是普遍现象，而我国长久以来处于管制行政时期，政府以计划管理的手段包揽了几乎所有的经济、行政和社会事务，成为行使行政权的唯一主体，不仅严重挤压了个人与社会的自由，更在一定程度上侵蚀了立法权与司法权。[3] 在这种背景下，我国的行政权不仅需要在应然的框架内进行权力的再分配，更需要从社会能够自治管理与服务的领域退出，还权于社会，承认社会公行政权的存在与效力。因此我们应当认识到，通过分权与还权，行政权实际上已经扩展为国家行政权和社会公行政权，我国的行政法制也应围绕这两股力量不断进行完善。国家行政与社会行政在组织形式、行为方式、效力保障等方面都有很大差异，原本应当在行政法治下各司其职、各承其责，但随着公共行政的主要内容转向公共服务，这两类行政呈现出开放和融合的格局，掌握行政权的主体似乎不再如法律框架中那么面目清晰。因此有必要考察我国公共行政背景下行政权的流向问题，进而明晰多元的行政主体。

三、公共行政背景下行政权的流向

（一）国家行政权的流向探讨

国家行政又称直接行政，是依靠国家固有的职权性行政主体（即国家行政机关）行使行政权，进行行政管理、提供公共服务的行政方式。随着行政目的的改变，行政机关执行公务的行为方式已不再局限于公法上的决定、命令、许可等法

---

〔1〕 张弘：《公共行政与服务行政下中国行政法的结构性变革》，法律出版社 2010 年版，第 167 页。
〔2〕 胡建淼主编：《公权力研究》，浙江大学出版社 2005 年版，第 195 页。
〔3〕 广义的行政还权，还包括破除行政权对立法与司法操作的影响与干涉，将向立法主体与司法主体还权，鉴于本文写作意旨，仅探讨狭义的行政还权，即国家行政权向社会主体归还应有社会行使的社会行政权。

定方式，"将行政作为服务主体，可以自由地讨论其运用之法律方式"〔1〕。在实践中，行政机关运用给付、契约、指导、委托等具有私法性质的行为方式完成行政事务已成为常态，私营企业与个人、事业单位、第三部门等其他组织也通过国家行政方式多样化的渠道介入国家行政之中，对公法规范的适用范围与标准造成了冲击。

一些学者敏锐地捕捉到改变传统行为方式、允许私人组织参与并运用私法规则完成行政事务给传统行政法学以及国家行政带来的变革契机，如"行政主体多元化"、"政府行为规制化"、"行政法私法化"都是言之有据并获得广泛认同的发展趋向。在行政主体多元化问题上，有学者认为当下公众参与承担行政事务打破了原来的行政权限体系，一些私法人（即私法主体，包括被法律和行政机关授权并与行政机关无隶属关系的组织和个人）可以通过开放性的行政方式成为行政主体的一部分。〔2〕那么我们是否还应当将行政权束缚在原本的法律框架内，是否应当将行为方式看做行政权流动的渠道，在理论上扩充行政权的承担者从而为削弱过于庞大的国家行政设计具体模式呢？

行政法学界普遍认为，不能因为减缩政府在具体行为中的参与力度、引入其他部门或组织而使这些领域摆脱公法的控制，更不能因为行为方式的多样而减轻政府的责任。实际上，国家行政的主体仍然是行政机关，开放性的行政方式是其行使行政权的过程，这些方式的改变的确会给行为的性质、效力以及责任分配方式造成影响，但不能成为将国家行政权予以转移的理由。这是因为：

1. 国家行政权来源于宪法，行政机关行使行政权完成行政事务既是权力也是义务。虽然随着给付行政与服务行政的兴起，其行为方式呈现出多样化的特征，有些甚至无法找到直接的法律法规授权，但这些行为仍是行政机关行使行政权的结果，需要遵循基本的依法行政原则。因此，即使其他主体参与到行政行为之中，在整体上仍然是处于原本的行政法律框架内，最终决定行为内容的仍然是行政机关，行政机关无意也无权将宪法赋予和法律严格控制的行政权通过行政行为授予他人。

2. 这些新型的行为方式迎合了我国行政转型的需要，一时间为各地行政主体积极践行。实践高涨的热情推动了这些方式走向政策层面进行推广，也有不少位阶较低的行政规定（主要是规章和其他规范性文件）对其进行规范。但这些规定是尝试性和阶段性的，其主要内容是对这些新颖的行为方式进行规范和统

---

〔1〕 参见陈新民：《公法学札记》（增订新版），法律出版社 2010 年版，第 52 页。

〔2〕 参见王霁霞："公众参与与行政主体理论之变迁"，载《河北法学》2009 年第 12 期。

一，防止政府"甩包袱"和寻租，在行政权问题上，这些行政规定并未承认其他主体的分享资格，强调行政机关的职权法定、不得懈怠。

3. 虽然在公共行政中国家行政与社会行政的界限一直处于变化中，但国家行政在行政中处于基础地位，即使其在一些领域让权于社会行政主体，仍承担着监督和保障行政事务完成的义务。正是由于国家行政的义务性与保障性，公共行政才能顺应社会变化不断演进而不出现真空。因此，国家行政方式在呈现出多样化的同时也是不稳定的，行政机关吸纳其他主体共同参与行政并不是放弃其行政权，而是转变在具体行为中的内容，在开放的空间检验行政变革的可行性，为法律相对地划定行政权的界限而试错。

当然，笔者丝毫不怀疑行政主体多元发展的正确性，但行政主体在行政法学中具有范式意义，在很多问题的研究上都"规定了学者们的讨论范围、思维路径或逻辑方向"[1]，其内涵和外延的变化应当审慎地对待。从其他主体试水性地承担行政事务到最终成为掌握行政职权、负担行政责任的行政主体是个漫长而制度化的过程，这一转向的成功不仅建立在一个成熟的市场、社会和法制环境基础上，更是"建立在一个健全的政府功能基础上"[2]。然而我国现阶段的客观情况还远未达到这一要求，实践中行政机关引进私法方式提供公共服务频频受挫，至今仍未形成类制度化的范本。[3]

因此，当下还不宜贸然划定国家行政权流向其他承担行政事务的主体，将其在没有法律、法规授权行使行政权情况下共同施行行政事务的行为定性为一些形式化的行政行为（如行政委托、行政合同）、甚至是无法形式化的政府规制手段都较为正确。这样一来，这些行为或手段仍属于国家行政的范畴，虽然具体内容较为柔和，不能单纯依靠国家强制力保障实施，但总体而言其仍属于国家职权，需要动用国家权力积极推进，行政机关仍然需要因这些行为或手段承担相应的责任。

（二）社会公行政权的流向探讨

社会行政又称间接行政，所谓间接是指承担社会行政的组织独立于国家行政机关，其成立目的并不是执行行政事务，只有在法律授权其执行公务时才能成为行政主体。成为授权主体的社会公共组织能够依自己的意志和规则提供公共服务

---

〔1〕 沈岿："重构行政主体范式的尝试"，载《法律科学》2000 年第 6 期。

〔2〕 章志远："民营化、规制改革与新行政法的兴起"，载《中国法学》2009 年第 2 期。

〔3〕 当然并不是在所有的领域都没有建树，如行政指导的"泉州模式"、行政资助的"长兴教育券"等起到了一定的示范效应，但从规范层次来说，其仍处于继续摸索阶段，辐射范围小，制度化条件不足。

并进行必要的行政管理活动。

社会公行政权本质上是公民为寻求自治而融入国家与个人之间的公共领域，按照契约性原则自愿结合成利益团体后让渡出的个人权利。[1]因此社会行政主体实际上经过了两层授权，第一层是参与这些社会组织的公民通过章程、决议或规约的形式授予其进行管理和服务的权力，从政治社会学角度来说这是公民实现自治的重要方式；当一些社会组织发展日渐成熟，权威性和社会认同度都较高，并实际上已分担一些国家行政事务时，法律在结合公共行政发展框架的基础上授予这些社会组织独立行使公共行政权的资格，这是第二层授权。

这两层授权的内源性基础是包含自治意识、民主意识和参与意识在内的公民治理意识，[2]实现要件是法律对于公民自治和参与的认可和保障。随着我国社会的发展，公民的治理意识高涨，由村民自治、居民自治和行业自治组成的社会自治框架已基本形成，大量正式与非正式的社会组织在政府授意与政策空间允许下积极参与行政事务。但这些社会组织成为独立的行政主体却面临法律支持的缺位。我国行政主体理论建立在国家一元行政基础之上，法律默认的行政主体是国家行政机关，"即使存在授权理论，但大多认为法律法规授权组织作为行政主体是国家行政扩张的需要，是国家行政的延续"[3]。因此，虽然在法律形式上存在部分社会组织经由授权成为行政主体，但这并不是法律有意识地在分权与还权基础上构建社会行政主体制度。这就决定了我们在探讨社会行政时要排除国家行政的干扰，进行前瞻性的思考。落实到具体的社会行政主体上就需要将这些社会组织受到的政府影响看做一种过渡，从应然性角度将其视作独立主体，在缺少法律支持的情况下更多地进行理论探索。

学者在具体的社会行政主体问题上莫衷一是，笔者认为我国社会行政主体一般包括事业单位、第三部门以及社区组织。鉴于这三种主体的性质与实际情况各不相同，应当区别研究：

1. 事业单位。我国事业单位绝大部分由行政机关举办和管理，其构成非常复杂，国家人事部门将之分为行政管理类、公共服务类和开发经营类三类，不同事业单位的类别也是确立其改革方向的根据。通过研读《国务院关于分类推进事业单位改革的指导意见》对于三类事业单位的改革设想，可知在这三类事业单位

---

〔1〕 参见庞兰强："社会行政主体"，苏州大学 2006 年博士学位论文，第 28~31 页。

〔2〕 参见梁莹："公民治理意识、公民精神与草根社区自治组织的成长"，载《社会科学研究》2012年第 2 期。

〔3〕 薛刚凌："多元化背景下行政主体之构建"，载《浙江学刊》2007 年第 2 期。

中只有公共服务类事业单位能够在分类改革后成为社会行政主体。

虽然公共服务职能的回归剥离了这些事业单位的行政依附性，而使其以公民需求为导向，但特殊的发展历程决定了其不会像其他社会行政主体那样紧密围绕公民的行为和意志。作为社会行政主体的事业单位应当类似于日本的独立行政法人制度，"为保障公共职能的履行，国家对其业务活动目标、活动方式及绩效进行审核、管理和评价"[1]，并通过法律明确其独立公法人的地位，保障其在业务活动、资金运作、人事管理等方面的自主权。

事业法人的主要职能是提供不适宜由民间机构和行政部门直接承担的公共服务，其掌握社会公行政权是一种国家行政权由上而下剥离的过程。虽然其行政过程仍有政府"掌舵"的影子，但其代表的行政利益已经社会化，并以民主自治方式进行活动，是我国社会行政的重要组成部门。

2. 第三部门。第三部门是最具活力的社会行政主体，其涵盖的社会组织数量庞大、涉及领域宽泛，只有那些从事公共事务管理的并能独立承担法律责任的社会组织才能成为社会行政主体。在我国的第三部门中，主要是一些学术研究会、行业协会、基金会和联合性协会能够在法律授权后成为社会行政主体。

作为社会行政主体的第三部门，行使公行政权的方式主要是在经过法律授权之后，自主制定所涉领域有关活动规则、行业标准、奖惩措施等事项的规约，来约束或服务其成员，从而实现公共利益。然而由于现阶段行政环境与行政主体理论的限制，被授权的社会组织一方面在实际的公共行政活动中备受国家行政力量的干扰，缺乏自主性与独立性，更造成行政利益的错位，自身发展陷入困境；另一方面法律对其行政主体身份认识不足，不仅缺乏对其通过自主自治地行使社会公行政权的保障，更缺乏对其行政法律责任的规定，造成"有授权无责任"的情况。

因此，我国第三部门成为真正的社会行政主体不仅需要行政体制改变对国家权力的攀附，在成立条件、资源供给和组织运行方面给予社会公共组织充分的支持和独立的发展空间；更需要转变一元国家行政的立法思维，从法律角度解决后授权时代社会公共组织的主体性发展和权责统一问题。

3. 社区组织。社区是一种古老的地域性公民自治载体，在我国是实现村民自治和居民自治的主要组织形式。与第三部门不同，我国社区最初是为了解决在社会转型中的社会控制问题而构建的，缺少促进公共领域形成或市民社会发育的初衷；同时其组织网络固定，主要依托村委会和居委会，被授权提供社区公共服

---

[1] 李昕：《作为组织手段的公法人制度研究》，中国政法大学出版社 2009 年版，第 299 页。

务也来自于其国家治理单元的身份。

虽然我国社区在成为社会行政主体的条件上显得有些"先天不足",但2000年《民政部关于在全国推进城市社区建设的意见》的出台,标志着我国社区建设接受了"善治(良治)"理论,正在成为培养公民民主自治习惯和实现社会治理的重要阵地。

因此,未来的社区组织作为新兴的社会行政主体,应当定位为真正的基层群众自治组织,通过制定规约、兴建设施和开展活动等方式向本地域的公民提供公共服务,并调动社区内外资源提高社区参与程度。而要实现这一目标,不仅需要社区组织从管理主体、运作机制、人员配备等方面进行改革和创新,[1]更需要政策的持续支持和法律的适时回应。

毋庸置疑,这三类组织要成为社会行政主体必须经历回归性的行政变革和系统性的法律支持。在社会行政主体还处于理论性探索的今天,这三类组织的规划前景无疑给公共行政的变迁打了一针"强心剂"。在确定现代公共行政的主体框架后,我们需要用治理理念来审视当下四面突击的行政改革,在行政权的流变中明确国家行政与社会行政的疆界,通过协调二者的作用,来实现"更好的社会,更好的生活"。

四、新公共服务提供模式中的行政主体

正如上文所述,提供公共服务成为现代公共行政的主要内容,我国公共服务的提供模式正向着多元化、合作化的方向发展。公私主体积极联合和公私手段大量混用使得这种网络化的供给模式在带来巨大效益的同时也产生了许多问题,比如:公私法二元区分被打破,混合行政使得公私法规则的适用范围游移不定;公私合作的盲目突进和制度化缺失造成多项责任缺位、断裂等等。

因此,公共服务提供模式的急剧变化引起了世界范围内各界学者的关注和探讨,而行政法学者的任务就是"在经济范式所规定的术语和目标之内,保证制度公平并且负责任地运作"[2]。在这样的背景下,依循公共行政权的变迁辨析出纷繁复杂的服务提供主体中的行政主体,可以为明晰公共服务提供主体的行为规则、构建相应的责任体制、建立适宜的监督审查制度提供研究支点。

1. 新公共服务提供模式中各参与主体的作用责任分析。参与提供公共服务

---

〔1〕 具体创新内容可参见杨敏:"社会学视野中的社区建设与制度创新",载《哈尔滨工业大学学报》2012年第1期。

〔2〕 〔新西兰〕迈克尔·塔格特:《行政法的范围》,金自宁译,中国人民大学出版社2006年版,第55页。

的主体代表着政府、市场、社会三方利益，也代表着三种不同的行为手段和规制方法。多元合作的公共服务提供模式是一种多中心治理活动，意味着这是一幅各主体各司其职、通力合作的画面：

公共服务的生产和提供相分离，整个提供体制呈现出开放式的格局。行政机关从大多数的公共服务生产领域退出，注重对整个提供模式的决策制订和运作监管，承担总体的设计责任和保障责任；在政策与法制空间下，工商企业通过与行政机关的市场化合作以及对公益部门的社会化支援参与公共服务的生产活动，并承担部分提供责任；事业法人在保障自身公益职能的同时，积极融入公共服务合作提供的环境中，以提高公共服务的供给效益和均等化水平，其主要承担完成政府所设服务目标的责任；第三部分和社区组织作为公民自治的重要基地，主要通过开展各类活动来实现公民对服务的自我满足，并用其掌握的社会力量支持和修正其他公共服务提供活动，承担着表达公民利益需求、弥补公共服务中政府与市场失灵的责任。

2. 新公共服务提供模式中的行政主体辨析。从公共行政的角度来看，多元合作的公共服务提供模式将国家行政与社会行政纳入同一框架，各主体间的合作与配合在本质上仍是行政法律关系；整个提供机制的运转依赖各行政主体行使行政权，调动各项资源积极作为并承担相应责任。在分析了公共服务提供主体及其各自的作用与责任之后，我们应当透过这些角色的表面探求公共行政权的运作实质，在多主体参与作出的行为中辨析出行政主体，为后续研究做准备。

结合上文所述，新公共服务提供模式涵盖了公共行政的主体框架，行政机关作为国家行政主体，事业法人、第三部门和社区组织作为社会行政主体共同支撑整个服务提供体系的运行。但随着公共行政向服务行政、给付行政过渡，其作出的行政行为突破了传统行政行为的思维定式，在性质、主体、方式、效力等方面呈现出全新的特征。这为我们判断一项服务提供行为是否是行政行为，众多参与主体中哪些是行政主体增加了难度。

行政行为本质上是国家行政权与社会行政权运转的外部表现，公共服务并不排斥非行政主体的自由提供，判断一项提供行为是否是行政行为，主要是看其是否运用了行政权。虽然行政权的界定存在争议，但就其特征而言是一种具有法定性、公益性、优益性、先定性、执行性、权责统一性和一定程度单方强制性的权力。[1] 这些特征结合行政权的基本轮廓就可以判断其是否是行政行为，在此基础上结合上文所述的国家行政主体和社会行政主体行使行政权的特点便能确定该

―――――――――――

〔1〕 参见杨建顺：《行政规制与权利保障》，中国人民大学出版社 2007 年版，第 141～145 页。

行为中哪些参与主体是应当承担责任的行政主体。[1]

五、结语

对于行政法学者来说，公共行政永远是其研究的核心。急速的社会发展催生了我国公共行政在模式、分类以及内容上的变革，这些变革积极促进了公民成为行政本位，享受到由多元主体联合提供的公共服务。然而我国多元合作的公共服务提供模式还处于初级阶段，面临许多问题。在明晰公共服务提供模式中的行政主体后，发挥行政主体的范式作用、进行进一步的体系化研究，是我们引导服务型政府行为、发展新行政法的新努力。

---

[1] 需要说明的是，辨析公共服务提供模式中行政主体是个双向探索的过程，因为行政权、行政主体与行政行为原本就是相互嵌入的概念，在发生学上也难以区分先后。笔者提出的辨析方法主要是从认知的侧重角度而言，实际上并不能避免思维过程的相互佐证。

行政执法理念的变迁与服务型
政府语境下的重塑

葛 然[*]

　　戴伊说过，"人们被理念（信仰、象征、教条）所强制着。整个社会是被我们通常称作意识形态的理念系统所形塑而成的。意识形态是一种整合性的信念系统，它对社会与社会成员，提供一种生活方式的理性化，评价'对'与'错'的标准，以及行动所需要的情感冲动。"[1] 理念是人类社会长期文化、智慧、经验的共同积淀，具有内在的力量，而这种内在力量能够影响法的具体实施，甚至发挥法律规则所起不到的作用。思想是行动的先导，行政执法理念从根本上支配着执法者对执法活动的价值观和态度，影响着执法行为和执法效果。正如有学者所言："行政法制的理念，观念，原则，制度，规范之间是层层递进的关系，它们的关系呈现为金字塔形状，理念在金字塔的最顶端，而且理念起着统领作用，依次往下是观念、原则、制度、规范。"[2] 由此可见，

　　* 苏州大学王健法学院研究生。
　　〔1〕〔美〕汤姆斯·戴伊：《权力与社会——社会科学导论》，柯胜文译，台北桂冠图书股份有限公司2000年版，第265页。
　　〔2〕罗豪才：《现代行政法制的发展趋势》，法律出版社2004年版，第147页。

行政执法理念犹如整个行政执法制度的理论基石，引领着行政执法的实践。

一、传统行政执法理念分析

可以说，政府在对国家和社会进行管理过程中采取何种模式与手段与一个国家的行政理念密不可分，行政理念必定内在驱动着政府的管理方式。传统的行政理念主要以统治型行政理念以及管理型行政理念为代表。

统治型政府作为人类历史上最早的一种政府类型，与国家的产生相伴。在这种政府统治之下，统治者追求政治秩序与统治地位的维护，故以其掌握的强制性的公共权力将社会控制在不会危及其统治地位的秩序之内。王权本位思想即是最典型的统治型政府的行政理念的体现。随着国家与社会的发展，这样的统治型理念逐渐被管理型理念所取代。

狄骥在其《公法的变迁》一书中对现代行政法的理论基础进行了阐释，指出早期的主权理论[1]催生了行政管理论。早期与行政法的管理论相伴而生的行政管理理念，在大陆法系国家以及我国建国后相当长的一段历史时期占据着统治地位。行政法在概念范畴被作为一种管理法，是对国家事务进行管理的工具。在行政管理理念下，强调行政权的优越性和有效行使，行政主体是行政法律的核心。管理理念以国家与社会、行政机关与公民之间的二元对抗为前提，推行的是命令——服从的行政管理模式。

对于传统行政理念在行政执法领域的体现，我们可以从行政执法的概念界定中看出端倪。笔者总结了对行政执法具有代表性的几种界定："行政执法是行政机关执行法律的行为，是主管行政机关一方采取的具体的直接影响相对一方权利义务的行为；或者对个人、组织的权利义务的行使和履行情况进行监督检查的行为。"[2]这是对行政执法的一种较广义的理解，认为除了行政机关制定行政法规和规章等行政立法行为外，其他几乎所有的行政管理活动都属于行政执法行为。"行政执法是指行政机关及其行政执法人员为了实现国家行政管理目的，依照法定职权和法定程序，执行法律法规和规章，直接对特定的行政相对人和特定的行政事务采取措施并影响其权利义务的行为。行政执法是与行政立法、行政司法相

---

〔1〕 主权理论的起源可以追溯到罗马法。为了使某一个人能够代表全体人民行使主权所包含的权力，罗马人民通过"王权法"将主权委托给"元首"。事实上皇帝享有完全的主权，有权将自己的意志强加于他人，并要求普遍服从。这样，罗马就创造出了一种后来被称为主权理论的公共权力理论，这种理论直到20世纪仍然是欧洲和美国公法的基础。参见 [法] 狄骥：《公法的变迁》，郑戈译，中国法制出版社2010年版，第1~50页。

〔2〕 罗豪才：《行政法学》，中国政法大学出版社1999年版，第172页。

对应的。"[1] 这一类是对行政执法的概念采取较狭义的理解。也有学者主张行政执法没有统一的概念，为了便于实践中的实际操作，其基本含义应当从具体的场合出发加以确定。该观点认为："对事物的认识是以特定的时间、地点和条件为前提的，就行政执法这一概念来讲，在不同的场合，针对不同的事物，人们对它的内涵和外延更会有不完全的界定。"[2]

对行政执法概念的界定视角正是对行政执法理念的直观体现。从传统的对行政执法概念的内容界定来看，尽管内涵与外延有所不同，但我们可以发现它们共同的特征。传统的行政执法概念主要都是从行政主体的权力方式的视角来界定行政执法活动，将行政执法视为行政主体对行政管理相对人实施的影响其权利义务的行政行为，体现出浓厚的行政管理理念色彩。

任何一种理念的塑成我们都必须了解其历史背景及成因。在计划经济下，我国形成了全能型的政府管理理念与模式，这种行政管理理念在相当长的一段时期内盛行，有其时代原因和历史原因。早期国家干预主义盛行，为了克服资本主义生产的无政府状况和消灭阶级剥削，避免无序的市场竞争所导致的经济危机，社会主义国家起初普遍采用全面的国家干预主义，通过国家有目的、有组织地对社会中所有的人加以直接管理和控制，以期通过万能的国家实现全民的福祉。在这种国家干预主义背景下，政府是大公无私的，它没有私利而只会为公众利益服务。在当时政府的行政管理具有当然的合理性，它的出发点和归宿都是为了全社会的福利。所以，以历史的角度看，管理理念与特定的历史背景是相适应的，在维护社会的秩序和稳定方面也曾起过积极作用。

传统行政管理模式以权力为本位，强调权力的推进和行使，通过对行政相对人实施管理和控制，达到治理国家的目的。所以在这种管理理念下，政府为获得更大的管理权力容易忽视对公民权利的保护，导致官强民弱的博弈局面，更不利于公共利益的实现。况且，国家不是万能的，政府也会失灵。政府对社会生活、经济文化的介入必须有所限制，因而国家的干预必须节制和适度。

二、行政执法理念的变迁

（一）公共行政的变迁

20 世纪 80 年代以来，西方发达国家推行了一场风靡全球的新公共管理改革。在百余年的发展、演变的历程中，作为政府管理研究领域的行政学经历了从传统公共行政（Public Administration）到新公共行政（New Public Administration），再

---

〔1〕 杨惠基：《行政执法概论》，上海大学出版社 1998 年版，第 1~3 页。
〔2〕 姜明安：《行政执法研究》，北京大学出版社 2004 年版，第 8 页。

到新公共管理（New Public Management）三次范式的重大突破和转换。[1] 尽管学界对"公共行政"的概念理解未有统一界定，但是我们可以汲取对其已有共识的特征，并承认公共行政的范畴呈现出不断变化的态势。当代公共行政又正向新公共服务阶段演进。以罗伯特·登哈特（Robert Denhardt）为代表的一批公共行政学者针对新公共管理理论进行了理性批判与超越，建立了一种崭新的公共行政理论——新公共服务理论，将公共服务、民主治理和公民参与置于政府治理系统中的中心地位，体现了公共行政的宪政主义理念。[2] 民主公民权理论、社区与公民社会理论、组织人本主义理论和话语权理论等被认为是构成新公共服务理论的理论基础。我们若对行政的理解再秉持以政府为中心的观念，已经无法解释错综复杂的公共行政现象。

从亚当·斯密（Adam Smith）的"自由放任"到凯恩斯（John Maynard Keynes）的国家直接干预经济，从秩序行政到给付行政，随着政府职能的不断扩大，行政的疆域也在不断拓展，实现行政任务的方式、手段乃至理念都在不断发生着变化。我国在计划经济下行政无所不在，泛行政现象十分突出。随着政府机构进行新的全面性的改革，政府与社会、政府与市场、政府与企业逐渐分离，行政的范围有着相应缩小的趋势。社会保障、社会自治与公共治理的发展，以及第三部门的勃兴，又使得公法适用的范围有所扩张，公法关注的公权力范畴、公法行为发生根本性变化。公共行政内涵也变得异常复杂，呈现出一种不断发展的趋势。[3] 正如有学者所言："不同的时代，政府有不同的管理职能。行政的范围是变化着的和发展着的。不同的国度，不同的地区，政府主管事务的多寡和干预领域的广窄会有很大的不同。"[4] 随着行政法调整范围的扩大，行政行为的范围也日益扩大。与 19 世纪相比，教育行政行为、卫生行政行为和环境行政行为等等的出现就是这种扩大的表现。同时，非行政行为的公共服务手段，如行政契约（行政私法行为）、行政事实行为和行政指导行为也已日显重要。[5]

随着公共行政范畴的变迁，传统的以政府为中心的理念已经被突破。现代福利国家时代的来临，使得行政模式正由传统的以权力为本位、重管制的行政管理模式向现代的以权利为本位的行政服务模式转变。行政的政治管理职能弱化了，

---

〔1〕 陈振明："从公共行政学新公共行政学到公共管理学——西方政府管理研究领域的'范式'变化"，载《政治学研究》1999 年第 1 期。

〔2〕 曾保根："新公共服务理论的'四位一体'解构"，载《学术论坛》2010 年第 4 期。

〔3〕 余凌云："公共行政变迁之下的行政法"，载《华东政法大学学报》2010 年第 5 期。

〔4〕 姜明安："行政的'疆域'与行政法的功能"，载《求是学刊》2002 年第 2 期。

〔5〕 叶必丰：《行政法的人文精神》，北京大学出版社 2005 年版，第 145 页。

而行政的社会职能、经济职能、文化职能在不断强化。另外，随着公民的权利意识增强，参政议政能力提高，公民权利范围也呈不断扩大趋势。所以，政府权力只是手段，而保障公民权利逐渐成为最终追求的价值取向。正如有学者所言："从公民权利实践角度，国家权力不仅要保持理性的克制态度，从而减少自身侵害公民权利的可能性，同时还要积极提供保护以使公民权利免受私人权力的不正当侵害。"[1] 由此可见，传统的行政管理理念下的行政执法理念窒息了社会和经济发展的活力，阻碍着公民参与行政的进程，已经不符合现代民主行政的要求，当然也不利于行政法治目标的实现。

（二）行政法基本理论多元化发展

20世纪80~90年代，我国行政法学界掀起对行政法基本理论的讨论热潮，行政法调整对象被重新定位，从行政管理法转到监督行政法，开始围绕平衡论、控权论、公共利益本位论、公共权力论、服务论、政府法治论等，展开理论基础大讨论，出现了众多的学术流派和观点，并且这种学术讨论仍在继续。[2] 其中，以罗豪才教授为代表所提出的"平衡论"在学界影响较为瞩目，在其理论发展与构建过程中逐渐成为占据着主流地位的学说。另外，在不同学派的理论争鸣中，还催生出许多边缘性学说观点，比如控权—平衡论、控权—服务论、职责本位论、新服务论等等。也有学者积极拓展新的理论范畴，提出了行政自制理论，认为行政权行使主体具有某种程度的自制能力，行政自制是相对于外部控制而言的一种制约方式。[3] 有学者提出了公法领域的"软法"问题，倡导建立统一的公法学，旨在打破行政法研究的自我封闭现状，超越部门法界限，汲取宪法学以及政治学、哲学的学术资源，推进公法基础理论和制度、方法论的整体进步。[4]

由此可见，行政法理论基础作为引导行政法制度与实践发展的最根本的理论支柱，随着社会的变迁不断发展，产生了诸多理论论点并呈现出多元化趋势。而行政法基本理论的变迁必然带来具体行政执法领域的理念、手段乃至制度的相应发展与变迁。

（三）对行政执法概念的重新定位

服务型政府是在公民本位、社会本位理念指导下，在整个社会民主制度的框

---

〔1〕 陈征："基本权利的国家保护义务功能"，载《法学研究》2008年第1期。

〔2〕 杨海坤、章志远："关于我国行政法理论基础问题的对话"，载《河南省政法管理干部学院学报》2004年第4期。

〔3〕 崔卓兰、刘福元："行政自制——探索行政法理论视野之拓展"，载《法制与社会发展》2008年第3期。

〔4〕 罗豪才、宋功德："认真对待软法"，载《中国法学》2006年第2期。

架下，通过法定程序，按照公民意志组建起来，以为公民服务为宗旨，并承担着服务责任的政府。[1]在我国行政改革过程中提出了相对于传统管制型政府的一种新模式——服务型政府。尽管服务型政府的理论与实践在西方发达国家早已有之，但在我国的提出其影响无疑是全方位的和巨大的。通过上文所述，我们发现在传统的行政执法理念下对行政执法概念的界定，既不能全面揭示行政执法的动态特性和多元利益主体的参与过程，又无法包容服务型政府语境下授益行政行为、新型行政行为在行政执法中广泛应用的情形。所以在服务型政府背景下，首先我们必须对行政执法的概念进行重新定位。

有学者突破了传统的把行政执法等同于"行政"或等同于"具体行政行为"的认识，而将其界定为："是在行政相对人、行政第三人等的积极参与下，法定的行政主体在一定理念指导下，依照法定程序运用权力或非权力方式将静态的法律法规适用于具体事件，以确定人的法律地位或者物的法律属性的社会现象。所以在本质上，行政执法是在行政主体的主导下，多方利益主体共同参与博弈的复杂关系网络和过程"[2]。对于这样的界定，笔者持赞成态度。首先，在行政法理念多元化的背景下，现代行政已经不是单一的高权行政，行政执法活动也不能简单等同于行政主体的单方面意志的权力行为。行政执法融入了服务行政、参与行政、合作行政的元素，要求行政相对人、行政第三人等多元主体的积极参与。其次，在当代服务型政府背景下，行政执法更是一个与行政相对人、第三人等利益方互动的动态过程。从行政执法程序的启动到行政执法主体作出决定，再到行政行为的目标最终实现的整个过程中，行政主体的权力依据、权力范围、权力行使方式以及行政相对人对执法过程的参与程度、意见表达等都是需要考量的因素。

三、服务型政府下行政执法理念的重塑

反观目前我国行政执法实践领域内出现的执法不公、执法难的现状，其背后无不隐藏着传统执法理念的单一陈旧、现代执法理念的淡薄问题。如果执法理念不能够与时俱进，而仅仅依靠执法权的整合或者执法力度的加大这样的强制性手段来推动法律的实施，往往达不到行政执法预期的良性效果。任何制度和手段的改革创新必定是先从观念层面的梳理厘清开始的。因此，实现传统行政执法的变

---

〔1〕 刘熙瑞："服务型政府——经济全球化背景下中国政府改革的目标选择"，载《中国行政管理》2002 年第 7 期。

〔2〕 杨解君：《行政执法研究——理念引导与方式、制度创新》，中国方正出版社 2006 年版，第 9 页。

革与创新，必须从理念的更新着手，转变陈旧的执法观念。只有拥有了当代行政法发展需求的科学的执法理念，将其与行政执法的实践相结合，才能设计出与之相应的合理的行政执法方式以及配套的行政执法制度，进而才能保证行政执法在现代服务型政府的时代背景下契合行政法治的要求。

服务型政府要求在行政执法的理念上由传统的直接干预理念转向通过法律、经济等方法间接引导并提供服务的现代执法理念。为了契合现代行政执法的人文精神，实现政府在职能转变中的使命与目标，笔者认为，服务型政府语境下的行政执法应当着力具备和塑造以下理念：

（一）公共服务

一般认为公共服务最早源于法国权限争议法庭在 1873 年 2 月 8 日对布朗戈（Blanco）案件的判决。[1] 狄骥对公共服务理论进行了系统的论证，并认为"随着公法的不断变迁，公法的基础不再是命令。公共服务的概念正在取代主权的概念而成为公法的基础。国家不再是一种发布命令的主权权力。它是由一群个人组成的机构，这些个人必须使用他们所拥有的力量来服务于公众需要。公共服务的概念是现代国家的基础，没有什么概念比这一概念更加深入地根植于社会生活的事实"[2]。德国著名行政法学家福斯多夫则提出服务行政理论，行政行为的实质是对个人给予"生存照顾"，行政应该提供照顾国民生存之服务。[3]

我国《宪法》第27条规定："一切国家机关和国家机关工作人员必须依靠人民的支持，经常保持同人民的密切联系，倾听人民的意见和建议，接受人民的监督，努力为人民服务。"可见服务理念早在 20 世纪 80 年代的立法中就有所体现。近年来，在中共中央所发布的文件以及领导人的讲话中，都不断透露出当下政府"服务于民"的目标。在这样一个人权、民主旗帜高扬的现代社会，政府如果不懂得以人为本、服务于民，而仅仅凭借手中的权力简单粗暴地执法，不仅难以达到执法效果，而且容易引发和激化官民矛盾，违背现代行政的发展。

当代行政职能结构的变化趋势使得行政的重心转向了服务，社会对行政管理的需求发生了相应的变化，行政权开始积极介入社会生活，行政执法活动也被灌输了服务的属性。伴随着行政服务理念的兴起，构建服务型政府的呼声越来越高，并成为我国行政体制改革的目标。我们强调约束膨胀的行政权力而发展政府

〔1〕 王名扬：《法国行政法》，中国政法大学出版社1989年版，第23页。
〔2〕 ［法］狄骥：《公法的变迁》，郑戈译，中国法制出版社2010年版，第1~60页。
〔3〕 陈新民："'服务行政'及'生存照顾'概念的原始面貌——谈福斯多夫的'当作服务主体的行政'"，载陈新民：《公法学札记》，中国政法大学出版社2001年版，第52~55页。

的服务职能，提倡给付行政的积极社会作用。在服务型政府中，服务应是政府强调的最核心的理念。公共服务是对政府及其活动的理论概括和要求，要将其深入到行政实践的各个方面。服务理念同样会给行政行为的外延带来嬗变，正如有学者指出，服务型政府概念中的"服务"，不仅意味着行政向社会提供公共服务以及公共服务类型的拓展，尤为重要的是突破传统行政中的"高权"观念的束缚，强调以行政形塑社会的理念。当建设意在促进全民福祉的服务型政府时，除将服务的外延扩张到干预行政、给付行政、计划行政等所有行政领域，更在于发展政府惩戒功能以外的预防与诱导作用。[1]

在服务型政府语境下，政府不再是高高在上的权威者形象，也不再是传统行政管制理念下无所不能的全能形象。我们开始重新科学合理地界定政府与市场社会、公民之间的关系，明确政府的价值追求是公共利益，职能核心是公共服务。也就是说，政府除了维持经济与社会秩序外，要树立为民服务的理念，增强服务意识，将促进公共利益、增进社会福利作为主要内容，成为为社会公共服务的管理组织。

可以说，行政机关在本质上是通过执法为公众提供服务的国家机关。在行政执法活动中，理所应当要把服务作为管理的起点和归宿，这就要求作为实施行政执法行为的执法者必须首先树立行政执法的服务理念。著名法学家吴经熊讲过这样的话："在法律的艺术中，适法者其实是诠释法律的艺术家，有一种区别于纯粹技术操作的情感的临在；并且，真正的法律并不仅仅存在于法律的规条文本中，更存在于适法者的诠释之中，一如音乐不是乐谱上的东西，法律也不仅仅是文本中的白纸黑字。"执法者的执法理念透视出执法者对法治精神的诠释，真正的法律就是通过这些"适法者"的诠释而存在的。执法者通过执法活动在向社会公众演绎着法律的内在精神。[2] 由此可见，执法者是行政活动与公民之间发挥作用的桥梁，其对行政行为的演绎直接影响行政相对人的权利与义务。如果执法者没有良好的执法理念的指导，就算最终达到了执法效果，其行为也极易违背法律的内在公平正义精神，这无疑是在践踏法律的尊严，恶化社会法制环境。行政执法的目的不仅要维护公共利益，还要服务社会。所以，行政执法服务理念的建立要求行政执法者转变传统执法理念，从行政官员"官本位"的特权思想中解放出来，自觉地将自己定位于人民公仆，增强为民服务的意识，在执法过程中

---

〔1〕 郑春燕："服务理念下的程序裁量及其规制——以'万元大奖下的暂住证登记'为例"，载《法学研究》2009 年第 3 期。

〔2〕 黄梅兰："行政执法与行政执法理念"，载《发展论坛》2007 年第 11 期。

不仅要依法行政，更要合理行政、文明执法，充分尊重公民的人格尊严和意愿，真正意义上保护好公民的权利。

当然，政府在有限的职责范围内为社会营造良好的法制环境，其行政管理权力不再要求触及社会生活的每个角落，但政府仍然要关注基本社会秩序的维持。所以，虽然政府向全社会提供公共服务的职能在不断强化，但也并不意味着政府提供的"服务"范围没有边界。"凡是公民、法人和其他组织能够自主解决的，市场竞争机制能够调节的，行政组织或者中介机构能够解决的事项，除法律另有规定的外，行政机关不要通过行政管理去解决。"[1]

（二）信赖保护

诚实信用不仅是道德上的要求，也是法律上的要求。诚实信用被奉为私法中的"帝王条款"，是法律的内在之德。它要求人们在市场活动中讲究信用、恪守诺言、诚实不欺，在不损害他人利益和社会利益的前提下追求自己的利益。诚信理念在私法法律体系中得以深入渗透，当然也需要在公法领域中贯彻体现。从法哲学的逻辑渊源上看，政府诚信的理念主要来自自然法的社会契约论思想，认为政府是人们之间缔约的产物，人们为保障天赋权利及财产，通过相互签约建立一个公共权力，而这个契约的达成有赖于人与人之间的信任以及人们对即将出现的公权力的信任和美好预期。这样建立起来的公共权力即政府。诚信是契约的派生价值，诚信理念也是行政法中信赖保护原则的内在价值体现。有学者所言，"苟无诚信原则，则民主宪政将无法实行。故诚信为行使一切行政权准则，亦为其界限"[2]。

行政法上的信赖保护正是诚信理念在行政法领域的要求和延伸。一般认为，信赖保护作为行政法上的原则，起源于一战时期的德国。我国台湾地区自 20 世纪 80 年代以来，已陆续以判例的形式将信赖保护原则援引作审判的依据，并在"行政程序法"第 1 条明确把"增进人民对行政之信赖"作为重要立法目的之一。我国虽然立法中未对信赖保护作出明文规定，但行政法上信赖保护的理念和原则已经在审判实践中发挥了一定的作用。

行政活动具有纷繁复杂的特点，法律不可能事无巨细都作出详细规定，行政机关在执法活动中拥有鲜明的主动权和大量的自由裁量权。信赖保护原则要求行政机关本着诚信的原则和方式作出行政行为，并保护相对人的合理信赖。信赖保

---

[1] 罗文燕："服务政府与行政法转型——面向善治理念的行政法"，载《法商研究》2009 年第 2 期。

[2] 罗传贤：《行政程序法基础理论》，台湾五南图书出版公司 1993 年版，第 65 页。

护理念为执法机关提供内在的基本的执法准则，有助于弥补成文法的局限，制约行政自由裁量权的滥用。行政行为具有公定力，行政主体之间或者行政主体对相对人作出的行政行为必须遵守信用，不得随意更改。行政行为只要使相对人据此作出某种合理预期，并调整自己的行为方式，就是值得保护的信赖。所以在行政执法中必定要塑造平等、自愿的诚信执法理念。行政执法不能出尔反尔、朝令夕改，导致损害相对人可预见的利益，而必须本着诚信的执法理念，言而守信，文明执法，以适当的方式对行政相对人的正当合理信赖利益加以保护，体现对人的终极关怀。

强调信赖保护成为行政执法的基本理念具有现实的意义。执法机关基于自身的支配地位，拥有行政相对人没有的资源优势和权威地位，而这种优势和权威极易造成执法者与相对人之间的紧张关系。如果双方互不信任甚至相互对立，则公民无法从内心尊重和认可执法机关的所作所为，甚至对执法活动不予配合，那么政府的管理活动也必将收效甚微。为了缓和执法者与相对人的不平等关系，塑造执法机关的良好形象，必须树立诚信执法的理念，不偏不倚地权衡行政相对人的利益与他人利益、社会公益，维护执法过程中公平竞争的善良风气和稳定健康的社会秩序。

现代行政关系下，政府与公民的关系已经不能简单定位于传统的不平等等级关系，而应是相互信任、相互合作的信赖关系。信赖保护成为政府与公民合作的基础与桥梁，指引约束行政执法行为，使其获得最大多数公民的充分尊重和信任。决定执法机关权威和执法形象的因素不是执法机关拥有的行政权力大小，而是源于社会公众的信赖、自愿认同和普遍服从。所以，行政执法信赖保护理念有助于塑造政府的真诚守信形象，有利于增进行政机关与相对人之间的信任关系，进而提高执法效率，营造和谐民主的行政执法环境。

（三）正当程序

行政主体的行政行为必须通过一定的外在形式表现出来。程序是一种重要的法律机制，实体目标的实现必须取决于良好的程序安排。正当程序在理论上很难给予规范的界定，但在法律的实践运作中，特别是在英美法传统中，程序的正当性一直是法律制度运作中备受关注的问题。我国在进行现代行政法制建设之初，就面临着强大的行政集权，目前在设立行政权运作的程序上，又难以摆脱中国传统法律程序价值取向的影响。由于程序文化传统的缺失，必要的法制环境的缺乏，现行程序立法的滞后等因素，我们将行政程序视为维护行政权力的一种手段，形成了一个与现代法治价值不尽合拍的行政程序法观念。我国法律程序中最为典型和完备的是审判程序，然而随着现代社会行政权的不断扩张，需要对直接影响相对人权利义务的行政执法活动进行有效的制约。这就要求行政机关在行使职权的过程中也必须遵循一定的方式和步骤，接受法律的调整，不得随意而为，以最大限度地保护行政相对方的合法权益。

正义要以人们看得见的方式去实现。行政程序在保障公民权利、防止违法行政、促进行政效率等方面具有不可替代的作用，正日益为人们所瞩目。正当的行政执法程序有利于明确界定行政主体的地位与职责权限，有利于实体法的正确实施，能有效地控制行政权，有利于增强行政相对人积极参与行政的意识，提高行政效率，遏制不公和腐败。我们只有在观念上消除传统的"重实体、轻程序"理念，认识到程序不仅仅是实现实体结果的工具，它还具有自身更为重要的独立价值判断，才能避免仅仅依靠行政实体法控权的日渐乏力，最终建立起行政法制建设所需要的现代意义上的行政程序法律制度。

行政执法程序则是指行政主体为履行其职能而实施行政执法行为时所应经过的步骤、阶段、顺序及时限等程序过程。笔者认为，在我国建立正当的行政执法程序，要重点塑造行政执法程序中的以下理念，并最终不断完善听证制度、告知制度、相对人申辩和陈述制度、说明理由制度、信息公开制度等配套制度。

1. 民主参与观念。现代服务型政府背景下，公众不再满足于作为行政管理的客体，被动地接受和认可行政机关的执法活动，而是要求在行政执法过程中表达自己的意见、建议，与行政执法主体互动、协商，直接参与行政执法到决策的全过程。公众参与有助于提高行政执法活动的公正透明性、增强行政的可接受性，形成开放、和谐的行政执法环境。正如有学者主张针对我国的行政运作现实，应强调契约精神在行政法中的引入，行政主体与相对人双方可通过契约来求得自己利益的实现从而达到互利互惠的目的，即意味着没有另一方的配合与协作就没有契约的成立与实现。行政行为是双方的共同行为，需要双方的共同参与合作。[1]

参与观念的形成是参与有效进行的前提和保障。参与观念不仅是公众单方的理念需求，也需要行政执法者和相对人双方的共同培养。首先，政府要摒弃不符合民主行政的特权思想，为公民参与扫清思想理念上的障碍，在行政法的实施过程、行政决定的执行过程中积极地与行政利害关系人展开协商与沟通，力争在双方达成基本共识的前提下作出行政决定和高效、柔和地达成法定目标。其次，公民也要增强素质、树立正确的参与意识，在行政机关执法时积极提供帮助和配合

---

〔1〕 杨解君："行政法理念的塑造——契约理念与权力理念的整合"，载《法学评论》2003 年第 1 期。

以协助执法行为。例如在执法过程中，对某些违法现象向有关部门举报、控告，在调查的过程中积极提供线索或者提供必要的物质援助等，从而提高执法效率。

在行政执法过程中，陈述、申辩和听证行为是公民参与行政、维护自身合法权益的有效途径。公民不仅可以知道行政执法的结果，而且可以清楚地了解到整个执法的过程，其意见还可能被执法机关听取，即便结果对自己不利，但至少增强了执法行为的民主公正性和可接受性。行政主体的执法行为不仅关乎个人利益，而且关乎社会的整体利益。执法行为符合法治的要求，符合人民利益，社会就会更加和谐；如果执法机关滥用执法权力，不仅个人权利可能受到损害，整个社会环境都可能遭到破坏。所以公民对执法行为进行必要的关注和参与，积极主动地监督执法队伍以及执法过程，必将直接影响执法效率的高低和整个执法环境的好坏。

现代行政就是一种服务。在公民积极参与合作的良性行政执法环境下，应尽可能减少强制性行政行为，甚而可以采取公权力与私权利合作的方式以及政府职能的民营化来提升政府服务的质量，从而使行政行为由传统的强制性色彩向柔性色彩转化。比如当下新型的行政合同和行政指导行为相对于传统的行政处罚、行政强制行为带有更多的合意性和柔性特征，在行政管理事务中开始广泛采用并取得了积极的效果。公民在这类行政行为过程中的参与也更多地体现了协商、自愿、诚信等私法原则，是私法理念向公法领域渗透的重要体现。这种行政参与理念及行政方式契合服务型政府下行政法治的需求，有助于行政目的和公共利益的更好实现，应该得到拓展和发扬。

2. 信息公开。信息公开是行政程序法的重要制度，也是正当程序中必不可少的基本要素。一个高效的服务型政府是阳光政府。阳光政府的理念要求行政执法的整个过程都能够放在阳光下接受公众的审视和批判。信息公开不仅是确保行政权力在阳光下运作的有效监督手段，也是执法过程中执法主体与相对人双方信息对称，从而实现公正执法制度的必要保证。

现代行政强调向公开、透明的行政民主化转型。政府只有制定出相关的政策和制度来保障人民参与政府决策、监督政府行为才是真正的民主，也只有公开行政程序和办事结果，才能促使政府正确行使自由裁量权，才能真正实现公平和公正。可以说，树立民主开放的行政理念是对现代政府的基本要求，也是任何一个阳光政府必须做到的。[1]

理念的转变，民主意识、宪政意识的增强始终是推进信息公开过程中关键的

〔1〕 巩建华："建立服务型政府应树立的基本理念"，载《行政论坛》2005年第1期。

一点。作为国家主人和政治生活主体的公民有权了解自己应当知道的政府信息，作为人民公仆的国家工作人员也有义务、有责任向公众提供相关政府信息。信息公开是公民监督政府的前提。执法主体应当将不属于法律规定应予保密的与执法有关的法律法规、行政政策以及内部文件等相关信息，依法向社会公开，保证任何公民、组织均可依法免费查阅和复制，保证行政执法在法制的范围内规范运作。

四、结语

实际上，在建设现代法治政府的进程中，我们已经自觉或者不自觉地在一些制度建设方面融入了服务型政府的理念。例如《最高人民法院关于执行〈中华人民共和国行政诉讼法〉若干问题的解释》第 27 条规定："原告对下列事项承担举证责任：①证明起诉符合法定条件，但被告认为原告起诉超过起诉期限的除外；②在起诉被告不作为的案件中，证明其提出申请的事实；③在一并提起的行政赔偿诉讼中，证明因受被诉行为侵害而造成损失的事实；④其他应当由原告承担举证责任的事项。"该规定出台后针对其中的第 2 项提出的批评就很多。因为该项规定不符合行政行为可分为依职权的行政行为和依申请的行政行为这一基本原理，且不符合服务型政府形态下行政主体主动行政、积极行政的要求。因此，其后的《最高人民法院关于行政诉讼证据若干问题的规定》第 4 条规定："公民、法人或者其他组织向人民法院起诉时，应当提供其符合起诉条件的相应的证据材料。在起诉被告不作为的案件中，原告应当提供其在行政程序中曾经提出申请的证据材料。但有下列情形的除外：①被告应当依职权主动履行法定职责的；②原告因被告受理申请的登记制度不完备等正当事由不能提供相关证据材料并能够作出合理说明的。被告认为原告起诉超过法定期限的，由被告承担举证责任。"其中，第 1 项很明显就是对前述规定第 2 项的纠正，凸显了现代行政法的基本原理，也契合了服务型政府的基本理念。

在建设服务型政府这一宏大的系统工程中，制度需要创新，但观念要先更新。任何法律制度的变化和建立必然建立在不同的观念之上。正如有学者所言，倘若没有正确的思想观念指导，既不可能推出我国行政法治发展进程所要求的制度创新，而且有了科学适用的行政法律制度也不可能得到正确实施，还易于出现制度改革的反弹。[1] 不同的法律意识和法制观念会产生不同的法律实施效果。行政理念的发展过程体现出对行政权的认识的变化过程。行政执法使法律、法规

---

〔1〕 莫于川：《柔性行政方式法治化研究——从建设法治政府、服务型政府的视角》，厦门大学出版社 2011 年版，第 99 页。

得以执行和适用，作为传播现代法治精神的直接手段和途径，其水平的高低也直接反映出我国法制建设的状况。理念的变迁与重塑并不是对传统理念的彻底否定，而是回应时代的要求，以博大的胸襟汲取更先进、更适合的理念与模式，与服务型政府大背景有机契合与协调。只有这样，我们才能诠释并规范日益丰富的新型行政行为、不断涌现的柔性执法方式，才能适应现代行政法治的需求，将我国的行政文明建设提升到一个能够适应全球化要求的高度，最终达到政府在行政管理、提供服务的过程中"善治"的愿景。

服务型政府理念下新型行政行为的主要类型

黄学贤* 吴 菲**

引言·服务理念召唤新型行政行为

公共行政中的服务理念是我国服务型政府建设的指导思想，中国语境下行政主体的服务理念相比较于传统的管制政府理念，在角色定位、职能范围和价值认识三方面有了重大转变。在角色定位上，行政主体认识到其任务多元化，不仅要负担起保障公众生存和发展的服务责任，[1] 还要在服务的同时"越来越多的扮演催化剂和促进者的角色，确定问题的范围和性质，把稀缺的公私资源结合起来"[2] 完成自己的决策，引导社会向新的方向发展。在职能范围上，服务型政府认识到现代市场经济条件下，其作用主要是补充市场之

---

    * 苏州大学王健法学院教授、法学博士、博士研究生导师。

   ** 苏州大学王健法学院研究生。

   〔1〕 刘莘、王轩："论服务政府中的服务行政"，载莫于川主编：《宪政与行政法治评论》（第四卷），中国人民大学出版社 2010 年版，第 174 页。

   〔2〕 ［美］戴维·奥斯本、特德·盖布勒：《改革政府——企业家精神如何改革着公共部门》，周敦仁等译，上海译文出版社 2006 年版，第 2～3 页。

不足，在市民社会初具规模的情况下，通过与公民社会及其社会组织的合作共治实现其主导作用。[1] 同时，随着人权、民主、法治成为社会价值主流，政府意识到公民的服从义务已经不同于管制时期，行政主体掌握的公权应当透明、合法、合理、人性化，回应公民社会自治的要求。在这一理念的指导下，行政主体势必作出一系列新型行政行为。面对不断涌现的新型行政行为，运用实证主义研究方法对其进行类型化研究是修正传统行政法理论、规范新型行为、指导服务型政府建设的必经之路。

新型行政行为的类型化研究甚为庞杂，难以一言以蔽之，笔者在此仅将实践中已经出现的各种新型行政行为按照行为属性分类，搭建新型行政行为的框架，以期引发学者们的思考和探讨，并为后续研究做准备。

在搜罗大量样本的基础上，笔者认为服务型政府下的新型行政行为总体而言可分为4类，即行政给付类、公私合作类、行政服务类和行政指导类。这4类行为突破了我国传统行政法律行为的多个方面，其不同的发展脉络凸显出服务型政府理念，也对传统行政法理论提出了挑战。

一、行政给付类行为

对于行政给付可以在不同意义和层面上进行研究，在国外，行政给付多作为一种行政模式。给付行政模式起源于德国，是指为共同体成员提供或者改善生活条件，通过给付直接或间接的协助追求利益的行为。其内容非常广泛，包括基础设施行政、担保给付行政、社会行政、促进行政和信息行政，[2] 几乎包括通过授益性活动而促进社会成员利益的所有公行政行为，因而其含义、方式与范围均具有不确定性，难以在理论上驾驭，并且给付行政与法律的结合主要集中在给付行为法治化问题上，给付行政作为一种模式极少具有法律上的意义。[3] 我国长期以来都是从行为的角度研究行政给付，但到底行政给付是何种行为也是争论不休，[4] 将涵义之争撇至一边，我们应当认识到概念原本就是个流变的过程，随着服务型政府的建设，近年来各地行政给付的实践表明了行政给付的目的由传统的对特定主体提供救助扩大到为促进公益而对非特定主体授益；相应的给付方式除了传统的直接交付权益还有间接促进利益增长、特定义务的免除等方式；给付

---

〔1〕 参见曹闻民：《政府职能论》，人民出版社2008年版，第47～48页。

〔2〕 周隆基：《行政给付的概念和类型研究》，吉林大学2011年硕士学位论文，第14～15页。

〔3〕 柳砚涛：《行政给付研究》，山东人民出版社2006年版，第10页。

〔4〕 由于学者对于给付的范围和义务认识不同，在行政救助、行政物质帮助、行政服务层面上认识行政给付，即使使用统一的行政给付概念，其内涵也是不同的，相关观点可参见柳砚涛：《行政给付研究》，山东人民出版社2006年版，第12～13页。

的标的范围从传统的物质权益扩展到名誉、学历、安全、身心等非物质权益。由此可见，行政给付是为了保障公民生活、促进公益发展通过多种方式向符合法定条件的主体给付多重利益的一类行为，包括行政奖励、行政资助、行政免除、行政保障、行政安抚等一系列行为，这些行为在实践中的新变化引起了广泛关注，社会各方反应不一，从一定程度上充实了行政给付的内涵。

（一）行政奖励

行政奖励是对于公民、法人或其他组织实施的符合行政目标或者行政意图的某种行为，行政主体为表示对该种行为的肯定、鼓励、支持与倡导，赋予行为人以某种物质或者精神上的利益，以示表彰的行为。[1]

1. 通过行政奖励方式激励相对人协助行政或者配合相关行政行为。

（1）2003年7月13日，广州市公安局交通警察支队推出"拍摄举报交通违章奖励"新办法，掀起了"有奖拍违"的浪潮。虽然后来因为此举引起很大争议而被废止，但通过行政奖励来获得市民的协助行政似乎仍是趋势。直至2011年底，深圳、西安等很多城市的交管部门也纷纷效仿，作出了类似的行为，并进行了完善。

（2）2008年3月，温州市瓯海区公安分局梧田派出所开展了外来务工人员办暂住证可抽万元大奖的活动，变传统的使用罚款、清查等规制手段为通过奖励的办法给予相对人利益期待而激励相对人配合完成登记，取得了良好的成效。

2. 通过行政奖励方式促进公民投身地区公共事业发展或者树立良好价值观。

（1）为了鼓励当地企业发展或者吸引更多的人才，很多地方出台了奖励政策，对引进人才的子女或纳税大户子女在上学方面予以各种形式的照顾。如福建省漳州市规定，自2006年起，前一年度民营企业前100名的纳税大户，"其控股企业主的子女中考均可享受加20分的照顾。外商子女也参照执行"。

（2）有些地方还用加分的奖励表彰某些思想品德方面有突出事迹的个人，引导公众的价值观。如2007年7月18日四川广安市邻水县石永中学学生曹于亚因"割肾救父"的感人之举被授予"思想品德有突出事迹者"，后四川省录取领导小组决定给予曹于亚高考政策性加分20分。此举一出，顿时引发社会热议。

（二）行政资助

行政资助是指为了实现一定的公共目的，行政主体直接或通过第三人给私人

---

〔1〕 莫于川等：《柔性行政方式法治化研究——从建设法治政府、服务型政府的视角》，厦门大学出版社2011年版，第297页。

无偿地提供金钱或其他财产利益，诱导私人的发展，促进其事业成功的活动。[1]在实践中行政主体行政资助的内容和方式更加多样，呈现出这样两个趋势：

1. 通过行政资助的方式培育某一群体或产业的力量，促进其自身的发展，带动整体经济发展。

（1）2005 年浙江省人事厅与清华大学经济管理学院合作，公费将 30 位浙江民营企业"老总"送入清华大学进行培训。浙江省人事厅负责人表示民营企业在浙江地位重要，培训是在培养和造就民营企业中的经营管理人才，也是为了促进浙江经济更好发展。[2]浙江此举获得众多地方效仿，内蒙古鄂尔多斯、四川南充、安徽无为等地政府部门纷纷送其辖区的民营企业老总去清华大学培训。

（2）2001 年 7 月，浙江长兴县教育局出台《长兴县教育局关于教育券使用办法的通知》，规定自 2001 年起凡就读民办学校的新生可获得一张面额为 500 元的教育券，报名就读职业类学校的新生可获得面额为 300 元的教育券，中国的"教育券"实践就此拉开序幕。[3]后长兴县的"教育券"功能不断增多，[4]其实质乃是对于民办学校、职业高中以及贫困生的资助。长兴教育券实验在浙江全省范围内获得推广，并在全国引起了连锁反应，相似的还有温州瑞安市 2002 年开始实施的"教育助学凭证"、2004 年湖北省监利县制定的"义务教育卡"制度、成都青羊区 2004 年开展的"义务教育凭证"制度等。[5]类似方法也成为近年来山东淄博市、安徽芜湖市等一些地方解决入园难、入园贵、学前教育城乡发展不平衡等问题的重要手段。

2. 顺应公民社会发展趋势，加强对非营利性社会组织的资助。据学者调查，我国大多数非营利组织 50% 以上的资金来源于政府的财政拨款和补贴。除了经费资助之外，自 2009 年起，南京、深圳、东莞等地建立了社会组织孵化基地，

---

〔1〕 王贵松："行政资助裁量的正当化规制"，载《学习与探索》2008 年第 6 期。

〔2〕 浙江省人事厅："浙商清华深造，公费将渐退出"，载 http://news.163.com/05/1116/09/22M09LD00001120T.html。

〔3〕 沈伟红："从支持职业教育、民办教育，到扶助贫困——长兴县教育券示范效应"，载《钱江晚报》2006 年 9 月 6 日，第 A12 版。

〔4〕 关于长兴县"教育券"的功能，可参见刘晓蔓："对浙江长兴县'教育券'制度的调研报告"，载《教育发展研究》2005 年第 12 期。

〔5〕 湖北监利县"义务教育卡"制度在系统性、完整性、彻底性、策略性等方面都很突出，但由于媒体的错误报道造成政策压力过大、制度本身受到资源约束等问题，该制度未能实行下去，成都青羊区"义务教育凭证"制度与监利县"义务教育卡"制度多有相似，也是由于政治压力和资金压力等问题未能实施。相关情况可参见吴华等："中国'教育券'实践的问题、现状与前景"，载《教育发展研究》2005 年第 12 期。

重点扶持社会福利类、公益慈善类非营利性社会组织建设；另外宁波、上海等还成立了社会组织服务中心，对社会组织的运作、交流、联合、发展等事项提供帮助和扶持。

（三）行政免除

行政免除是指行政主体依行政相对人申请或者根据社会发展现状主动的，依据行政法规范作出的，旨在免掉行政相对人在行政法上已有的作为义务，以帮助其生存发展的行为。[1] 行政给付是一类授益型行政行为，授予权益和免除公民义务、负担都是授益的内容。行政免除各项制度由来已久，但近年来各行政主体积极进行免除的范围扩大，力度加深，契合了服务理念。

1. 各项行政收费的减免。近年来国家发改委、财政部多次联合发文，累计取消了数百项行政事业性收费，江苏、杭州等地也发文取消、暂停、减免多项行政事业性收费。2012 年春节前后，河北、河南、山东等部分地区实行了高速公路免收通行费的政策。

2. 非货币类行政义务的免除。如 2001 年 10 月拉开帷幕的行政审批制度改革，至 2011 年 11 月 14 日，国务院已分 5 批共取消和调整行政审批事项 2183 项，占原有总数的 60.6%，各地区取消和调整的行政审批事项占原有总数的一半以上。[2]

3. 税收减免。税收减免[3] 一直都是中央和地方行政免除的重要内容，长期以来国家不断出台中小民营企业税收优惠政策，在企业所得税、营业税、房产

---

〔1〕 虽然我国实践中尤其是服务型政府理念下大量运用了行政免除行为，但理论和实践中对此行为并没有多少研究，笔者对于此概念的界定更多的是在总结实践经验基础之上并参考了行曙光：《论行政免除》，中国政法大学 2009 年硕士学位论文。

〔2〕 数据来源：中央人民政府网站，http://www.gov.cn/ldhd/2011-11/14/content_1992715.htm.

〔3〕 国家相关法律法规、规章中散落着许多关于税收减免的规定，例如，《循环经济促进法》第 44 条规定："国家对促进循环经济发展的产业活动给予税收优惠，并运用税收等措施鼓励进口先进的节能、节水、节材等技术、设备和产品，限制在生产过程中耗能高、污染重的产品的出口。具体办法由国务院财政、税务主管部门制定。企业使用或者生产列入国家清洁生产、资源综合利用等鼓励名录的技术、工艺、设备或者产品的，按照国家有关规定享受。"《残疾人保障法》第 36 条第 1 款规定："国家对安排残疾人就业达到、超过规定比例或者集中安排残疾人就业的用人单位和从事个体经营的残疾人，依法给予税收优惠，并在生产、经营、技术、资金、物资、场地等方面给予扶持。国家对从事个体经营的残疾人，免除行政事业性费用。"《增值税暂行条例》第 15 条第 1 款规定："下列项目免征增值税：①农业生产者销售的自产农产品；②避孕药品和用具；③古旧图书；④直接用于科学研究、科学试验和教学的进口仪器、设备；⑤外国政府、国际组织无偿援助的进口物资和设备；⑥由残疾人的组织直接进口供残疾人专用的物品；⑦销售的自己使用过的物品。"可参见行曙光：《论行政免除》，中国政法大学 2009 年硕士学位论文。由于数量众多且不是本文讨论重点，这里仅列举一些近年来行政主体作出的政策性税收减免行为。

税、土地增值税、城镇土地使用税等方面都有优惠政策。[1] 具体的如2009年2月深圳出台政策，对于符合条件的中小企业、注重环保及节能的企业，高新技术企业、破产企业的职工进行相关的税费减免。[2]

（四）行政保障

行政保障是行政主体为了保障一般公民或者发生重大变故的公民最低限度的、健康的生活水平而通过实行社会保障救济以及公共卫生、医疗、保险、基础建设、社会福利等行政活动对其进行扶助的行为。我国的社会保障体系由社会保险、社会救助、社会福利和社会优抚制度构成，行政保障是国家社会保障所实施的各种公共措施中的一种。[3] 这4项制度赖以实现的行政行为手段共同组成了行政保障。近年来行政保障主要集中在医疗、住房和教育方面。

1. 医疗方面。例如，自2009年4月6日中共中央、国务院启动新医改以来，至2011年9月底，新型农村合作医疗、城镇居民基本医疗保险、城镇职工基本医疗保险三项基本医疗保险制度覆盖了95%以上的城乡居民，参保人数增加到12.95亿。[4] 再如2008年3月5日，温家宝总理在第十一届全国人大会议上所作的政府工作报告中提到，国家规划免疫预防的疾病由7种扩大到15种，对艾滋病、结核病、血吸虫病等重大传染病患者实施免费救治。

2. 住房方面。如2009年5月22日，住房和城乡建设部、国家发展改革委、财政部联合发文着重解决城市低收入住房困难家庭的住房问题。

3. 教育方面。如2006年，"国家将义务教育全面纳入财政保障范围"被写进了新修订的义务教育法，从2006年起，我国各地农村陆续开始实施真正意义上的义务教育，到2008年秋，国家又免除了城市义务教育阶段学杂费。[5]

（五）行政安抚

行政安抚是指行政主体及其工作人员因为履行职责违法或失当而对社会公众利益造成损害，影响相对人的权益和生活时，或者在相对人生活困顿，社会面临灾难、危机时进行的一系列安抚社会公众或特定相对人的行为。秉承服务理念的

---

〔1〕 详见"关于继续减免中小民营企业税收，促进民营企业发展的建议"，载济南政府网，http://www.jinan.gov.cn/art/2010/6/13/art_ 721_ 1738. html.

〔2〕 详见"深圳中小企业融资可享税收减免"，载 http://finance.sina.com.cn/china/dfjj/20090225/18035901203.shtml.

〔3〕 赵曼主编：《社会保障》，中国财政经济出版社2006年版，第5～8页。

〔4〕 李红梅："全民基本医保体系初步形成，城乡十二点九五亿居民纳入'三保'"，载 http://politics.people.com.cn/GB/16633320.html，最后访问时间：2011年12月18日。

〔5〕 李红梅："全民基本医保体系初步形成，城乡十二点九五亿居民纳入'三保'"，载 http://politics.people.com.cn/GB/16633320.html，最后访问时间：2011年12月18日。

行政安抚是融合社会与个人，缓和矛盾的润滑剂，也是行政给付的必然发展。在实践中，行政安抚主要分为行政道歉和行政安慰行为。

1. 行政道歉。行政道歉即行政主体及其工作人员基于行政权的行使或者其他影响行政主体良好形象的违法或者不当行为而向社会公众或者特定行政相对人表达歉意的行政责任承担方式。[1] 行政道歉是行政问责制度中的一种较轻的方式，[2] 目的在于平复公众的心理创伤，挽回行政机关的形象，继而稳定社会秩序。我国目前的行政道歉并未形成制度，实定法的依据较少。[3] 实践中大量存在的行政道歉大多是行政机关工作人员自发或者被迫作出的行为，如 2009 年 10 月，广州市委书记朱小丹，代表市委市政府就迎亚运连续大修主干道，造成交通拥堵，影响市民出行道歉，这就是自发的行政道歉；再如 2008 年 2 月，因"华南虎事件"引起广泛关注的陕西省林业厅在公众质疑和媒体的步步紧逼下，发出一封《向社会公众的致歉信》，即是被迫的行政道歉。

2. 行政安慰。行政安慰是指行政主体在公众或者特定相对人遭遇重大变故或者为公益作出重大牺牲时，对其进行心理安慰和精神支持，安抚其情绪，或同时给予一定物质帮助的行为。这样的实例很多，如汶川大地震时，温家宝总理深入灾区用喊话、拥抱等方式安慰受灾群众；逢年过节时各地领导班子对困难群众、失学儿童等弱势群体进行慰问；再如 2012 年元旦，江西丰城市委书记慰问因见义勇为牺牲的李超的家人。[4]

二、公私合作类行为

现代行政是一种综合了秩序行政、给付行政、服务行政内容的多层次行政体系，其行政任务非常丰富，不仅包含削减管制行政时期遗留的政府干预过多、机构庞杂、效率低下等问题，防止行政权力滥用，要求行政权力克制消极的任务；也包含要求行政主体积极主动为公民福祉提供保障、创造生存和发展的环境与条件的任务。在有限政府之下完成给付与服务的任务，单靠行政权不再可行，从世

---

〔1〕 王晨等："小议行政道歉的特质"，载《学理论》2011 年第 14 期。

〔2〕 从行政问责制的有权必受监督、权责一致的价值内涵来看，对于我国问责的事由应采用广义的解释，即国家行政机关及其公务人员行政行为的合法性、合理性的表现，包括行政机关及其公务人员的一切行政活动和其他与履行行政职能有关的活动。而目前我国的行政问责事由，主要侧重于违法行为。本文这里采用的是应当层面的行政问责制度。参见周亚越：《行政问责制比较研究》，中国检察出版社 2008 年版，第 87 页。

〔3〕 参见唐斌："我国政府道歉规范的制度变迁及其特征分析"，载《中国行政管理》2010 年第 9 期。

〔4〕 详情可见："江西退伍战士勇斗歹徒壮烈牺牲，年仅 21 岁"，载中国江西网 http://news.jx-cn.cn/525/2012 - 1 - 4/30182@1024899.htm。

界范围内行政发展的状况来看，一种有限集权的、分散化的、非集中的、更富于灵活和弹性的分权性权力结构是必然趋势。这就要求政府将其权力逐步让渡给社会和市场，充分实现权力的社会化。[1]而西方国家的公共改革[2]中提出的公私合作就是一种有效的方式。在公私合作中，私人主体不仅可以参与公共服务（如基础设施项目）的提供，还可以参与传统上纯粹由公权力完成的公共任务（如规则制定、行政执法）。其内容是"政府和私人部门之间的多样化的安排，其结果是部分或传统上由政府承担的公共活动由私人来承担"。[3]学者对于公私合作的类型有诸多见解，[4]笔者在分析各家之言基础上结合实践大体上将其分为公共规则制定参与、公共建设参与、公共服务的委托外包、管制委托外包4种。

（一）规则、公共政策制定的协商与民主参与

1. 近年来法律法规甚至政策的制定，越来越多的体现了参与协商的因素。如2011年8月30日，《刑事诉讼法》修正案草案向社会公布征求意见；2010年1月29日，国务院法制办发文公布《国有土地上房屋征收与补偿条例》征求意见稿的同时向全社会征求意见。社会各界踊跃参与所贡献的意见对于这些法律法规的最终出台作出了不可忽视的贡献。

2. 在参与立法的众多私人主体中，民间组织也在积极行动，发出自己的声音，相比公民个人而言获得了更好的成效。如北京义联劳动法援助与研究中心是一个维护职工权益的民间组织，其积极参与了《职业病防治法修正案（草案）》的立法建议工作，通过严谨的调研写成详尽的立法建议，传递了很多患病职工的心声和利益需求，也获得了高层的回应和肯定，形成了一种良性互动。[5]

（二）公共建设的公私合作

公共建设是指交通建设、环境防污设施、水利设施、油气管道、公园绿地等基础设施的建设。"传统的公共建设开发多是政府以编列预算方式进行，但是由于城市不断的扩张、政府财政日渐捉襟见肘，以及政府官僚僵化等因素影响，公

---

〔1〕 宋源："转型期公共行政模式的变迁——由管制行政到服务行政"，载《学术交流》2006年第5期。

〔2〕 与公私合作相关的西方国家改革浪潮为新公共管理运动、治理理论、新公共服务理论。参见刘星：《服务型政府：理论反思与制度创新》，中国政法大学出版社2006年版，第64~81页。

〔3〕 ［美］E. S. 萨瓦斯：《民营化与公私部门的伙伴关系》，周志忍译，中国人民大学出版社2002年版，第4页。

〔4〕 各学者对公司合作类型的见解可参见陈军：《变化与回应——公私合作的行政法研究》，苏州大学2010年博士学位论文，第18~22页。

〔5〕 参见谢文英："一个民间组织参与立法的路线图"，载《检察日报》2011年11月4日，第5版。

共建设的开发已渐成为城市发展的困境之一。"[1] 私人主体以特许、公司化等方式参与公共建设有效缓解了这一困境，并在有利的政策指导下更加深入发展。

1. 轨道交通建设是我国公私合作公共建设的典型领域，近年来我国一些大城市根据自身情况制定了多种公私合作建设计划，取得了良好成效。如北京地铁四号线是国内首个以特许经营模式运行的轨道交通，其独到之处在于该地铁线路被分为营利部分和非营利部分，私人公司即京港地铁公司负责非营利部分的筹建以及整条线路的管理、维护和资产更新，同时获得营利部分建成后 30 年的特许使用权以及整条线路商业经营收入和票款收入，特许经营期满，京港公司将所有设施无偿移交政府。[2] 北京"四号线模式"首次试水公私合作后，深圳在 2005 年开工建设的地铁四号线更是大胆采用了 BOT 模式。随着建设轨道交通的城市越来越多，可以预测这种效益良好的合作模式会获得更多地方的青睐。

2. 城市水务工程成为私人资本抢滩的热区。早在 20 世纪 90 年代初广东省中山市就开始了供水系统市场化的实验，时至今日，中国城市水务系统中不仅有国外众多大型水务公司的投资特许经营，国内私人水务公司也纷纷涌入。通过传统计划体制下的企业体制公司化转变和融资模式的转变，[3] 私人公司得以参与城市水务事业的建设和运营。如 2010 年 3 月 29 日，重庆水务正式登陆 A 股市场，首创国内通过上市解决公用事业发展缺乏资金问题的模式。

（三）公共服务的合同外包

事实证明，政府充当服务的生产者和提供者不仅不能有效地提供公共服务，还容易滋生官僚主义、效率低下、成本高昂、服务不能等现象，在有限政府理念下，政府不宜将手伸得太远，很多公共服务交给私人主体进行生产反而能够获得更好的效果。[4] 服务型政府的主要功能就是对多样化的公共服务提供方式进行合理安排。将服务生产的任务外包，与私人主体签订契约，明确双方权利义务并

---

〔1〕 施邦兴、陈秉钊："城市公共建设之'公私合作规划与协商机制'简析"，载《华中建筑》2009年第 10 期。

〔2〕 参见裴劲松、王丹："PPP 项目在中国的发展应用——以北京地铁 4 号线运营为例"，载《经济师》2010 年第 10 期。

〔3〕 我国水务的市场化进程涉及企业体制的公司化、政府关于水务监管体制的改革、水务收费制度的转变和融资模式的转变。具体内容参见余晖、秦虹主编：《公私合作制的中国试验：中国城市公用事业绿皮书》，上海人民出版社 2005 年版，第 127～135 页。

〔4〕 公共服务中三个基本的参与者：消费者、生产者、安排或者提供者。消费者是直接获得或接受服务的主体；服务的生产者直接组织生产，或者直接向消费者提供服务。服务安排者（或者提供者）指派生产者给消费者，指派消费者给生产者，或选择服务的生产者。详细内容参见 [美] E. S. 萨瓦斯：《民营化与公私部门的伙伴关系》，周志忍译，中国人民大学出版社 2002 年版，第 68～69 页。

负责监管的做法越来越得到行政主体的青睐。如今行政主体委托外包的公共服务已经扩展到居家养老、绿化园林、救助福利、电子网络开发维护、培训教育、技术鉴定、专业测量等领域。

相关实例不胜枚举，最典型的是居家养老服务外包。如 2007 年 8 月深圳市民政局向社工服务机构购买了 37 名社工服务，这些社工分别前往深圳市福利中心、救助站、慈善会等单位工作，为受助对象、困难群体等提供专业性服务。[1]除了这种单一购买服务外，经营性服务购买也很常见。如 2011 年 11 月 1 日，武汉市东西湖区民政局与武汉侨亚置业集团有限公司签署福利院服务外包意向书，福利院建成以后将由侨亚集团组织经营管理，为老年人提供专业服务。

（四）管理、规制的行政契约

纵观各国，行政职能的外包并不限于公共服务，某些属于行政主体的传统天职如治安管理、监狱管理、行政审批、行政处罚、行政许可等行政管理和规制行为也被纳入到外包的范围，[2]但是这些大胆的实践也伴随着人们对这些管制性契约的异议。[3]我国公共管理改革起步较晚，管制领域的外包还比较保守，但实践中的一些探索仍然值得注意。

1. 1996 年，山东省泰安市退伍军人周某承包下该市下官村的治安，成为中国"治安承包"的第一人。随后经 2002 年 4 月上海举行的全国社会治安综合治理工作会议的推广，治安承包这种新型的治安管理方式迅速遍地开花，[4]在宁波、青岛、温州、合肥等地，治安承包已然屡见不鲜。

2. 从 2006 年开始在我国青海、四川等一些生物多样性较为明显的地区开展的协议保护开创了政府、社区、民间组织共同开展生态环境治理的新方式，取得了明显成效。这种"协议保护"是以政府让渡部分生态资源保护权为基础，社区居民（以村委会为代表）作为承诺保护方，国际 NGO 作为资助方，民间环保组织作为监督方，通过契约方式确定各方生态资源保护的权责利关系，同时研究机构、企业等多方力量参与和支持的一种生态保护机制。[5]

---

〔1〕 吴俊："政府逐渐告别'养人办事'"，载《深圳特区报》2007 年 12 月 21 日，第 A7 版。

〔2〕 姜明安："新行政法：公中有私，私中有公"，转引自［美］朱迪·弗里曼：《合作治理与新行政法》，罗豪才等译，商务印书馆 2010 年版，序言第Ⅷ页。

〔3〕 对于管制性契约的异议，可参见［美］朱迪·弗里曼：《合作治理与新行政法》，罗豪才等译，商务印书馆 2010 年版，第 550～555 页。

〔4〕 陈军："公私合作行为的行政法实证分析——以'治安承包'为中心考察"，载《四川行政学院学报》2010 年第 4 期。

〔5〕 黄春蕾："我国生态环境公私合作治理机制创新研究——'协议保护'的经验与启示"，载《理论与改革》2011 年第 5 期。

三、行政服务类行为

行政服务类行为是行政主体应行政相对人的要求或者主动实施一些不具有独立性和自我封闭性的行为，自我改造或互相联合，从而从更大范围和程度上给予相对人帮助，取得更大收益的一类行为。[1]该类行政行为最直观地体现了管制向服务的转变，多种行政服务方式的运用，解决了管制政府下很多难题，迎合了公民的需求也赢得了口碑，实践中这是一座不断获得突破的富矿。

（一）服务技术改革

服务技术改革是指行政主体在不改变原行政行为实体内容的基础上，通过工作流程再造、改良行为的媒介、标准具体化、完善已有程序等技术性方法，使其服务获得更好效果的做法。

1. 方便被服务者（即相对人）是服务技术改革的一个重要目的，在这方面最典型的是已普遍推广的行政服务中心。除此之外，越来越多的行政机关开始运用信息化手段进行服务，如当下大热的"政务微博"[2]和越来越多的行政服务在线受理诉求。[3]

2. 除了提高效率之外，提高服务质量是服务技术改革更重要的目的，为此很多地方开始了将服务标准化以及服务评价纳入改革之中的实践。如2009年10月15日，南京市地税局在其门户网站公布服务承诺，对其办税程序、服务态度、政务公开等方面作出承诺，并公布了举报投诉方式，受到了广泛好评。服务评价方面，最引人注目的是当下如火如荼进行的"公民评议政府"和"政府工作满意度调查"等活动。

---

〔1〕 行政服务并不是一种传统意义上独立的行政行为，实际上，对于目前不断涌现的行政服务类行为，学界并没有足够关注，笔者在这里对于行政服务的定义建立在对实践中各事例的抽象把握上，尽可能地将行政主体基于更好服务理念而又无法归入其他类型的行政行为纳入行政服务类别之中，仍然有可探讨的空间。在概念界定过程中，参考了莫于川等所著《柔性行政方式法治化研究——从建设法治政府、服务型政府的视角》一书中对于《深圳市行政服务管理规定》的评述。

〔2〕 根据人民网舆情监测室联合新浪微博发布的《2011年政务微博报告》，截至2011年10月底，政务微博总数接近2万，是一年前的近3倍。政务微博已全面覆盖全国34个省级行政区，华东、华南、华北等区域政务微博开通情况好于中西部地区，各地微博问政开通情况排名与所在区域经济、政治等综合发展情况排序大体一致。北京、广东、江苏、浙江、福建等经济较发达的省份政务微博开通情况在全国居前列。北京居首位，这与它是全国政治、经济、文化中心的身份有密切关系。据统计，一年间微博数量增长最快的是北京、广东、江苏、浙江、福建、四川，增长数量均超过1000个。详情可见新浪网："全国首份政务微博年度报告发布"，载 http://tech.sina.com.cn/i/2011-12-12/11276478879.shtml.

〔3〕 在百度中输入"在线受理"关键词，能够得出很多政府及其职能部门门户网站下的相关"在线受理"结果，在这里就不一一列举了。

（二）信息服务

现代社会人们社会生活纷繁复杂，社会变化日新月异，信息代表的不仅是知识，更是财富和生命，此时人们对于负有保障人民生命财产安全义务又掌握着强大信息资源的政府有要求其主动或者应申请提供信息帮助的权利。此外，在行政行为影响力泛化的今天，公民对于行政机关的活动也有知情权，个人只有依凭真实、足够、详尽的信息来对关涉自己的事务进行选择，形成偏好，才能得以最大限度地维护其利益。[1]将政务信息公开，不仅是公众得以了解公共事务和政府工作状况，监督公务人员的必要条件，也是公众了解和参与行政活动的做出过程，表达意见、施加影响，从而使该决定反映自己的主张的重要途径。[2]在这一背景下，社会公众对于服务理念下行政主体信息服务提出了更全面、更便捷、更及时的要求。

信息的价值在于及时流通，为此各地政府搭建了一些信息平台，以便根据这些信息为公众提供迅速和专业的服务。如2008年6月13日南京市将"122"电话与求助事项相关的政府部门、公共企业事业单位的求助电话联接，各受理中心按照就地就近、分级分类的原则及时处置社会求助事项。类似的还有宁波"81890"公共服务平台、湖南省"12345"社会求助服务平台等。

中央和地方政府公开与经济、社会管理和公共服务相关的政府信息，影响公民生活。如近年来中央和地方的多个职能部门，定期或根据客观需要主动发布属于自己监管范围的产品、服务或者自然资源的检测结果信息，从而引导大众的消费选择和生活方式或者回应公民对于相关问题的关注。这样的实例数不胜数，引起广泛专注的有有关行政机关不定期发布的一些不合格产品的曝光，[3]各地的空气质量日报等与公民生产生活息息相关的信息的公布。

（三）行政协助

行政协助是指在公务启动之后、行政职权行使的过程中，由于法律或事实因素，行政主体无法自行执行职务或自行执行职务会带来严重不经济，基于公益的需要，向无隶属关系的行政主体提出协助请求，对请求主体的行政职务从旁帮助

---

〔1〕 王丽莉：《服务型政府：从概念到制度设计》，知识产权出版社2009年版，第135～136页。

〔2〕 参见应松年：《比较行政程序法》，中国法制出版社1998年版，第31页。

〔3〕 行政机关对不合格产品的曝光带来的连锁反应往往比曝光本身更值得关注，消费者对于曝光信息很可能产生过度反应，媒体也可能采集敏感点，跟风炒作从而给相关企业带来重大影响。因此，对于这种监管产品信息的曝光行为应当如何规制也成了当下研究的热门。但学者们对于这类行政行为的应属于何种法律制度，存在争议。如林沈节认为是"消费警示"、王贵松认为是"风险公告"、华学成认为是"行政警示"。

或者由请求主体与被请求主体共同行使行政职权，并承担相应法律责任的行为及其制度。[1]随着服务型政府建设过程的推进，传统单向的、片面的行政协助难以满足公民对整体公共服务的需求，难以回应行政事务关联性和综合性增强的趋势，于是实践中出现了新型的行政协助，即协议化的行政协助和相对人申请的行政协助。

1. 近年来一些在特定领域联系密切、又没有隶属关系的区域，为了推动整体行政事业的发展、提高该领域中公共服务的效率和质量、保障相对人的合法权益，就各方职权范围内的行政事务自愿、平等协商，在各方合意基础上签订合作协议，明确各方针对这些事项的组织性制度、行动共同的目标、共同遵守的规则、相互之间协作的义务等内容，这些协议统称为"区域合作协议"。[2]这些合作协议的名称不一而足，针对的事项也包罗万象，其目的不外乎整合各区域的行政资源，以适应行政事务一体化的需求。[3]在落实行政协议的路径中，根据协议内容进行行政协助，解决将来互相协助中可能产生的种种问题，值得我们关注。如2004年9月14日，泛珠三角九省区签署的《泛珠三角区域工商行政管理合作协议》，[4]2009年5月26日珠海中山江门三地签署的《珠中江环境保护区域合作协议》。[5]

---

〔1〕 黄学贤、周春华："行政协助概念评析与重塑"，载《法治丛论》2007年第3期。

〔2〕 区域合作协议目前在学界研究还较少，涉足研究的学者大多认为区域合作协议是一种行政协议，是政府间实现平等合作的一项法律机制。这些协议大多是事务性协议，内容涉及各自区域政府协作的某一个方面或某几个方面，如环境保护、农业、人才开发、工商管理等等；还有少数组织性协议以及事务性协议内容和组织性协议内容融合在一起的协议，值得注意的是组织性协议虽然不涉及某一方面或某些方面的公共事务本身，但是区域政府主体往往通过组织上的协议，共同设置某项合作制度，建立一些共同遵守的合作规则，为今后具体性事务的合作提供一种比较稳定和持久的框架。参见叶必丰等：《行政协议：区域政府间合作机制研究》，法律出版社2010年版，第40~42页。笔者认为，可以将行政协议这种新兴的政府间合作协议进行类型化研究，其中缔结主体、缔结依据、公众参与、协议类型、法律效力等内容都需要进一步研究予以明确。从当下已经出现的区域行政协议来看，完成协议中行政事务的方式多种多样，行政协助只是其中一种路径，但深入思考，这些行政事务一体化的实现最终还是要落实到不同区域间行政主体依照协议的内容联动协助才能实现，所以，行政协助不失为最重要的一种方式。另外，行政协议在一定程度上化解了传统行政协助中的行政机关利益内部化、科层制复杂、协助缺乏法律保障、程序混乱等问题，也可认为是行政协助的新发展。

〔3〕 徐健："论行政协助的协议化——跨区域行政执法的视角"，载《浙江社会科学》2008年第9期。

〔4〕 具体内容参见："《泛珠三角区域工商行政管理合作协议》签署"，载金羊网－民营经济报 http：//www. ycwb. com/gb/content/2004－09/16/content_761997. htm.

〔5〕 参见："珠海中山江门三地签署环境保护区域合作协议"，载中新网 http：//www. chinanews. com/gn/news/2009/05－27/1709016. shtml.

2. 传统行政协助由行政主体向没有隶属关系的另一行政主体请求，但随着公民社会活动方式不断增多和范围不断扩大，很多事务需要两个以上行政机关进行处理，此时便很难明确该事项是哪个行政机关的职责所在，而若此时寄希望于其中一个行政机关主动提起行政协助请求，既没有法律保障又缺乏效率，公民所需的行政服务便无法及时实现。针对这种情况，有些地方已经将一些服务类的事务的行政协助启动权交给了相对人，由相对人直接向可以提供协助的行政主体申请协助。如《深圳市行政服务管理规定》第6条第5项规定，公民、法人和其他组织可以申请"获得行政审批或者行业认证所必要的行政协助"。

四、行政指导类行为

行政指导是指行政主体在其职责、任务或其所管辖的事务范围内，为适应复杂多变的经济和社会生活的需要，基于国家的法律、法规和政策，在行政相对方的同意或协助下，适时灵活地采取非强制手段，以有效地实现一定的行政目的，不直接产生法律效果的行为。[1] 这种非强制性行政行为，[2] 在第二次世界大战后一些市场经济国家得到了重用，化解了很多管制行政下的难题，取得了良好的经济和社会效应。在建设服务型政府的宏大工程中，这把域外拿来的"金钥匙"也开始在一些经济和社会管理领域得到运用。由于行政指导的内容丰富、形式多样，学界对于其分类也有不同观点，笔者从实践中出台的指导行为的目的出发，根据其指导的对象和功能，将行政指导分为：

（一）宏观性指导

这是指行政主体对不特定的行业和相对方作出的具有抽象性或规划性的指导。[3] 这样的行政指导很多，总的来说有具有导向性的各种产业政策、行业政策；指导性的行政规划；政策性和规划性兼具的行政纲要三大类。

---

〔1〕 罗豪才、湛中乐主编：《行政法学》，北京大学出版社2006年版，第286页。

〔2〕 对于行政指导的性质问题，学界仍有争论，笔者认为性质、概念之争不必太过纠缠，因为这些界定首先是个历史的过程，一味追求逻辑和论证的完美反而可能陷入与社会现实分裂的境地。笔者赞同行政指导是一种非强制性的行政行为，具体观点阐述可见章志远："行政指导新论"，载《法学论坛》2005年第5期。

〔3〕 笔者在这里总结的宏观性行政指导采用了广义行政指导的理解，包括行政计划，而国内有些学者采用狭义行政指导狭义理解，并不将行政计划纳入行政指导之中，前者可参见罗豪才、湛中乐主编：《行政法学》，北京大学出版社2006年版，第288页；后者可参见莫于川等：《柔性行政方式法治化研究——从建设法治政府、服务型政府的视角》，厦门大学出版社2011年版，第172页。需要说明的是，宏观性指导中也包括规制性、助成性、调停性、合作性的内容，为了与下文对于实践的归类衔接，这里的宏观性指导针对的对象是全国范围，下文的其他种类则从中观和微观的角度阐述。

（二）合作性指导

这是行政主体为了更好的实现行政管理和服务，引导相对人参与或配合行政事务而采取的行政指导，针对的是行政主体管辖范围内的公民，也可以是具体行政行为中具体相对人。在实践中合作性指导往往采用号召、鼓励、宣传、提倡、建议、协商、沟通等方式，如 2007 年 11 月 19 日山东省在济南启动的"节能减排，人人参与，共建绿色家园"主题系列宣传活动即是合作性行政指导。[1]

（三）规制性指导

这是行政机关为了维护和增进公益，预防危害公益的现象发生，对违反公共利益的行为加以规范和制约的保安性行政指导。[2]行政主体往往运用告诫、劝导、提醒、说服、告知等方式。具体的如近年来国家发改委约谈一些产品价格可能上涨的大型企业，以期稳定物价，抑制通胀。[3]

（四）调停性指导

这是行政主体对于职责范围内的民事主体之间发生的纠纷，进行调解和劝说，以期解决纠纷的行政指导。在调停性指导中，行政主体往往采用协调、沟通、建议、劝说等方法，具体的如北京市工商局丰台分局通过调停性指导办理的一起因店面装修，办理消费卡的消费者无法进行消费而产生的纠纷。[4]

（五）助成性指导

这是指行政主体为了促进和帮助相对人自身行为的合理化和利益的实现而进行的指导。行政主体往往采用帮助、引导、辅助、提供信息等方式，具体的如福建省永春县工商局指导老醋公司实现商标权质押贷款，帮助该企业解决资金紧张问题的行为。[5]

---

〔1〕 详情参见刘宝森："山东省号召公民从身边做起保护环境"，载 http：//www. sd. xinhuanet. com/zfsw/2007 – 11/19/content_ 11704447. htm，最后访问时间：2012 年 1 月 2 日。

〔2〕 莫于川等：《柔性行政方式法治化研究——从建设法治政府、服务型政府的视角》，厦门大学出版社 2011 年版，第 171 页。

〔3〕 关于国家发改委约谈一些大型企业的行为性质为何，目前学界仍处于探讨之中。根据一些学者对于约谈内容的调查，发现国家发改委约谈的内容并没有实际强制力，采用的多是警告、劝导和训诫式的谈话。笔者认为，虽然各部委约谈的方式和内容各有不同，不能一概而论约谈应当是何性质，但对于国家发改委这种没有实际强制力的警告式的谈话可以认为是规制性的行政指导。

〔4〕 参见北京市工商局丰台分局："北京某康体有限公司消费卡纠纷行政指导案例分析"，载《工商行政管理》2010 年第 17 期。

〔5〕 参见："福建省泉州市工商局行政指导案例②：永春县工商局指导老醋公司实现商标权质押贷款"，载《工商行政管理》2009 年第 8 期。

五、结语

不断涌现的新型行政行为既给行政管理和行政法的发展带来了新的血液,也带来了新的难题。对于中国这样一个在"人治"和行政管制方面历史悠久的国家,从传统行政向现代行政的转变仍然面临着重重阻碍,许多新型行政行为尚问题重重。在对服务型政府理念下新型行政行为进行初步类型化之后,进一步揭示其特征、研究其规制,从而对其予以规范和完善,是我们面临的更重要的课题。

服务型政府背景下新型行政行为的主要特征

黄学贤* 吴 菲**

伴随着社会主义市场经济的飞速发展，民主法治等价值理念深入人心，社会呈现多元化发展趋势。以政府为中心，以"命令"与"强制"为手段，严格限定社会组织和个人行为方向与活动空间的管制行政已经难以满足公民自由与发展的需求，[1] 政府职能的重心转向公共服务，服务行政被提上了中国行政改革的日程表。但中国的行政生态环境非常复杂，"其现代化进程表现为多元社会形态并存的情况，农业社会、工业社会和后工业社会的特点成为共时态，"[2] 在此基础之上的中国行政改革既要摆脱农业社会人格化行政，又要对工业社会阶段出现的市场主体繁杂、市场行为混乱等现象进行有效控制，更要回应信息化时代和公民社会的需求，全面地推进公民福祉。这就决定了我国的服务行政模式不同

 * 苏州大学王健法学院教授、法学博士、博士研究生导师。
 ** 苏州大学王健法学院研究生。
 〔1〕 参见石佑启：《论公共行政与行政法学范式转换》，北京大学出版社 2003 年版，第 90 页。
 〔2〕 韩蔚："当代中国公共行政模式探析——构建'管理 + 服务'复合行政模式"，山东大学 2008 年硕士学位论文，第 2 页。

于西方国家在新公共管理和新公共服务理论之上的行政改革运动，必须紧密结合国情，融合管制行政、秩序行政、给付行政与服务行政中的有益要素，突破管制时期的传统行为理念，作出新型行政行为，最终实现政府以有限的行政权力保障社会良好运行，成为以公民为本位的服务者。

在这一背景下，建设服务型政府成为我国行政改革的必然目标，各地涌现出大量契合服务理念的新型行政行为，结合其内容主要可分为行政给付类、公私合作类、行政服务类和行政指导类等行为。这些新型行政行为极大地冲击了传统行政法学理论，对其进行体系化研究已成为行政法学的新兴课题，而在其初步类型化的基础上，概括出新型行政行为不同于传统行政行为的主要特征，是进一步体系化研究的必经之路。

一、行为作用体系变迁

我国行政法学界长期以来认为行政行为即是行政法律行为，并在此基础上构建出以行政法律行为为核心的行政法学体系。这种行政行为的理论认识与我国长期处于管制行政阶段密切相关：一方面，社会的运转和发展依赖政府主导，为了保证政令全面、快速地落实，行政主体需要在行政法律关系中处于绝对的优势地位，强制地、单方地在法定范围内为相对人设定权利义务，以确保其主观意图的实现；另一方面，正是因为这种行政管理方式的侵犯性较强，代议机关为了保障公民自由和权利，将行政权严格限制在法律规定的范围之内，在此之外不得主动行使。在这种管制行政背景下，政府多使用行政法律行为完成各项行政任务，公民在行政预留空间里和司法审查的保障下发展和生活，学界也多从大陆法系吸收行政法理论来完善我国尚为年轻的行政行为理论。[1]

但随着行政法理论和实践的演进，人们发现单靠行政法律行为无法适应现代行政民主、透明、积极、全面的要求，大量非法律性行政行为的涌现使传统行政行为范畴受到了质疑，很多学者进而尝试对行政行为之概念和分类进行重构，提出行政行为不仅包括行政法律行为，还包括准行政法律行为和行政事实行为。[2]

---

〔1〕 将行政行为定义为行政法律行为最早来自德国立法，后经日本、我国台湾地区承袭，形成较为统一与成熟的行政行为理论，其行政法理论亦围绕着行政法律行为进行构建。

〔2〕 行政行为是行政法研究的基石，也是学界的争论重地，在通说确立之前，各学者已有其对于行政行为的独立见解，自成一体。在通说确立之后，学者们对通说质疑重重，认为其不仅难以在学理上面临困境，更无法回应实践需求，在此基础上积极重构行政行为概念和分类成为很多学者的研究方向，如叶必丰、章志远、马生安等学者皆于此有所成果，综观各学者的论述，虽各有侧重，但对于行政行为应拓展行政法律行为之范畴已达成共识，而吸收民法中民事行为分类方法所确立的行政行为三分为行政法律行为、准行政法律行为和行政事实行为的观点已逐渐为学者所接受。

随着国家权力与公民权利之间的关系向着服务、协商与合作方向发展，[1] 相较于行政法律行为更为柔性的行政事实行为，[2] 已日渐受到行政主体的青睐。因此，服务型政府下新型行政行为的作用体系不再以行政法律行为为重，行政事实行为呈现出勃勃生机，在新型行政行为中发挥着不逊于行政法律行为的作用。如行政给付类行为中的行政保障就大量运用了兴建保障房、修建可供残疾人使用的公共设施等不以为相对人设定权利和义务为目的的事实行为，行政服务类行为中的服务技术改革和信息服务，以及行政指导类行为都是典型的行政事实行为。

二、行为主体多元化

行政法理论通说认为行政行为是行政主体运用行政权力针对行政相对人作出的，具有法律效果且表示于外部的法律行为，[3] 作出行政行为的只能是行政主体，即行政机关和法律、法规、规章授权的组织，受行政委托的组织和个人。将行政行为的主体限定为严格依法行使行政权的行政主体，一方面是因为行政权天然存在着膨胀的趋向，为保障公民权利，只能通过立法控制行政权的扩张；另一方面是因为传统行政将行政任务定位在维护公共秩序、进行社会管理等范畴内，这些行政任务内容多有权力性，法定的行政主体是承担该种行政任务的最佳选择。但随着现代市场经济的发展和社会生活的复杂化，行政权能几经变迁，已经承担起更深入的经济调节、公共服务、公益推进等职能，而传统的法定行政主体臃肿迟钝，根本无法胜任当下庞杂的行政任务。于是西方国家进行了公共行政改革运动，行政权私法化成为化解行政主体行为不能的一剂良药，"行政权力从更多的社会领域退出，将被自己长期侵蚀的那部分社会权力归还社会本身"[4]，公共行政进入了国家行政与社会行政并存的时代。

在这一背景下，我国行政事务只能由行政主体来实施的铁律也被打破，由多元行为主体作出的新型行政行为已经在服务型政府背景下出现了。如公私合作类行为正是行政主体将行政事务转包给市场和社会，公众主动承担社会责任，反映自己利益和要求的典型行为；再如一些行政服务类行为的初衷便是吸引公众参与

---

〔1〕 参见陈晋胜：《行政事实行为研究》，知识产权出版社 2010 年版，第 6 页。

〔2〕 需要说明的是，虽然行政事实行为越发得到学者的重视，也有很多学者对其本体进行了研究，但正如行政行为概念与分类一样，学者们对于什么是行政事实行为也争论不休。本文所论述的行政事实行为采用了王霄艳博士的观点，即行政事实行为是行政主体履行职责作出的实施行为和不以直接或间接影响行政相对人权利义务为目的的认知表示行为，其包括实施行为和认知行为。参见王霄艳：《论行政事实行为》，法律出版社 2009 年版，第 56 页。

〔3〕 周佑勇：《行政法学》，武汉大学出版社 2009 年版，第 86 页。

〔4〕 陈毅松："社会回归——行政权力的演进方向"，载《行政论坛》2007 年第 1 期。

社会公共事务，帮助行政机关高效率地运用手中的公共资源，共同谋求社会公益。由此可见新型行政行为的主体不仅可以是传统的行政主体，还可以是与行政机关签订契约的公民、法人和其他组织，甚至是通过其他形式参与并实质影响到公共治理的个人和组织。

三、行为依据灵活化

在行政法领域，依法行政是一条不证自明的公理，依法行政原则包括法律保留原则和法律优位原则，这两项原则的大意是行政行为尤其是干预行为必须取得法律授权才能实施，并且在作出行为时必须遵循现行法律规范，与法律规范抵触的行为无效。[1] 对行政行为的这种认知，与传统行政行为多为消极行政、需由立法机关控制行政权以保障公民权利有关。但随着行政任务向推进公共利益与提供公共服务倾斜，积极行政迅速崛起，行政主体需根据现实情况积极创新，若严格贯彻依法行政原则，不仅会阻碍行政任务的有效实现，更会使大量行政行为因没有行为依据而无效，造成理论和实践上的混乱。实际上，依法行政虽然将行政行为的触角限制在法律规范之内，却依旧给行政主体留下广阔的裁量空间，而在我国这样一个行政法制还不甚完善的国家，肩负引导和服务公众使命的行政主体，已经意识到行为依据仅来源于法律规范远远不够。

服务型政府下的新型行政行为大多没有直接的实定法依据，甚至有些行为还存在合法性异议。但应当注意到这些新型行政行为基本属于积极行政的范畴，"对于这种行政行为，只要在职权范围内作出，与法律及法律的精神没有抵触就可以实施"[2]。并且，我们应当认识到"行政法唯一不变的是变化"，行政行为除了依据文本上的规范，更需回应现实社会的运行规律和发展变化。法律滞后于鲜活的生活，行政主体的行为依据应当是"活的行政法"，在明确和适当的法治要求下，具体的公众需求、社会发展规律、形成共识的道德规范和价值理念都可以成为行政主体行为的依据。如行政给付类行为的内容不断扩展正是为了回应公众在生存发展方面的需求，其中突出表现为行政道歉行为大多由行政机关工作人员为抚慰公众心理，挽回形象而自发作出，并未为实定法所规定。再如大量服务技术改革、提供信息服务等行政服务类行为也是依据行政服务、权力公开等理念和民主、法治等价值而作出，并无明确的法律授权。

可见，新型行政行为的依据丰富灵活，并不局限于实定法。但是，我们应当

---

[1] 参见胡建淼主编：《论公法原则》，浙江大学出版社 2005 年版，第 296 ~ 298 页。
[2] 姜明安："建设服务型政府应正确处理的若干关系"，载《北京大学学报（哲学社会科学版）》2010 年第 6 期。

认识到服务型政府也是政治民主化、宪政法治的一环，我国公共行政的现状远未达到依法行政的要求，背离依法行政的行为时有发生，并且行政主体往往只注重形式上的依法行政，而忽视实质依法行政的践行。[1] 行政法治是保障我国服务型政府建成、各项行政任务完成的基石，而在服务型政府理念下如何修正传统的依法行政原则，以达到回应公共行政变革和控制行政权的平衡，值得进一步探究。

四、行为方式多样化

在管制行政时期，行政主体具有绝对权威，公民处于被管理和监控的地位。在这种行政模式下的传统行政行为多采用单方强制性的命令方式。而在公共行政模式转向服务行政的今天，随着社会生活的日益复杂，政府的行政任务范畴已极大扩展，仅靠命令性的行为方式无法适应社会需求，必然要发掘出更多行为方式。服务型政府秉承现代行政的先进理念，以推进社会公益、实现民主法治为旨，由其作出的新型行政行为在方式上呈现出多样化的特点。[2]

仔细研究四类主要的新型行政行为，便能发现其在具体行为方式上各有不同：首先，行政给付类行为多以向公民提供生存照顾，引导公民的行为方向为目的，其往往通过给予优惠和奖励，免除义务和负担的方式进行。其次，公私合作类行为以向社会分权、吸引私人协力共同完成行政任务为目的，行政主体与私人签订行政合同、向私人提供表达意见的渠道是其常用的行为方式。再次，行政服务类行为以向公民提供服务、更大范围内推进公共利益为目的，其行为方式多为改革行为技术、向相对人提供信息和帮助。最后，行政指导类行为以规范相对人行为、多层次地实现行政目的为旨，其行为方式不再是强制性的命令，而是柔性的鼓励、劝说、沟通、引导等方式。

可见，相比于传统行政行为仅使用公法上强制性的命令行为方式，新型行政行为所用的行为方式可谓"刚柔并济"，并以给付、服务、指导等带有私法性的柔性行为方式为主。[3]

---

〔1〕 贺日开教授认为依法行政原则包括职权法定原则、信赖保护原则、比例原则、法律优先原则、法律保留等一干子原则，要做到实质上的依法行政，需在贯彻法律优先原则做到形式上依法行政的基础上，进一步符合依法行政其他子原则。笔者认为，依照大陆法系行政法传统，依法行政原则与信赖保护原则、比例原则应有其不同意旨，难以囊括其中，但各原则之间是相互契合与牵制的关系，做到实质的依法行政必然要符合信赖保护原则、比例原则等其他行政法基本原则，因此笔者与贺教授之观点也算是殊途同归。相关观点参见贺日开："依法行政原则的现实解读与困惑"，载《2008 年中国法学会行政法年会论文集》，浙江工商大学出版社 2008 年版，第 231～233 页。

〔2〕 学界对于服务型政府向多样化发展的行为方式有诸多见解，详细内容可参见莫于川等：《柔性行政方式法治化研究——从建设法治政府、服务型政府的视角》，厦门大学出版社 2011 年版，第 14 页。

〔3〕 参见程雁雷："服务型政府的法治基础"，载《法治论丛》2008 年第 6 期。

五、行为效力层次化

传统行政行为的效力分为内部效力和外部效力，内部效力是指行政行为作用于行政主体自身的效力，主要指行政行为的不可变更力；外部效力是指行政行为作用于行政相对人及其他有关对象的效力，包括针对相对人的不可争力、执行力以及对世的公定力。[1]之所以赋予行政行为这些效力，一方面是因为行政行为的作出是适用法律的结果，为确保法的实效及安定性，行政行为必须严肃、有效的落实；另一方面是因为传统行政任务多限定在维护社会秩序、排除重大危害的范畴内，处理的往往是具有社会危害性、较为紧急的事务，需要推定行政权行使的合法性，保障其效果。但正如上文所言，服务型政府的行政任务范畴已大大扩展，其行为方式也向多样化发展，在此基础上作出的新型行政行为大多难以适用传统行政行为效力，其实际行为效力呈现出层次化的特征：[2]

（一）内部效力之层次化

不可变更力指"行政行为一经正式作出，行政主体非经法定程序不得任意予以改变，也不得作出其他违反该行为的决定"。[3]基于行政法的依法行政、信赖保护原则，行政行为在作出之前须经过严密的法律适用和专业的行政裁量过程，一旦为相对人设定了权利与义务，就不得随意更改。新型行政行为虽多为给付类、服务类的行为，不具有传统行政事务的紧急性、排危性，在实定法上缺少规范，但仍需谨慎地按照一定模式作出。同时随着新型行政行为的不断涌现，各地已有将其中一些行为纳入法治化轨道的尝试。对于这些能够在法律法规、规范性文件中有章可循的新型行政行为，其不可变更力仍应坚持传统理论。但一些像行政安抚行为、服务技术改革行为这样新近出现、仍处于发展中的行为，尚无立法规制，行政主体在具体行为时更需要考虑相对人的意愿及时进行调整，其行为的完结点也富有弹性。若对于这些行为仍坚持必须按照严格的法定程序才能予以改变，就违背了行为初衷，也与现实需求不符。在实践中这些行为的改变条件已较

---

〔1〕 参见杨海坤、章志远：《中国行政法基本理论研究》，北京大学出版社2006年版，第221页。

〔2〕 在传统行政行为理论日渐崩析之际，很多学者已经认识到行政法律行为无法周延行政行为的范畴，对于重构行政行为概念产生极大兴趣，但奇怪的是，作为行政行为理论中极为重要的效力问题却始终处于学者研究的边缘地带。就笔者搜寻到的资料而言，大多数学者仍在著文辨析行政为应当是"几效力说"、公定力的有限与无限等问题，仅少数学者结合行政方式和行政行为的发展作出回应，这是颇为遗憾的。鉴于写作意旨，本文仅在此结合实践提出问题，具体的研究与论证需另文探讨。一些学者重构行政行为效力的努力可参见刘国："我国行政行为效力内容理论的回顾与反思——基于行政过程论视角的内容重构"，载《研究生法学》2011年第4期；张建宝：《行政行为效力体系的重构》，山东大学2008年硕士学位论文。

〔3〕 杨海坤、章志远：《中国行政法基本理论研究》，北京大学出版社2006年版，第221页。

为灵活和宽松,其不可变更力较弱。

因此,新型行政行为的内部效力呈现出层次化的特点,这种特点来源于两个因素:一是随着新型行政行为的日益重要,对其法治化规制已成趋势,各地不断出台立法对其实体和程序问题进行规定;二是从新型行政行为的属性来看,有些行为没有固定模式,需要应相对人的个性化要求而进行有弹性的调整。若一项新型行政行为的改变程序已经有法规制,其不可变更力最强;若没有法律规定,则考察其是否属于有固定模式的调整性行为,若是该种行为,其不可变更力较强;若不是,其不可变更力较弱。

(二)外部效力之层次化

1. 不可争力层次化。"行政行为的相对人或者利害关系人,对该行政行为已不能依法请求救济,亦即不能异议、复议、或者行政诉讼时,则该行政行为即具有不可争力"。[1] 由此可见,行政行为的不可争力与相对人的救济权紧密相关,当相对人或利害关系人在法定期限内未按照法定程序(一般为行政复议和行政诉讼)进行异议救济,就不得再对该行为进行争议。所以,行政复议与行政诉讼的受案范围决定着不可争力的实效。而在我国当下并不是所有的新型行政行为都能纳入法定救济途径之中,这就造成了其不可争力的层次化特征:

若一项新型行政行为有法定的救济途径,相对人当然只能通过法定途径进行争议,其不可争力仍适用传统理论。但实际上,大量新型行政行为游离在法定的争讼途径之外,相对人对于这些行为的争议只能通过其他方式进行,如一些服务技术改革行为中,行政主体作出了服务承诺,相对人若对于行为有异议,则可通过举报投诉等方式要求变更;再如一些公私合作类行为中行政主体通过与相对人签订行政合同完成,在合同中不乏规定双方变更权利义务的条款,相对人往往通过意定方式要求变更合同。由于争议方式的非法定性及多样性,这些行为的不可争力就较弱。

2. 执行力层次化。执行力是指"已生效的行政行为具有的要求相对人自行履行或者强制相对人履行期所设定义务的作用力"。[2] 其中行政行为生效起始于相对人知悉该行为,当相对人超过履行期限既不履行又不提起争讼时,自履行力转化为强制执行力。可见,执行力针对的是为相对人设定权利义务的行为,其保

---

〔1〕 城仲模:《行政法之一般法律原则》(二),台湾三民书局1997年版,第300页。

〔2〕 何谓执行力素来就有争议,对于学者的不同观点笔者不予置评,也与写作内容无太大关联,鉴于前文采用的行政行为效力基本内容来源,这里为了行文一致和研究的方便,执行力概念内容引用了杨海坤、章志远:《中国行政法基本理论研究》,北京大学出版社2006年版,第246页。

障是国家强制力。执行力是行政行为的生命，是所有行政任务实现的保障，却无法在新型行政行为上当然适用。

首先，一方面大量的新型行政行为在内容上属于授益行为，往往面向不特定相对人进行给付，相对人并无履行义务，甚至还有不接受行为的权利；另一方面很多新型行政行为在性质上属于行政事实行为，并不以为相对人设定权利义务为目的，既无执行的必要，也无执行的可能。可见，这些新型行政行为并无执行需要，也不具有操作性。

其次，随着行政任务的扩展和行政管理方式的创新，单靠国家强制力保障行政行为实施的做法已难以为继。虽然很多新型行政行为无法由强制力保障落实，但其花费大量行政和社会资源，更需要产生实效。失去了强制力，如何让相对人配合和接受现代行政的管理或服务成为一道难题。在实践中，很多新型行政行为的实效也是良莠不齐，如同属行政服务类行为中的信息服务行为，南京、宁波等地为方便当地居民求助和获得服务而搭建的居民、政府部门、企事业单位之间的信息流通平台运作良好，相对人积极使用；而近日各地政府为回应公众需求如火如荼开展的 PM2.5 监测工作，其发布的数据总是遭到公众的质疑，一些民间环保组织甚至个人发布的监测数据采信度却较高。造成这种现象的一个深层次原因在于，渴望自由的公民不仅警惕管制行政与秩序行政时期行政权的直接侵害，亦警惕在给付行政与服务行政包装下行政权对其自由的干涉。伴随着社会管制放开、市场经济逐步建成，政府的权威削弱、公民社会迅速发展，社会正以饱满的热情参与公共治理和公共服务，行政主体作出的行政行为在某种程度上也需接受市场规则的检验，与私营主体一同竞争。一些新型行政行为的实践已说明"市场不仅在私营部门存在，也在公共部门内部存在，如果我们把市场导向的思想应用到我们的公用系统上去，我们就能取得伟大的成就"[1]。在这样的趋势下，我国惯用强制力保障行为执行的传统也必然为市场规则所修正。

通过上述研究可知，新型行政行为的执行力也呈现出层次化的特征：一些根据其内容和性质有执行需要和执行可能的行为，仍由国家强制力保证落实，这些行为的执行力较强；反之，那些没有执行需要和执行可能的行为，需要借助市场规则来保证落实，其执行力就较弱。

3. 公定力层次化。作为传统行政行为效力的核心，公定力是指"具体行政行为一经作出，除非自始无效，即应当推定合法有效；在未经法律上有权机关通

---

〔1〕 〔美〕戴维·奥斯本、特德·盖布勒：《改革政府——企业家精神如何改革着公共部门》，周敦仁等译，上海译文出版社 2006 年版，第 231 页。

过法定程序和方式否却其效力之前，个人、组织以及其他国家机关，皆需尊重之"[1]。由于该效力过于强调行政权威，与社会发展不符，对其如何解读、是否应当摒弃成为很多学者争论的焦点。笔者认为，两大法系都秉承的公定力理论至今仍有其存在基础，不应轻易全盘否定，但"任何概念都拥有自身的历史，它们不能抵抗时代的变化"[2]，其内容必然应当随着社会与行政的发展而流变。在服务型政府积极践行给付行政、服务行政的今日，新型行政行为获得合法推定的根源已不再是行政权的权威性，而是其专业性和公民的自愿服从。然而据此进行研究，却能发现新型行政行为的公定力呈现出层次化的特征：

第一，新型行政行为所处理的行政事务范畴已经极大扩展，囿于视野和知识，行政主体在很多领域并不是很专业，很容易引起公众的质疑。同时为了使这些行为获得良好的实效，行政主体往往会吸收专业组织甚至个人参与。这样就形成了一种宽松的交流环境，行为本身就处于互动式发展的过程中，即使在其作出后，公民法人和其他组织对其进行质疑亦属正常。

第二，随着公民民主法治意识的增强，其对于行政行为的要求不再局限于合法性，根据行为具体内容的不同，公民亦有多样化的要求。如行政给付类行为中有很多针对个体进行的授益行为，这种行为在当下更容易引起公民的关注，其不仅要合法有效，更要公平合理、民主透明，实践中就不乏因为舆论反应太大而取消或更改的给付行为。[3] 随着公民对于行政行为要求的增多以及服务型政府以公民为本位的践行，公民对于行政行为不服从的权利也增加了。[4]

因此，随着社会生活的复杂化和公民意识的觉醒，新型行政行为无法固守传统公定力理论，必须根据实际情况进行区分：若一项新型行政行为中，行政主体的专业性不够，其应当包容和接受公民的质疑和建议，不能轻易推定行为合法有

---

〔1〕 沈岿："行政行为公定力与妨害公务"，载《中国法学》2006 年第 5 期。

〔2〕 ［德］伯恩·魏德仕：《法理学》，丁小春、吴越译，法律出版社 2003 年版，第 84 页。

〔3〕 如近年来各地陆续实施的"拍违有奖"行为，在舆论的质疑下已纷纷叫停；再如浙江省公款送民企老总去清华培训经媒体曝光后，引起了公民不满，在这种情况下，有关部门回应以后公费将逐渐退出浙商深造。事实上，在民主、法治已成社会价值主流而我国依法行政、服务行政不尽如人意的现实下，不仅是主要内容为给付和服务的新型行政行为，即使是传统的消极行政，也难以要求公民"积极服从"，不乏因公民抵抗而更改的实例，如 2011 年 7 月广东江门颁布了《关于加强市区犬类管理的通告》，其中多项内容遭到市民强烈质疑，于一周之后紧急叫停，重新研究。

〔4〕 罗尔斯对于公民不服从的论述颇为经典，将其精神结合中国近年来的"不服从"实践，可将公民不服从定义为公民出于维护人权、正义、法和道德的精神，在服从并不能保障自身正当权利要求的情况下，对现行法律的某些部分、对政府的某些政策或行为的违抗或不支持。参见张宜海、王星源：《公民学》，郑州大学出版社 2009 年版，第 215 页。

效，这些行为的公定力较弱；同样，若一项新型行政行为难以满足现代社会公民对其多样化的要求，造成公民普遍的不愿服从，这些行为的公定力也较弱；只有那些行政主体专业性较强，并获得公民普遍自愿服从的新型行政行为，才应坚持传统公定力理论。

六、行为目的明晰化

"行政法律行为产生的法律效果与行政机关的意思表示密切相关"[1]，但为了防止行政权恣意行使，需将其严格限制在法制轨道上，因此，传统行政法对于行政主体意思表示的判断多采"客观意思说"，即不以行为主体的主观意图为凭，仅以行为的客观效果为标准。[2]也就是说，行政法律行为虽是行政主体将其意志实现的过程，但并不探求行为主体的主观意思，仅以行为的客观表现确定行政法律行为的具体内容。这就造成一项行政行为作出后，人们往往只对其外部进行法律评价，而忽视了对行为内部特别是行为目的的探究。然而"要准确地把握行为的法律性质和意义，确定行为的法律效果，就必须深入到行为的内在方面"[3]，在实践中，一个外观合法的行政行为很可能隐含不正义的目的，而一个看似与现行法律不完全相符的行为有可能蕴含实质的公正。在行政事实行为迅速崛起的今天，区分行政法律行为与行政事实行为更需要探知行政主体的行为目的。

在服务型政府背景下，政府不应仅是循规蹈矩的守法者，还应是伦理价值的践行者、社会发展的引导者，其应当在依法行政的基本要求下，以推进公共福祉为目的运作，并向相对人说明，才能使得公民在全面了解的基础上配合与监督，防止行政主体惰怠而导致机械行政。实际上，很多新型行政行为若仅看其行为外观，则会呈现出零乱、不合理、甚至不合法的状态，但若结合其行为目的便能窥探其规律，判断其是否真正符合行政法基本原则。如行政服务类行为中服务技术改革行为，其在外观上多变，只能结合行政主体多层次为相对人服务的行为目的，考察其行为效果，进而审查其具体内容是否合法合理。再如近年来行政主体对于一些违法行为免用行政处罚，换而对相对人进行规制类与助成类行政指导，这样的行为在外观上并不合法，但探究其目的便发现，传统"见违就罚"的做法并不能使相对人因受到了惩戒就不再重犯，很多相对人缺乏科学的生产经营知

---

〔1〕 胡建淼主编：《行政行为基本范畴研究》，浙江大学出版社 2005 年版，第 538 页。

〔2〕 行政法律行为的意思表示如何解读经历了"主观法效意思说"到"客观意思说"的转变，具体过程可参见余军："行政法律行为理论的梳理与界别——从'法效意思'到'客观意思'"，载《求索》2004 年第 9 期。

〔3〕 张文显：《法学基本范畴研究》，中国政法大学出版社 1993 年版，第 149 页。

识，为了牟利难以避免违法，单靠行政处罚难以获得长久和良好的治理效果；行政主体进行行政指导是为了通过帮助相对人改进生产经营进而从根源上消除相对人违法的可能，经过行为目的的考察，看似不合法的行政行为包含着正义的目的，昭示着更好的行为方式。

可见，行政主体的行为目的在新型行政行为中需要日益明晰。在社会对行政的民主性、科学性和透明度要求越来越高的今天，行政主体在依法行政的同时"依目的行政"[1]，积极地向公民阐述自己的行为目的，不但可以使行为之间具有延续性、增强行为运行的内控因素；还可获得公民的积极配合、将行为主体倡导的价值与理念进行宣示；最重要的可以在全面了解行为的基础上，确定其法律效果，进而准确地进行审查，科学地制定救济方案。

七、救济途径非典型化

行政权的行使是一种运用国家权力配置公共资源的方式，无论是消极行政还是积极行政都会对公民造成影响，为了保障公民权利、监督行政权运行，法律赋予了公民在其权益遭到行政权侵害时寻求救济的权利。"只有救济权才是真正法律意义上的权利，因为只有救济权才可以为法律所强制执行。"[2]经过多年的发展，我国已经基本建成了以行政复议、行政诉讼与行政赔偿为核心的行政救济体系。[3]但其问题重重，难以达到"有效且无漏洞"权利救济效果，更难以适应现代公共行政任务范围和行为方式的拓展。

总体而言，服务型政府作出的新型行政行为在性质上有大量的行政事实行为，内容上有大量的授益行政行为，形式上又有多种行政契约，这些行为难以在现行行政救济框架内获得救济，其实际救济途径呈现出"非典型化"的特点：

（一）新型行政行为中行政事实行为的救济

根据《行政诉讼法》第2条以及《最高人民法院关于执行〈中华人民共和国行政诉讼法〉若干问题的解释》第1条可知，我国行政诉讼案件受理范围局限在具体行政行为之内，而具体行政行为不包括行政事实行为，同时行政事实行为不以为相对人设定权利义务为目的，对相对人不产生实际影响，因而不属于行政

---

〔1〕 王爱军："行政行为的目的探析"，华东政法大学2010年硕士学位论文，第15页。

〔2〕 胡建淼主编：《行政行为基本范畴研究》，浙江大学出版社2005年版，第531页。

〔3〕 事实上，我国已建立包括行政复议、行政诉讼、刑事诉讼、国家赔偿、信访、诉讼中的和解与调解、向行政主管部门的申诉以及聘任制公务员的人事争议仲裁在内的多元公法救济机制，但根据大陆法系传统，对于行政行为的救济仍以行政复议、行政诉讼与行政赔偿与行政补偿为主，其他救济途径缺少专业性与程序性，只是弥补现有行政救济制度不足的辅助途径，文中就不予探讨了。参见韩春晖：《现代公法救济机制的整合：以统一公法学为研究进路》，北京大学出版社2009年版，第34页。

诉讼的受案范围。同样，我国行政复议制度以行政法律行为为审查对象，行政事实行为不在其受案范围之内。在核心救济途径中只有《国家赔偿法》将一部分违法行使职权造成损害的具体实施行为纳入行政赔偿范围。而行政事实行为中未对公民造成损害的、合法却有不合理之虞的实施行为以及行政主体的认知行为在实践中大量存在并影响甚广，却无法通过行政救济途径对其进行争讼。

在这种情况下，大量的行政事实行为流向了非典型性的公法救济途径——行政信访，"其是当下对行政事实行为救济最为全面的一种仅次于宪法和法律的行政法规性制度"[1]。但无论是哪种公法救济途径都会耗费相对人大量的时间、精力，伴随着服务理念的不断深入，行政行为的社会参与程度加强，科学地设置一些社会性的救济方法，亦取得了良好的实效。例如，行政指导类行为是典型的行政事实行为，但因其关涉相对人的自由决定，如何救济在各国都是难题，同时正因为行政指导的社会性色彩，"其不仅有依靠法律手段与以确保的一面，也有通过舆论进行政治性监督和批判予以维持的一面"[2]。因此将行政指导的内容和程序公开，接受舆论的监督已成为保障行政指导公正合理的良策。

（二）新型行政行为中授益行政行为的救济

根据传统行政法学，授益行政行为是指"行政主体为行政相对人设定权益或免除义务的具有法律效果的行政行为"[3]，其属于行政法律行为。而服务理念下的授益行政行为已经超越了法律行为的范畴拓展到事实行为，授益内容更从物质利益拓展到精神、身份、心理等非物质利益。实践中其主要集中在行政给付类行为中，包括行政奖励、行政资助、行政保障、行政免除、行政安抚等。应该说，按照我国现行法律法规，一部分抽象授益行政行为和具体授益行政行为可纳入行政复议范畴；与相对人有法律上利害关系的具体授益行政行为也可纳入行政诉讼范畴。[4]但由于制度的种种限制，有很多授益行政行为并未得到很好的救济，突出表现在因行政复议的固有缺陷使得大量授益行政行为难以得到公正、透明的审查；而"由于公益的实体权利往往由多数人享有，公民、法人或其他组织

---

[1] 陈晋胜：《行政事实行为研究》，知识产权出版社 2010 年版，第 400 页。

[2] 杨建顺：《行政规制与权利保障》，中国人民大学出版社 2007 年版，第 445 页。

[3] 姜明安主编：《行政法与行政诉讼法》，北京大学出版社、高等教育出版社 1999 年版，第 146页。

[4] 虽然根据学者的研究，一些授益行政行为也可纳入行政补偿与行政赔偿范畴，但该问题较为复杂需进一步明确，而实践中，还未有因授益行政行为而行政补偿或行政赔偿的先例，因此，文中对授益行为这种救济途径不予研究。

一般不被认为具有直接的诉讼利益"[1]，大量并非授益行为直接针对的相对人因被认为没有原告资格而丧失寻求司法救济的机会。

因此，很多应当能为现行行政救济制度接纳的授益行政行为，与无法纳入其中的授益行政行为一道流向了非典型化的救济方式，其中仍以行政信访和舆论监督为主，但是应当注意到，授益行政行为以相对人获得利益为行政目标，"争议的产生就在于预期的利益没有实现或完全实现"[2]，其不像侵害行政行为能够对相对人产生重大影响，很少有人愿意耗费过大代价进行信访，所以实践中，对于新型行政行为中的授益行政行为的救济暂时还是以舆论监督为主。

（三）新型行政行为中行政契约的救济

行政契约是指行政主体为一方当事人的发生、变更或消灭行政法律关系的合意，根据双方当事人的地位可分为由不具有隶属关系的行政主体之间签订的"对等契约"和处于隶属关系的行政主体与其所属部门或人员或者相对人之间签订的"不对等契约"。[3] 行政契约是多种新型行政行为的表现形式，主要表现为行政服务类行为中没有隶属关系的行政主体之间为了整合行政资源，共同推动公共事业发展而签订的行政协议；公私合作类行为中私人主体为与行政主体合作进行公共基础设建设、提供公共服务等项目而签订的行政合同。这两种行政契约性质迥然，其救济机制也需分别探讨。

1. 行政协议的救济。近年来，在区域经济一体化的推动下，各地行政机关签订了大量行政协议。但在我国这样的单一制国家，"有关行政协议的主体、程序、内容、效力以及履行等制度的法律依据几乎完全空白，对于违反行政协议导致违约责任的法律规定更是闻所未闻"[4]。纵观文本，协议条款中也鲜少规定违约责任。当一方缔约主体因对方违约发生纠纷而寻求救济时，并不能求助于核心行政救济途径，在实践中除了缔约机关之间通过协商对话的自力救济方式之外，并无成熟的救济机制，只能通过横向行政机关之间的权限冲突解决机制"曲线救国"，即通过共同的上级机关的决定、法律解释机制以及通过行政诉讼对行政行为是否越权的裁判来间接解决。[5]

2. 行政合同的救济。虽然行政合同在实践中已大量运用，但其救济途径可谓一团乱麻：一方面由于行政合同是否属于具体行政行为仍存在争议，根据现行

---

〔1〕 黄学贤、王太高：《行政公益诉讼研究》，中国政法大学出版社2008年版，第158页。

〔2〕 孙丽岩：《授益行政行为研究》，法律出版社2007年版，第207页。

〔3〕 参见余凌云：《行政契约论》，中国人民大学出版社2006年版，第30、61页。

〔4〕 何渊：《区域性行政协议研究》，法律出版社2009年版，第131页。

〔5〕 参见叶必丰等：《行政协议——区域政府间合作机制研究》，法律出版社2010年版，第239页。

法律法规，当下大部分的行政合同并不能纳入行政复议与行政诉讼的审查范畴；[1]另一方面由于理论界与实务界对行政合同与民事合同的区分标准仍有争论，立法上对行政合同缺乏明确的法律定位和救济规定，很多行政合同被当作民事合同或经济合同进入了民事诉讼程序进行救济，然而伴随行政合同理论的逐渐发展，越来越多的法官认识到民事诉讼的审查规则无法契合行政合同的特点，亦不愿贸然进行审查。[2]在这种情况下，行政合同的救济方向转向了司法外的非典型途径，这主要是双方协商或由政府出面调处。

需要说明的是，笔者从3个角度对新行政行为的救济途径进行了剖析，分而言之必然存在衔接与周延上的问题，却能集中反映问题。实际上，新型行政行为游离在核心行政救济途径之外，对其现有的救济方式可以总结为"非典型化"。但我们应当意识到，救济途径的"非典型化"只是暂时的，将其纳入法治化轨道是必然的趋势。

八、结语

毋庸置疑，服务型政府下的新型行政行为带来了全新的理论与实践刺激，以上几种特征只是站在其与传统行政行为比较的角度进行的概括性阐述，但仅是这盲人摸象般的粗略探究，就牵扯出一系列理论与实践问题。我国台湾地区著名行政法学者叶俊荣先生曾说"行政法是一门不断找寻自我的学科"，被新型行政行为"篡改"得面目全非的传统行政行为理论是时候重新寻找自我了，而这才是学者们真正的时代课题。

---

〔1〕 行政合同是一种兼具行政性和合同性的新型行政行为，其与具体行政行为的单方性、处分性难以兼容，但有学者认为，透视某些法律法规和司法政策性文件对行政合同救济途径的规定，似乎在立法层面已将行政合同划入了具体行政行为。然而这些学者同时也承认现行的行政复议与行政诉讼整体规则并不适应行政合同的合同性特征，基于行政合同产生的争议分为因行政权和因合同本身产生的两种争议，其必然需要特殊的审判规则，从这一角度来看，将行政合同直接纳入行政复议和行政诉讼进行审查并不合适。因此，在实践中，不能说行政合同完全被排除在核心行政救济途径之外，但鉴于理论和审判操作性的考虑，大部分的行政合同仍然采用其他救济途径。

〔2〕 需要说明的是，在实务中对于行政合同与民事合同的区分混乱的不止是法官，还包括行政主体。如近年来在一些生物多样性较为明显的地区，行政主体与保护地居民之间签订的协议保护项目合同，即在条款中规定其纠纷解决适用民事诉讼制度。

服务型政府语境下的行政纠纷解决

杨 红*

随着我国改革开放的不断深入，政治体制改革和经济体制改革的不断推进，我国社会正处于前所未有的转型时期。一方面，人民群众的物质文化生活逐渐得以提高，权利意识随之觉醒；另一方面，各类社会矛盾也在不断凸显。市场经济主体之间的利益相争，政府与人民群众之间的关系也在发生着急剧变化。自 2005 年《信访条例》修订实施以来，信访潮不断掀起，地方各级人民政府维稳的压力有增无减，维稳工作的常态化加剧了维稳成本的支出，也使得我国的纠纷解决逐渐偏离正轨，"闹"成为了一部分民众维权的惯用手段。分析现有行政纠纷解决制度的不足，规范行政纠纷解决机制，既是维护社会稳定的现实需要，更是体现服务行政理念的应有之意。本文以服务型政府的构建为背景，从行政调解的规范与提升、行政复议的完善、行政诉讼的推进三方面展开分析，希望对于我国行政纠纷的有效、有序解决有所借鉴。

一、行政调解的规范与提升

行政调解、人民调解、司法调解并称为我国的三大调解。

---

* 苏州大学王健法学院博士研究生、甘肃政法学院副教授。

在构建大调解机制的要求下，《人民调解法》于 2011 年 1 月 1 日正式实施，2004 年 8 月 18 日通过了最高人民法院《关于人民法院民事调解工作若干问题的规定》，2007 年 3 月 1 日公布了最高人民法院《关于进一步发挥诉讼调解在构建社会主义和谐社会中积极作用的若干意见》。与人民调解、司法调解相比，行政调解的规定姗姗来迟。2010 年 10 月 10 日发布的《国务院关于加强法治政府建设的意见》（以下简称《意见》）中指出："要把行政调解作为地方各级人民政府和有关部门的重要职责，建立由地方各级人民政府负总责、政府法制机构牵头、各职能部门为主体的行政调解工作体制，充分发挥行政机关在化解行政争议和民事纠纷中的作用。完善行政调解制度，科学界定调解范围，规范调解程序。对资源开发、环境污染、公共安全事故等方面的民事纠纷，以及涉及人数较多、影响较大、可能影响社会稳定的纠纷，要主动进行调解。"在《意见》的宏观指导下，行政调解的规范与提升显得日益迫切。

（一）行政调解的兴起

行政调解概念的界定是理论研究的起点和基础，综观现有的研究成果，富有代表性的观点主要如下：一是从行政和解的角度进行研究，认为行政和解的对象是行政争议，和解既可以发生在行政过程之中，也可以发生在行政复议、行政诉讼的过程之中，因此作为一个上位概念，行政和解既包括行政过程中的和解，也包括行政复议和行政诉讼过程中的和解，和解包含着调解。理由是：在行政主体和行政相对人通过协商解决行政争议的过程中，无论有无第三方的介入，都属于行政和解的范畴。因为和解的本意在于"不再争执，归于和好"。第三方的介入不过是在和解的启动或进行过程中发挥一定的作用，最终要达到的目的仍是实现"通过协商、解决争议"。由此来看，无论是否有第三方的介入，都不能影响和解的本质。[1] 二是指在行政机关主持下，对各种纠纷进行的调解，该学者将行政调解定义为由国家行政机关出面主持的，以国家法律和政策为依据，以自愿为原则，通过说服教育等方法，促使双方当事人平等协商、互让互谅，达成协议、消除纠纷的诉讼外活动。[2] 笔者以为，为了划清行政调解与行政复议、行政诉讼在解决行政纠纷中的界限，也为了行政调解这一制度的独立发展和完善，行政调解应当作为一种单独的行政纠纷解决形式。为此，行政调解可界定为：行政主体依法解决与其行政管理或公共服务有关的民事或行政争议的非强制性行为。这里的行政调解有别于行政裁决、行政复议。由于篇幅所限，本文重点讨论行政争议

---

〔1〕 周佑勇、解瑞卿："行政和解的理论界定与适用限制"，载《湖北社会科学》2009 年第 8 期。

〔2〕 崔卓兰主编：《行政法与行政诉讼法》，人民出版社 2010 年版，第 225 页。

的行政调解。

行政调解的正当性问题是关系这一制度良性发展的关键所在，对行政调解的质疑主要源自于"行政权不可处分原理"。"行政权不可处分原理"的核心理论基点是行政权法定主义，即行政权并非基于行政机关与相对人的约定而产生，必须基于法律的明文规定而具有。行政机关对行政权的享有不具有自主性，因而对它的减少或丧失也不具有自主性，只能因法律的规定而获得或丧失[1]。这一原理体现在《行政诉讼法》第50条，即"人民法院审理行政案件，不适用调解"。该原理对于规制行政权，防止行政主体恣意行使职权，确立依法行政的理念具有重要的意义。然而，面对纷繁复杂的行政事务，立法不可穷尽的特点以及大量行政契约的适用证实了公权力不是绝对不可处分，"依法行政原则，亦非不可与契约自由原则相互调和。"[2]《行政复议法实施条例》第40、50条的规定，最高人民法院《关于行政诉讼撤诉若干问题的规定》的施行，均已表明"行政权不可处分原理"不宜做绝对的理解。

走出"行政权不可处分原理"的羁绊，面向从秩序行政到服务行政的变迁，政府职能的转变已然成为我们当下所要关注的课题。自2006年《政府工作报告》提出"努力建设服务型政府"的目标以来，各地关于服务型政府的建设可谓争先恐后。[3]根据《湖南省政府服务规定》，政府服务包括公共服务，也包括管理服务，而管理服务的一项重要内容就是"建立健全利益协调机制、诉求表达机制、矛盾调处机制、权益保障机制等社会管理机制，保障社会有序运行，维护社会和谐稳定"。[4]一方面，应将政府参与纠纷解决作为其服务功能、法定职责和公共资源。政府应将稳定与和谐作为基本目标，从社会治理的需要出发，积极参与纠纷的预防和解决，并不断调节其介入的范围、程度和方式。尤其是在社会自治能力较弱且纠纷积聚之际，行政机关更需要积极介入。随着环境纠纷、校园伤

---

〔1〕 叶必丰："行政和解和调解：基于公众参与和诚实信用"，载《政治与法律》2008年第5期。

〔2〕 翁岳生：《行政法》（下），中国法制出版社2000年版，第746页。

〔3〕 2011年4月28日，江苏省政府印发了《江苏省人民政府工作规则（修订稿）》（简称《规则》）。《规则》是省政府全面履行职责的行为规范，《规则》要求：省政府工作以邓小平理论和"三个代表"重要思想为指导，深入贯彻落实科学发展观，贯彻执行党的路线、方针、政策，落实党中央、国务院和省委的决策部署，全面履行政府职能，实行科学民主决策，坚持依法行政，推进政务公开，加强行政监督，坚持廉洁从政，形成行为规范、运转协调、公正透明、廉洁高效的行政管理体制，建设法治政府和人民满意的服务型政府。2011年5月11日《湖南省政府服务规定》（简称《规定》）正式对外公布，并于2011年10月起实施，这是继《湖南省行政程序规定》、《湖南省规范行政裁量权办法》后，湖南推进法治政府建设的又一重大举措。

〔4〕 参见《湖南省政府服务规定》第42条。

害、医疗纠纷、产品质量纠纷等特殊纠纷的增加，专门性的行政处理机制愈显重要。例如，环境保护机构面对环境污染投诉和纠纷，积极介入、及时解决处理的能力远远不能满足社会需要，而环境诉讼往往举证艰难、旷日持久，这种局面要求加强行政监督、行政裁决和行政处罚的权力和职责，同时也有必要赋予其处理其中的民事纠纷的职权与能力。另一方面，行政性纠纷解决机制应与社会自治机制之间形成协调互动。随着社会自治能力的提高和资源的增加，在条件成熟和社会认同的前提下，可逐步将部分行政性解纷功能和权限向社会组织转移，或将行政性机制逐步转化为民间社会性机制，实现公共服务社会化，并有条件地建立竞争机制，形成公益性与营利性（市场化）相结合的多元化纠纷解决机制。[1] 行政调解这一柔性行政手段有助于拉近官民距离，更有利于行政纠纷的彻底、高效的解决，也体现了新时期政府部门积极作为，维护社会和谐稳定的历史使命。

（二）行政调解的内忧与外患

行政调解以其所具有的专业性、高效性、非强制性等特点而被作为 ADR 机制中不可或缺的一种解纷方式，一直以来受到该领域研究者的关注。随着我国社会矛盾的凸显，行政调解化解行政纠纷的优势也引起了国家和政府的重视。但认真梳理我国行政调解的理论和实践，目前不论是内在的制度还是外在的保障都不利于行政调解的发展。

1. 行政调解的内忧。从行政调解制度自身来看，我国行政调解的依据零散，大多散见于《民事诉讼法》、《婚姻法》、《道路交通安全法》、《治安管理处罚法》、《行政复议法实施条例》、《医疗事故处理条例》、《道路交通安全法实施条例》等法律、行政法规之中，此外，《交通事故处理程序规定》、《公安机关办理行政案件程序规定》等规章中也有相关的具体规定。依据的不统一，造成行政调解的程序不规范，各自为政的局面突出。[2] 行政调解的组织机构五花八门，有调解委员会、调解小组、法制处（室）等各种形式。行政调解的范围目前主要针对的是与行政管理有关的民事纠纷，对于行政纠纷的调解比较少。行政调解的

---

〔1〕 范愉：《纠纷解决的理论与实践》，清华大学出版社 2007 年版，第 498 页。

〔2〕 2013 年 1 月 1 日修订后实施的《公安机关办理行政案件程序规定》对治安调解做了专章规定，就调解的适用原则、适用范围、调解协议书的制作要求较以前有明显的改进。但在实践中，治安调解依然存在较多的问题：如强行调解、任意扩大范围、不注意程序要求、调解方法简单、调解适用范围把握不准、久调不结、案件积压、调解功能扩张影响破案打击职能的发挥等等。2009 年实施的《道路交通事故处理程序规定》在行政调解的程序规定方面，较之于以往法律规范有很大的进步，规定更为全面，操作性增强，但仍然存在当事人申请调解不便利，不注重保护当事人的私权，没有规定调解人员回避制度等缺陷。2008 年 10 月 1 日实施的《湖南省行政程序规定》对行政调解的启动方式、调解人资格、调解方式、说明理由制度等做了较为系统的规定。

法律效力不明确更是严重制约着这一制度的发展。

2. 行政调解的外患。除了制度自身的缺陷，行政调解的外部环境也影响着行政调解的运转。主要表现在两个方面：一是行政调解的理论研究滞后。从现有的行政法教材来看，鲜有论及行政调解这一行为的，著作方面，北京大学湛中乐教授主持的2007年度中国法学会部级重点研究课题《行政调解、和解制度研究》由法律出版社2009年出版。相较于其他行为的研究成果来看，行政调解的研究可以用冷清来形容。再看看近年来关于行政调解的论文，主要表现在行政管理学角度、ADR 纠纷解决机制层面、行政诉讼调解方面，而行政过程中行政纠纷的行政调解未能引起行政法学者的关注。二是行政主体服务行政意识缺位。长期以来，我国行政主体重管理轻服务，重刚性手段轻柔性方式，虽然从上到下都在强调服务型政府的构建，可服务行政的意识严重不足。政府对社会资源的丰富持有和强大摄取能力使行政具有解决纠纷的能力，但现实是享有纠纷解决能力的行政主体并无解决纠纷的动力。因此，应将政府参与纠纷解决作为其服务功能和法定职责。[1]由于对行政权与司法权配置的误解和行政限权等理论的影响，行政主体解决纠纷的权力一度呈收缩的态势。[2]受维稳的影响，行政主体解决行政纠纷的积极性严重不足，民事纠纷一般都会推到法院解决，行政纠纷不严重没人管，一旦当事人诉诸法院，行政主体也会想尽一切办法息讼，表面的和谐往往酝酿着严重矛盾甚至是群体性事件，威胁国家和社会的稳定，降低了政府的公信力。

（三）行政调解内在制度的规范与完善

科学的制度设计是其有效运转的基础，行政调解理论研究的不足和立法的不统一使得规范和完善这一制度显得极为必要。

1. 统一立法。纵览我国现行立法的规定，主要是关于民事纠纷的行政调解，关于行政纠纷调解的规定并不多，主要见于《行政复议法实施条例》第40、50条，以及最高人民法院《关于行政诉讼撤诉若干问题的规定》第1、2条。而这些规定都不是在行政过程中对于行政纠纷的解决，2010年10月10日发布的《国务院关于加强法治政府建设的意见》以文件的形式对于行政调解做了总体的

---

[1] 江国华、胡玉桃："论行政调解——以社会纠纷解决方式的多元化为视角"，载《江汉大学学报》（社会科学版）2011年第3期。

[2] 《道路交通安全法》将交通事故处理中的法定调解前置改为选择性程序。

要求。[1] 2011 年中央综治委等 16 个部门发布了《关于深入推进矛盾纠纷大调解工作的指导意见》。据不完全统计，我国年均受理行政诉讼案件 10 多万件，行政复议案件 8 万件，而涉及行政纠纷的信访案件约 400 万件，不断上涨的信访潮，给我们发出了一个信号，那就是普通民众对于纠纷解决的选择仍然是上级行政机关。从域外做法来看，法国于 1976 年出台了《调解专员法》，荷兰于 1993 年设立了荷兰调解协会，并出台了一系列规则。我国有中国特色社会主义法律体系虽已宣告形成，但由于法律规定的粗疏，利益分配不公引发的行政纠纷仍将大量出现，制定一部统一的《行政调解条例》必将有助于行政纠纷的规范解决。

2. 设立专门的机构。根据正当程序的要求，行政主体对于与自身有关的行政纠纷不得调解，为此，建立专门的行政调解机构有利于保障行政调解的公正。《国务院关于加强法治政府建设的意见》指出，"建立由地方各级人民政府负总责、政府法制机构牵头、各职能部门为主体的行政调解工作体制。"结合我国法制部门的实际，其独立性不强，承担行政调解的工作难以避嫌。笔者以为，可以考虑设立调解委员会，委员会成员主要由行政管理、法学等方面的专家组成。

3. 规范行政调解的程序。从我国现行法律制度来看，行政调解程序规定得比较好的是《交通事故处理程序规定》，其中规定了申请、告知、听取当事人请求等程序制度。本文主要探讨行政纠纷的调解，所以程序的设计应考虑行政纠纷的特点，从行政调解的启动来看，以自愿为原则，但也要考虑主动调解，尤其是社会矛盾突出，涉及人数比较多的纠纷，调解机构应及时调解。在调解的过程中，应允许当事人对于参加调解的委员提出回避，保障当事人的知情权和申辩权。2013 年 1 月 1 日修订实施的《公安机关办理行政案件程序规定》对治安调解做了较为详细的规定，该《规定》对完善我国行政调解程序具有积极的借鉴意义。

4. 明确行政调解协议的效力。由于受行政调解仅限于民事纠纷的影响，我国行政调解协议的效力也只针对该领域，从现行规定来看，行政调解协议的效力表现为两种：一是完全不具有法律效力，当事人对调解协议不履行的，对方当事人可以提起民事诉讼；二是有一定的拘束力，如《公安机关办理行政案件程序规定》第 160 条规定："调解达成协议并履行的，公安机关不再处罚。对调解未达

---

[1] 《意见》指出：要把行政调解作为地方各级人民政府和有关部门的重要职责，建立由地方各级人民政府负总责、政府法制机构牵头、各职能部门为主体的行政调解工作体制，充分发挥行政机关在化解行政争议和民事纠纷中的作用。完善行政调解制度，科学界定调解范围，规范调解程序。对资源开发、环境污染、公共安全事故等方面的民事纠纷，以及涉及人数较多、影响较大、可能影响社会稳定的纠纷，要主动进行调解。

成协议或者达成协议后不履行的，应当对违反治安管理行为人依法予以处罚；对违法行为造成的损害赔偿纠纷，公安机关可以进行调解，调解不成的，应当告知当事人向人民法院提起民事诉讼。"可见，调解协议的履行是不处罚的前提条件。依据《国务院关于加强法治政府建设的意见》中"充分发挥行政机关在化解行政争议和民事纠纷中的作用"的要求，明确行政调解协议的效力，关系到行政调解功能的发挥，也是整合解纷资源，维护社会和谐稳定的需要。对此可借鉴《人民调解法》的规定，经司法确认的行政调解协议赋予其强制执行的效力。对于达不成行政调解协议的，应保障当事人司法救济的权利。

（四）行政调解有效运行的外部保障

规范的制度需要良好的外部环境才能展现制度的优势，行政调解的有效运行同样离不开外部的保障，从我国行政实际出发，笔者以为应重视以下三个方面的改进，从而为行政调解制度提供良好的发展空间：

1. 增强服务行政的理念。2004 年，国务院在《全面推进依法行政实施纲要》中提出，转变政府职能，建设服务型政府是全面推进依法行政的首要目标。2007 年，中共十七大报告更是直接提出了"加快行政管理体制改革，建设服务型政府"的目标和任务，明确要求各级政府不断推进和深化改革，进一步"健全政府职责体系，完善公共服务体系，推行电子政务，强化社会管理和公共服务"。[1] 学者张康之教授把历史上的行政分为 3 种模式：统治行政、管理行政和服务行政。[2] 服务行政的理念应体现为给付、参与、透明、有效行政等特色。从我国的现状来看，服务行政的理论研究已经颇有成果，但执法实践部门态度消极，比如行政救助，由于立法关于救助的程序规定不明，因救助的有效性问题产生的争议比较普遍。参与行政在理论上不是问题，可现有的参与途径较少，参与意见的效力不明，导致民众的参与热情得不到重视。随着双重失灵现象（指市场失灵加上政府失灵）的出现，世界范围的民主化潮流的推动和国家福利性质的逐渐增强，传统的秩序行政、管理行政模式逐步转向以给付行政、服务行政为特点的现代行政模式，也即民主行政模式，适中规模的政府和柔和的行政干预表现出特殊优势，以行政机关为中心和行政权力的单向行使为全部内涵的传统行政法，日益转向更注重人权和民主的现代行政法，即转型为民主行政法。[3]

---

〔1〕 胡锦涛："高举中国特色社会主义伟大旗帜，为夺取全面建设小康社会新胜利而奋斗"，人民出版社 2007 年版，第 32 页。

〔2〕 张康之："论公共管理者的价值选择"，载《中共中央党校学报》2003 年第 4 期。

〔3〕 莫于川："创新行政管理方式与转变经济发展方式——从建设服务型政府、推行柔性行政方式的视角"，载《四川警察学院学报》2012 年第 3 期。

2. 加强行政调解的理论研究。近年来，我国行政法学界兴起了案例研究的新潮，凸显出行政法学研究面向国内、面向基层的研究趋势。[1]但是，案例研究也面临很多问题，如案例的收集、遴选、分析等都需要付出大量的艰苦劳动，而且也需要动用一定的社会资源。基于以上原因，很多学者对案例研究只能是望而却步。笔者以为，我国基层行政主体在执法中积累了大量行政调解的事例，也拥有丰富的行政调解经验，行政法学者不能漠视这一现象，可以借鉴案例研究的方法，紧密结合行政调解的实践，挖掘行政调解实践中值得研究的素材，将科学、有效的行政调解方法加以归纳整理，为我国行政调解立法和实践提供更有价值的指导。

3. 三调联动，构建大调解机制。衔接好三种调解的关系。2006年11月，中共中央政治局常委罗干同志在全国政法工作会议上讲话时强调，"要建立和完善多方面、多层次的矛盾纠纷解决机制，注重发挥调解手段化解社会矛盾纠纷的作用，着力构建在党委领导下，以人民调解为基础，加强行政调解和司法调解，3种调解手段相互衔接配合的大调解工作体系。"我国的3种调解，各有优势与不足。人民调解的专业性保障不够，调解员素质和能力不足；行政调解缺乏程序规范，效力不明确；司法调解与审判分离不够，以判压调现象仍然存在。面对以上存在的客观问题，如何实现3种调解的有效衔接和联动是提升我国调解工作的根本所在。结合我国调解的相关立法和调解实践，三调联动可以考虑从以下方面做起。

首先，资源、信息的共享。对于有关纠纷，可以考虑先进行人民调解，如果属于专业性较强的问题，应交由行政调解组织进行，或者由行政主体派出相关的专家辅助人民调解工作。人民法院和行政主体可以为人民调解员的培训提供支持和帮助，委派有经验的法官或行政执法人员以及各领域的专家开展培训工作。人民调解组织对于调解中发现的有利于纠纷解决的信息可以与行政主体、人民法院共享，为彻底、高效地解决纠纷提供帮助，实现信息共享，节省解纷资源，维护社会和谐稳定的共同目标。

其次，程序衔接。根据我国纠纷解决的步骤来看，诉前调解也是多数当事人的选择，人民调解组织可以利用自身的优势结合地方惯例、行业习惯和标准解决纠纷，争取双方以非诉的方式解决纠纷。对于专业性较强的问题，人民调解组

---

〔1〕 章志远："行政法案例研究方法之反思"，载《法学研究》2012年第4期；章剑生："论行政惯例在现代行政法法源中的地位"，载《政治与法律》2010年第6期；何海波："司法判决中的正当程序原则"，载《法学研究》2009年第1期。

织应做好纠纷的转交工作，对于前期调解中取得的有价值的信息提供给行政调解组织。行政调解组织应做好与人民调解员的交流和沟通，必要时可邀请人民调解员参与调解工作。对于经人民调解组织调解达成的协议，可作为人民法院或行政机关认定事实的重要证据。在行政主体或人民法院作出生效决定后，人民调解组织也应当辅助做好相关的执行工作，真正实现案结事了、官了民了。

最后，效力衔接。2011年1月1日实施的《人民调解法》第31、33条的规定，明确了人民调解协议的法律效力，这一规定必将推动人民调解工作的发展。但行政调解协议的效力问题一直都没有得到很好的解决，这也成为制约行政调解制度发展的最大障碍。2009年最高人民法院发布的《关于建立健全诉讼与非诉讼相衔接的矛盾纠纷解决机制的若干意见》第8、20、25条就民事纠纷行政调解协议的效力认定做出了规定，[1]但关于行政纠纷行政调解的效力缺乏规定，笔者注意到《行政复议法实施条例》第50条规定："行政复议调解书经双方当事人签字，即具有法律效力。"这里的效力当然不能放在民事合同的层面来理解，而应当是行政契约。"行政契约的实质标准是发生、变更或消灭行政法律关系的合意"。[2]行政调解属于广义的和解范畴，许多法治发达国家和地区都将行政和解协议看做是一种行政契约。以德国为例，根据德国《联邦行政程序法》第55条成立的和解契约，就被认为是一种典型的行政契约。[3]我国台湾地区的"行政程序法"第136条也参考德国的规定，将行政机关对于行政处分所依据之事实或法律关系，在经依职权调查仍不能确定的情况下，行政主体为有效达成行政目的，并解决争执，与人民和解而缔结的契约，归为行政契约的种类。在明确了行政主体主持达成的行政调解协议的性质之后，关于这类行政调解的法律效力问题就可以用我国行政契约的救济途径来解决。也就解决了行政纠纷行政调解与

---

〔1〕《关于建立健全诉讼与非诉讼相衔接的矛盾纠纷解决机制的若干意见》第8条规定：行政机关依法对民事纠纷进行调处后达成的有民事权利义务内容的调解协议或者作出的其他不属于可诉具体行政行为的处理，经双方当事人签字或者盖章后，具有民事合同性质，法律另有规定的除外。第20条规定：经行政机关、人民调解组织、商事调解组织、行业调解组织或者其他具有调解职能的组织调解达成的具有民事合同性质的协议，经调解组织和调解员签字盖章后，当事人可以申请有管辖权的人民法院确认其效力。当事人请求履行调解协议、请求变更、撤销调解协议或者请求确认调解协议无效的，可以向人民法院提起诉讼。第25条规定：人民法院依法审查后，决定是否确认调解协议的效力。

〔2〕余凌云：《行政契约论》，中国人民大学出版社2000年版，第38页。

〔3〕翁岳生：《行政法》（下），中国法制出版社2000年版，第754页。

司法调解的正常衔接。[1]

二、行政复议的完善

自 1990 年 12 月 24 日颁布《行政复议条例》，1991 年 1 月 1 日起开始实施，我国行政复议制度已经运行了 20 多年，这期间，立法完善的脚步没有停歇，1994 年 10 月 9 日，国务院对《行政复议条例》进行了局部修改，1999 年 10 月 1 日《行政复议法》取代了《行政复议条例》，2007 年 8 月 1 日颁布实施的《行政复议法实施条例》对行政复议制度做了较大的修正和完善。立法使得行政复议在形式上日趋完备，但不得不面对的一个现实是：一方面是不断涌现的行政纠纷甚至是群体性事件，另一方面却是行政复议案件数量的不断下降。[2] 行政复议这一以高效率、低成本、专业性强著称的行政纠纷解决制度，非但没有发挥其优势，反而沦落为不如信访和行政诉讼的末位制度，不得不令人深思。行政法学者对于行政复议制度存在的问题进行了认真地梳理和分析，提出了各自的见解。借鉴现有的研究成果，笔者以为，我国行政复议制度的完善重点应解决好以下问题。

（一）准确定位行政复议的功能

1991 年 1 月 1 日开始施行的《行政复议条例》可以算是我国第一个专门规定行政复议制度的立法，该条例的第 1 条规定："为了维护和监督行政机关依法行使职权，防止和纠正违法或者不当的具体行政行为，保护公民、法人和其他组织的合法权益，根据宪法和有关法律，制定本条例"。1999 年 10 月 1 日起开始施行的《行政复议法》取代了《行政复议条例》，在《行政复议法》的第 1 条规定："为了防止和纠正违法的或者不当的具体行政行为，保护公民、法人和其他组织的合法权益，保障和监督行政机关依法行使职权，根据宪法，制定本法"。2007 年 8 月 1 日起开始施行的《行政复议法实施条例》第 1 条规定："为了进一步发挥行政复议制度在解决行政争议、建设法治政府、构建社会主义和谐社会中的作用，根据《中华人民共和国行政复议法》，制定本条例。"由此可见，从《行政复议条例》到《行政复议法》，行政复议的功能没有发生实质性的变化，只是功能顺序发生了调整，行政复议的功能始终定位为内部纠错，监督行政活动。《行政复议法实施条例》一改原有立法的定位，突出了解决行政争议的目的，一

---

〔1〕　行政契约的司法救济应介于行政诉讼与民事诉讼之间。根据最高人民法院《关于执行〈中华人民共和国行政诉讼法〉若干问题的解释》第 1 条的规定，行政诉讼的范围应当既包括单方行为，也包括双方行为，所以，行政契约应纳入行政诉讼的范围。但是，较之于单方行为的诉讼，行政契约诉讼应有特殊规定。

〔2〕　刘莘："行政复议的定位之争"，载《法学论坛》2011 年第 5 期。

石激起千层浪，有对其合法性的质疑，也有对其与时俱进立法理念的认可，但更多的行政法学者希望《行政复议法》尽快修改，准确定位行政复议制度的功能，使得这一制度能够发挥预期的功效。[1]

《行政复议法实施条例》第1条体现了行政复议功能由内部纠错向解决行政争议的转变，《国务院关于加强法治政府建设的意见》更是明确表明了这一立场，在《意见》的第8部分"依法化解社会矛盾纠纷"中对于行政复议工作提出了较为详细的要求。[2] 行政复议制度没有能够成为我国解决行政纠纷的主渠道，反而是步入了困境之中，究其原因，除了制度设计中的具体问题，最根本的是定位失准造成的，因此，《行政复议法》修改的首要任务是调整定位，顺应社会发展的需要，还原行政复议的本来面目，将行政复议界定为解决行政纠纷，化解社会矛盾，保障公民、法人和其他组织合法权益，维护和监督行政主体依法行使职权的行政司法行为。

（二）固守行政复议的特色

行政复议的性质在理论上存在行政说、行政司法说、司法说3种观点。行政说主要是从形式行政层面的界定，认为行政复议是一种具体行政行为。[3] 司法说是从实质行政的角度对行政复议的解释，认为行政复议是解决纠纷，为行政相对人提供权利救济的制度。[4] 行政司法说兼顾了形式和实质两个方面，该学说认为，行政复议是一种兼具行政与司法双重色彩的行政司法活动或准司法活动。[5] 近年来，对于行政复议改革的建议中，司法化的呼声很高，甚至认为司法化是行

---

[1] 章剑生："行政复议立法目的之重述"，载《法学论坛》2011年第5期；黄学贤："行政复议：制度比较、功能定位与变革之途"，载《法治研究》2012年第6期；王周户："行政复议的功能应当是解决行政争议"，载《行政管理改革》2011年第9期。

[2] 《意见》指出：充分发挥行政复议在解决矛盾纠纷中的作用，努力将行政争议化解在初发阶段和行政程序中。畅通复议申请渠道，简化申请手续，方便当事人提出申请。对依法不属于复议范围的事项，要认真做好解释、告知工作。加强对复议受理活动的监督，坚决纠正无正当理由不受理复议申请的行为。办理复议案件要深入调查，充分听取各方意见，查明事实、分清是非。注重运用调解、和解方式解决纠纷，调解、和解达不成协议的，要及时依法公正作出复议决定，对违法或者不当的行政行为，该撤销的撤销，该变更的变更，该确认违法的确认违法。行政机关要严格履行行政复议决定，对拒不履行或者无正当理由拖延履行复议决定的，要依法严肃追究有关人员的责任。探索开展相对集中行政复议审理工作，进行行政复议委员会试点。健全行政复议机构，确保复议案件依法由2名以上复议人员办理。建立健全适应复议工作特点的激励机制和经费装备保障机制。完善行政复议与信访的衔接机制。

[3] 杨海坤：《跨入21世纪的中国行政法学》，中国人事出版社2000年版，第530页。

[4] 张尚鷟：《走出低谷的中国行政法学——中国行政法学综述与评价》，中国政法大学出版社1990年版，第314页。

[5] 方世荣：《行政法与行政复议法》，人民法院出版社2003年版，第285页。

政复议的唯一出路。笔者以为，行政诉讼是我国解决行政争议的司法制度，行政复议应当保有自身的特色，司法化不应当是行政复议的出路，这样的改革思路有资源浪费和制度重复设计之嫌。因此，笔者同意行政司法说。行政复议作为解决行政争议的行政司法活动，应当突出以下特色。一是专业性。专业性是行政复议有别于其他行政纠纷解决制度的主要特点，考察英国的行政裁判所制度，美国的行政法官制度，日本的诉愿制度，强调专业性都是相关制度产生和发展的原动力。我国行政复议制度应秉持行政复议机构在解决纠纷方面的专业优势。二是低成本、高效率。从英国行政裁判所的产生来看，灵活性、低成本是其较之于诉讼的特点，也是该制度得以延续和发展的主要原因，我国行政复议从期限、程序、费用等方面来看，也显示了成本低、效率高的特色。

从改革开放后相关法律的零散规定算起，我国行政复议制度才走过了 30 年的历程，因为立法本身的完善需要一定的过程，不能因为其存在的问题而就轻易放弃这项制度，应当看到行政复议与行政诉讼相比的优势，不论是学术界还是实务部门，应当对行政复议制度抱以更多的宽容和耐心。

(三) 完善具体制度，解除后顾之忧

在准确定位行政复议功能和坚守特色的同时，必须充分认识到我国现有的行政复议制度存在诸多问题，行政复议制度的完善刻不容缓。首先，设立专门的行政复议机构。现有的行政机关法制部门负责行政复议的局限是不言而喻的，对此，国务院有过一系列的部署和要求，[1] 2008 年 9 月，国务院法制办正式发出通知，决定部分省、直辖市开展行政复议委员会试点工作，首批试点的 8 个省市分别是北京、黑龙江、江苏、山东、河南、广东、海南和贵州。2010 年《国务院关于加强法治政府建设的意见》进一步指出，探索开展相对集中行政复议审理工作，进行行政复议委员会试点。行政复议委员会的设立，增强了行政复议的专业性，淡化了行政色彩，体现了行政复议的公正性。但是，行政复议委员会试点

---

[1] 2004 年国务院《全面推进依法行政实施纲要》指出：要完善行政复议工作制度，积极探索提高行政复议工作质量的新方式、新举措。2006 年 9 月，中办、国办联合下发《关于预防和化解行政争议健全行政争议解决机制的意见》，明确提出要积极探索符合行政复议工作特点的机制和方法。同年 10 月，党的十六届六中全会通过《中共中央关于构建社会主义和谐社会若干重大问题的决定》，第一次将"完善行政复议制度"写入党的全会决定之中，同年 12 月，国务院召开全国行政复议工作会议，强调"要创新行政复议办理方式，有条件的地方和部门，可以开展行政复议委员会的试点"。至此，行政复议委员会的试点问题被正式提了出来。2008 年 3 月，温家宝总理在十一届全国人大一次会议上所作的政府工作报告中再次明确要求健全行政复议体制。同年 5 月，国务院《关于加强市县政府依法行政的决定》对进一步加强市县政府行政复议工作提出了新的要求，明确要求健全市县政府行政复议机构。由此，完善复议组织成为加强基层复议工作的重要方面。

与《行政复议法实施条例》第2条关于复议机构的规定不符，一是存在着合法性问题，应尽快通过修改法律，明确行政复议委员会的法律地位。二是《行政复议法实施条例》明确要求行政复议机关应当配备专职行政复议人员。在行政复议委员会的试点工作中，行政复议委员会的委员成员包括政府人员，也包括以法律专家为主的社会人士，没有提到专职行政复议人员的配备。三是行政复议委员会的法律责任有待明确。建议在修改后的《行政复议法》中建立行政复议委员会委员责任追究制度，行政复议委员如有明显违纪违法行为的，或者行为明显不当的，应依法追究法律责任，其中包括委员资格的取消等。[1]其次，完善行政复议程序。既然行政复议是解决行政争议的制度，其程序设计就应体现当事人充分参与、公开、公正等原则。结合《行政复议法》的规定，应当改革书面审理的规定，采用开庭审理或听证审理的方式，便于当事人举证、质证，也有助于复议机构查明事实。行政复议原则上公开审理，涉密案件除外，公开决定的事实和依据，公开决定的结果。在公正的保障方面，建立回避制度、说明理由制度、申辩制度，改革现行立法中自己复议的规定。再次，扩大行政复议的范围。一是取消附条件审查"规定"的限制，畅通行政规范性文件的复议审查；二是增加内部行为的复议，实现公民合法权益的平等救济。最后，修改复议机关做被告的相关法律规定。根据《行政诉讼法》第25条的规定，复议维持，原机关为被告，复议改变，复议机关为被告。这也是我国行政复议维持率居高不下的主要原因。既然行政复议是解决行政纠纷的制度，那就不应置身事中，将"行政复议机关直接作出撤销或者变更决定"修改为"行政复议机关责令被申请人撤销或者变更行政行为"。作出此修改建议的目的在于解决复议机关不愿意当行政诉讼的被告从而导致居高不下的维持决定率的情况。修改《行政复议法》无法取消复议机关当被告的制度，通过复议机关责令被申请人撤销或者变更行政行为，则可以在不修改《行政诉讼法》的情况下解决复议机关当被告的问题。[2]

三、行政诉讼的推进

1990年10月1日《行政诉讼法》正式实施，这是我国法治进程中的一件大事，标志着当代中国"人治时代的终结"和"法治时代的开始"，意味着一场"静悄悄的革命"，具有划时代的里程碑意义。[3]行政诉讼制度在倒逼政府行为

---

[1] 沈福俊："行政复议委员会体制的实践与制度构建"，载《政治与法律》2011年第9期。
[2] 王万华："行政复议法修改的几个重大问题"，载《行政法学研究》2011年第4期。
[3] 龚祥瑞：《法治的理想与现实——〈中华人民共和国行政诉讼法〉实施现状与发展方向调查研究》，中国政法大学出版社1993年版，第148页。

规范化方面的作用有目共睹，正是在 1990 年以后，我国行政行为方面的三部重要法律相继出台（1996 年《行政处罚法》、2004 年《行政许可法》、2012 年《行政强制法》），行政复议、行政赔偿制度日趋完善，行政征收与补偿制度也在改进之中，行政程序立法指日可待。在一定意义上来讲，行政诉讼制度的建立是我国行政法制完备的开始和推动力，该制度对于我国行政法制的贡献值得肯定。从 1982 年《民事诉讼法（试行）》规定"人民法院受理法律规定的行政案件"开始，我国的行政诉讼已经有了 30 年的历程，如果说这项制度建立之初更多的是政治需要或者是应景之作，在其而立之年之际，我们应当从务实的角度来思考如何使得行政诉讼在解决行政纠纷方面有所作为，因此，行政诉讼的推进工作刻不容缓。当前，我国学者对于《行政诉讼法》的修改和完善提出了大量有价值的建议，某些方面基本形成了共识，这对于行政诉讼制度的完善奠定了良好的理论基础。笔者参考这些成果，从有效解决行政纠纷的角度出发，认为我国行政诉讼的推进应重点解决 4 个方面的问题。

（一）突出"公民权益保障"的立法目的

《行政诉讼法》第 1 条规定："为了保证人民法院正确、及时审理行政案件，保护公民、法人和其他组织的合法权益，维护和监督行政机关依法行使行政职权，根据宪法制定本法。"以此为依据，学界认为《行政诉讼法》的立法目的是三重目的。这一规定体现了立法过程中的妥协和让步，也是确保《行政诉讼法》顺利通过的无奈之举，我们应当理解这一规定背后的艰辛和不易。但是，这种兼顾三方诉讼主体的规定，不能突出行政诉讼的根本目的。在行政法的发源国——法国，行政诉讼建立之初确有维护行政活动的考虑，因此而被英国学者戴雪诉病为"庇护行政特权的制度"。但是，从各国行政诉讼的发展来看，尤其是第二次世界大战结束之后，各国行政诉讼制度发展的趋势体现为"权利保护功能之强化、诉讼种类之增加、行政裁判权之扩大、行政裁判之司法化"等 4 个方面。[1] 我国行政诉讼制度起步晚，应当借鉴国外发展的经验，顺应行政诉讼发展的趋势，修正《行政诉讼法》的立法目的，突出保障公民权益的功能。

在行政过程中，行政主体与行政相对人法律地位不平等，行政主体具有优势地位，行政相对人处于明显的弱势，尽管我们在追求平等，但从我国行政的现状来看，这需要一个较长的过程。可以说，建立行政诉讼制度的主要目的是给弱者提供权利救济的机会，而不是使强者更强的制度，行政诉讼举证责任由被告承担，除了考虑举证能力之外，主要是扭转行政阶段不平等的地位，真正实现诉讼

---

〔1〕 蔡志方：《行政救济与行政法学》（一），三民书局 1993 年版，第 101 页。

当事人法律地位平等。作为保障权益的最后屏障，行政诉讼法的立法目的当然不能背离制度设立的初衷。行政主体与行政相对人是行政法律关系中关系最为密切的一对主体，两者法律地位的不对等是不容回避的现实，一路走来，行政相对人提起行政诉讼的目的是希望借助法院来维护其合法权益，如果行政诉讼不能满足行政相对人的这一诉求，无疑会降低司法的公信力，难以体现司法为民的要求。因此，在行政诉讼中，突出"公民权益保障"的立法目的不应停留在纸面上，而应有所落实。

1. 走出审原告的误区，加强对具体行政行为的审查。受民事审判的影响，行政审判往往以原告行为的合法与否来判定被告行为的合法性，如果从逻辑角度分析，这样会出现假的结果，如行政处罚行为，原告行为违法，未必能推出被告的行政处罚必然合法。行政审判的重心是被告，法院审原告既不符合逻辑，也会使得原告处于更为不利的境地，从而会出现法官和被告合起来审原告的现象，恰恰应验了"官官相互"的民间担忧。在服务型政府的要求下，行政审判不仅要加强对行政行为合法性的审查，也应引入合理性审查，这样才有利于全方位地保障行政相对人的合法权益。

2. 建立简易程序，体现司法的便民与高效。《行政诉讼法》第6条规定："人民法院审理行政案件，依法实行合议、回避、公开审判和两审终审制度。"这一规定体现了严肃对待行政诉讼，谨慎处理行政纠纷的立法理念，但也反映了特殊对待行政诉讼的不正常考虑，因为在行政诉讼立法之初，这一制度面临的阻力很大，所以对这样的规定应当持理解和宽容的态度。但在运行了30年后的今天，应以平常心看待行政诉讼，其功能在于解决行政纠纷，所以程序的设计应以公正、高效、便民为出发点，引入简易程序势在必行。2010年11月17日，最高人民法院《关于开展行政诉讼简易程序试点工作的通知》发布，在此之前，试点工作也早已开展。最高人民法院的这一做法其目的在于建立便捷、高效的司法程序，但有违反法律保留原则之风险。[1] 目前，我国正在讨论《行政诉讼法》的修改，建立简易程序既有成熟的实践经验，也是保障权益这一立法目的的体现。

3. 建立行政首长出庭应诉制度。行政诉讼为官民对话搭建了一个平台，行政诉讼中的原告渴望胜诉，但胜诉不是唯一的目的，平等对话、官民沟通也是很重要的目的。但"民告官，不见官"的现状使得行政审判的功能大打折扣，也

---

〔1〕 沈福俊："行政诉讼简易程序构建的法治化路径——《最高人民法院关于开展行政诉讼简易程序试点工作的通知》评析"，载《法学》2011年第4期。

不利于行政诉讼立法目的的实现。[1]从行政诉讼的三方主体来看，行政首长出庭应诉意义重大：对法院而言，行政首长到庭应诉是对司法的尊重，有利于法院把握时机，及时、高效地处理行政争议；对原告来说，行政首长出庭应诉体现了当事人法律地位的平等，提升了政府的公信力；从被告自身来讲，这是直面矛盾，勇担责任的最好证明。矛盾是不可避免的，如何应对，是构建服务型政府中行政机关要客观面对的问题。

（二）走出"具体行政行为合法性审查"的羁绊

我国《行政诉讼法》第2、5、11条，最高人民法院《关于执行〈中华人民共和国行政诉讼法〉若干问题的解释》第12条都提到了"具体行政行为"、"合法性审查"等概念，从我国行政诉讼受案范围和原告资格的规定中，"具体行政行为合法性审查"是一个很重要的标准和界限。因此，学界一般称行政诉讼为"合法性审查之诉"。分析这一规定的产生背景，应当与我国20世纪80年代末的政治环境和体制等方面相结合，《行政诉讼法》赋予人民法院审查行政行为的权力，但这种审查是有限度的审查，有权而有限是一种很微妙的关系，所以，《行政诉讼法》处处设限。经过30年发展的行政诉讼制度，已经走过了艰难的磨合期，人民法院对于行政诉讼案件有了审判的底气，行政主体的责任意识在提高，对于行政诉讼的态度也有了理性的认识。我国行政诉讼制度也应当顺应社会发展的需要，结合我国的现实国情，逐步取消过多不该有的限制。

行政诉讼是解决行政争议的最后途径，从有效化解行政纠纷，维护社会稳定的需要出发，应当奉行"有权利必有救济"的理念，为广大民众敞开行政诉讼的大门，行政诉讼30年审判的实践已经证明，担心民众会像潮水般涌向法院的顾虑是多余的。在我国，行政诉讼除了解决行政争议这一主要功能之外，还有一项不可忽视的功能，那就是给民众提供了一个泄愤的正当场所。虽然我国《宪法》第35条规定："中华人民共和国公民有言论、出版、集会、结社、游行、示威的自由"，但由于相关立法的限制较多，公民的表达自由仍有诸多限制，近年来因言获罪的事件有增多的趋势，更引起了大家对公民言论自由的关注。因此，行政诉讼制度的改革应当从解决矛盾和纠纷，从民众有话可以说的角度出发，走出具体行政行为的束缚，以行政争议来决定法院的审判范围，而不是以法院的审判能力来决定行政争议。建议我国行政法理论淡化具体行政行为与抽象行政行为的界限，行政诉讼增加合法性与合理性的全面审查，同时要关注对于新型行为的审查，以体现司法保障公民、法人和其他组织的合法权益，推动服务型政府构建

---

[1] 黄学贤："行政首长出庭应诉的机理分析与机制构建"，载《法治研究》2012年第10期。

的重要目的。

1. 抽象行政行为游离于司法审查之外难以提升司法审查在推动服务型政府建设中的功能。2000年3月10日施行最高人民法院《关于执行〈中华人民共和国行政诉讼法〉若干问题的解释》第1条首次提到行政行为接受司法审查，这一规定相较于《行政诉讼法》有重大进步，但仔细审读该解释的第1条第2款的规定，不难发现最高人民法院既想扩大受案范围，又担心被扣上"司法立法"的帽子的矛盾心态，最终的结果是在原有《行政诉讼法》不受理的4种案件之外，最高人民法院的解释又增加了5种不受理的事项，真可谓适得其反。近年来，我国政府从上到下推进法治政府、构建服务型政府的热情很高，也取得了丰硕的成果。但不容忽视的一点是，政府主导的改革是否合法，出台的大量行政规范性文件是否有违上位法，这些问题值得引起关注。因为司法审查不能介入抽象行政行为，这样既不利于保障公民的合法权益，也增大了改革的风险，难以体现司法审查在服务型政府构建中的应有功能。

2. 单一的合法性审查难以应对服务型政府行政方式的多元化。从我国《行政诉讼法》第2、54条的规定来看，行政诉讼以合法性审查为主，只有对行政处罚显失公正的，才可以判决变更。随着行政方式的多元化，合法性审查的缺陷日益突出。如行政合同的审查，除了合法性审查之外，合契约审查也是非常重要的原则。行政指导的审查中，合政策性的审查也是必须考虑的问题。近年来，各地兴起了裁量基准的制定，所以对行政自由裁量行为的合理性审查应当扩大范围，而不应仅限于行政处罚显失公正。

3. 服务型政府语境下司法审查中的利益衡量有待加强。在服务型政府的语境下，私权利的地位理应得到提升，甚至有学者提到平权型法律关系是行政法的发展趋势。[1] 在行政诉讼中，利益判断与衡量非常重要，由于我国现行立法关于公共利益的规定不够明晰，使得行政主体以公共利益为幌子侵犯私权利的事件也是多有发生，比如征收补偿领域、行政许可领域等。最高人民法院《关于执行〈中华人民共和国行政诉讼法〉若干问题的解释》第59、60条的规定体现了利益衡量的精神，但仍然缺乏公共利益界定的标准。服务型政府的推进，离不开人民法院的司法审查，而公益与私益发生冲突时，如何有效、公正地作出认定是人民法院行政审判所要面对的重要任务。

（三）确立行政诉讼调解原则

《行政诉讼法》第50条规定："人民法院审理行政案件，不适用调解。"《行

---

[1] 熊文钊："建设法治政府的模式与政府法治论"，载《法学杂志》2010年第11期。

政诉讼法》颁布之前，最高人民法院《关于人民法院审理经济行政案件不应进行调解的通知》（1985 年）、《关于审理经济纠纷案件具体适用〈民事诉讼法（试行）〉若干问题的解答》（1987 年）就认为行政案件"不同于解决原、被告之间的民事权利义务关系问题"，不允许调解。我国较权威的观点认为："在行政诉讼中，当事人都不能处分自己的实体权利义务。处分这种权力和职责，则意味着违法失职；在涉外诉讼中，则意味着放弃国家主权。如果让相对方作出让步，则无异于让相对方承认侵害合理。"[1] 这是"行政权不可处分原理"的体现。

"行政权不可处分原理"是与秩序行政相伴随的产物，随着裁量行政、服务行政的发展，行政诉讼除了审查侵益行为的合法性之外，对于授益行为也要纳入审查的范围。这对于我国行政诉讼制度带来了巨大的冲击，原有的合法性审查原则也面临挑战，人民法院调解解决行政纠纷是顺应服务行政发展趋势的选择。服务行政观念为我国行政诉讼调解制度的构建提供了理论前提，现代行政法是以权利本位的人文精神为基础的，政府应当服务于人民，行政主体及其公职人员所具有的行政权不以相对人的服从为目的，而应以为相对人服务为目的。[2]

行政诉讼适用调解原则不仅有理论支撑，也是我国行政诉讼实践的客观需要。虽然法律规定禁止调解，但是行政诉讼的撤诉率一直居高不下。[3] 由于我国人民法院的现实地位不如政府，人民法院在行政诉讼中为了摆脱"难"的处境，就会想尽办法案外协调。分析原告撤诉的原因，轻易放弃诉讼的并不多，大多数原告是得到了一定的利益之后撤诉的。可以说，案外协调是一种三方共赢的选择，实践证明是符合我国行政纠纷解决需要的，与其让这一做法游离于法律之外，不如对法律尽快修改，明确规定行政诉讼调解原则。虽然最高人民法院《关于行政诉讼撤诉若干问题的规定》确立了协调和解的原则，但有司法立法之嫌。因此，修改《行政诉讼法》应考虑调解原则。

（四）修正行政诉讼管辖规定

《行政诉讼法》第 13 条规定："基层人民法院管辖第一审行政案件。"这一规定，体现了便民原则，但往往使得法院陷入审判难的困境。2008 年最高人民法院《关于行政案件管辖若干问题的规定》第 1 条第 1 项规定，被告为县级以上人民政府的案件，应当由中级人民法院管辖。但以县级人民政府名义办理不动产

〔1〕 罗豪才主编：《行政法学》，北京大学出版社 1996 年版，第 356 页。

〔2〕 叶必丰：《行政法的人文精神》，北京大学出版社 2005 年版，第 140 页。

〔3〕 根据最高人民法院工作报告的数据，从 1990 年《行政诉讼法》实施以来，至 2011 年为止的 22 年中，和解撤诉率从未低于 30%，最高达到 57.3%，也就是说，在全国一审审结的行政诉讼案件中，有 1/3 到 1/2 的数量不是通过行政诉讼法规定的判决方式处理，而是以"和解撤诉"的方式结案。

物权登记的案件可以除外。《管辖规定》还确立了异地管辖制度。通过提高管辖级别，实行异地管辖等改革，有效地缓解了行政诉讼的管辖问题，但这只是权宜之计，因为行政诉讼案件除了以政府为被告之外，大量的案件都是以政府部门为被告的案件，所以仍面临审判难的问题。

笔者以为，可以考虑提高行政诉讼管辖级别来解决这一问题。在《行政诉讼法》修改稿的讨论中，姜明安教授就指出行政诉讼一审应由中级人民法院管辖，取消基层人民法院管辖行政案件的规定，其主要理由如下：一是行政案件数量少，提高级别不会造成诉累；二是中级人民法院审判力量强，能够更好地保障行政审判的质量；三是排除干扰，增强审判的公正性。另有学者也主张提高管辖级别，该学者认为鉴于当前的行政诉讼管辖制度存在的问题，提高部分行政案件一审法院的级别，改为主要由中级人民法院审理以县级以上人民政府为被告的第一审行政案件，仅保留基层人民法院对简易行政案件的管辖权。同时，建议以国务院各部门或者省、自治区、直辖市人民政府为被告的行政案件由高级人民法院管辖。[1]

四、结语

在当下的中国社会，对于行政纠纷应当辩证地来认识，一方面，矛盾增多容易危及社会的稳定，纠纷得不到及时有效的处理，导致公权力的公信力严重下降，民众的合法权益得不到及时的维护；另一方面，矛盾凸显出制度设计的不合理、执法的不规范、利益分配不科学等一系列的问题，这对于我国行政法制的完善具有促进作用。本文以服务型政府的构建为背景，就行政过程中的行政调解、行政复议、行政诉讼的完善做了粗浅地分析，但从广义来讲，行政复议、行政诉讼中都有调解，只是调解的主体不同而已。如何激活我国现有的行政纠纷解决资源，在法治的框架下有效解决行政纠纷，仍然需要做不断地探索。当前，建设服务型政府已经成为我国行政法治实践的主题，将行政纠纷纳入法制化途径加以解决是行政法治发展的趋势，但目前"大信访、小复议、中诉讼"的纠纷解决格局与行政法治的要求相背离，警惕服务型政府实践中出现的权力膨胀，认真梳理和分析这一格局形成的原因，构建"大复议、中诉讼、小信访"的行政纠纷解决机制是行政法学者义不容辞的责任。

---

[1] 湛中乐："论《中华人民共和国行政诉讼法》的修改"，载《苏州大学学报》（社会科学版）2012年第1期。

服务型政府理念对行政诉讼当事人的挑战与应对

王 菁[*]

一、服务型政府概述

温家宝总理在 2004 年"省部级主管领导干部树立和落实科学发展专题研讨班"和 2005 年十届全国人大三次会议上所作的《政府工作报告》中正式提出了"努力建设服务型政府"的要求，在之后的党的十六届六中全会《决定》中再次明确了建立"服务型政府"的目标要求，并且就服务型政府的宗旨、职能配置、管理方式、行为模式等做出了原则性的规定。党的十七大报告则进一步明确指出了"加快行政管理体制改革，建设服务型政府"的目标，从而对我国的行政管理和行政法律体系提出了更高的要求。

政府的管理模式的变更起源于 20 世纪西方国家发起的那场声势浩大改革浪潮，使得政府职能由管理型政府转型为服务型政府，也促使了西方的市场经济快速进步和发展。服务型政府理念的确立，无论在理论上还是实务中终将极大影响政府真正意义上的依法行政。就行政法学的研究而言，更关注的是服务型政府的法治属性，特别是在政府违背服务型政

---

* 苏州大学王健法学院博士研究生、南通大学管理学院讲师。

府要义或者背离公共服务职责时应如何救济的问题。而在服务型政府的理念下，我们传统的社会治理模式和司法救济模式必将面临诸多障碍，仅仅体现在行政诉讼中就会涉及诉讼理念、诉讼当事人、受案范围、审理依据等方面的革新与突破。

正如沃尔夫所言，"对行政法学研究来说，最重要的是以新的视角考察行政法律关系，从而使其在发现和弥补行政法体系的缺陷方面起到推动作用"[1]。服务型政府的理念正是以一种新的视角，重新审视我国传统的行政诉讼理念和制度，而行政诉讼中的当事人理论无疑又在整个行政诉讼中居于核心地位。

二、原告

施瓦茨认为，"行政法的任何方面都没有有关原告资格方面的法律变化迅速"。[2]对于行政诉讼原告资格的认定除了关系到司法的门槛还与受案范围有一定的叠合。我国关于行政诉讼之原告资格的规定非常模糊，主要集中在《行政诉讼法》第2、12条和最高人民法院《关于执行〈行政诉讼法〉若干问题的解释》第1条的规定，相对于行政诉讼法认为原告只能是认为侵犯自己合法权益才有权提起诉讼之规定而言，若干解释在一定程度上放宽了原告资格，明确规定了与具体行政行为有法律上利害关系的公民、法人或者其他组织对该行为不服的，可以依法提起行政诉讼。但是相对于日益增加的涉及公共利益和公共服务的诉讼，现行的原告资格仍有不少问题。因此对于原告资格的界定，关乎到司法之光的照耀范围。

（一）挑战

1. 诉讼人数众多与原告资格限制。在服务型政府的背景下，政府提供的服务种类将越来越多，并且通常与大众的切身利益密切相关，这些公众为了维护自己的权益不受损，请求司法救济必然是最有效的选择，否则这些政府的服务行为就不在法律监督的范围之内。由于在公共服务的过程中，政府是面向社会公众来提供相应的公共服务和公共产品的，因此一旦引发纠纷，涉及的当事人可能众多，也可能是涉及公共利益的。那么，群体性诉讼的案件就可能成为涉及服务型政府案件的常态类型。

但是，我国目前的行政诉讼制度的功能主要定位是在保护私权上，并不具有保护公共利益的功能，而且将原告的资格严格限定在与案件有"法律上的利害关系"，且只能以自己的名义提起诉讼。依据我国现有制度，起诉人不得主张他人

〔1〕［德］汉斯·J.沃尔夫：《行政法》（第1卷），高家伟译，商务印书馆2002年版，第388页。
〔2〕［美］伯纳德·施瓦茨：《行政法》，徐炳译，群众出版社1986年版，第418页。

利益或者公共利益，如一些可能会污染环境的工程实施，影响或潜在影响着公共利益。这就产生了一个问题——"谁可以就公共服务提起诉讼？"有权利就有救济。如果享受公共服务权利的主体不能享有诉权，即使将该诉权赋予某国家机关或社会团体，在服务型政府理念下，也是对行政相对人权利的一种侵害。不仅无法实现对公共利益的司法保护，也不利于保护服务行政所形成的分散利益。

因此，这里势必会产生服务型政府理念下众多利益受害者理应进入行政诉讼的视野，但基于现行法律的规定而被挡在门外，难以得到司法的保护。

2. 行政机关的原告资格之争。对于行政诉讼，在老百姓的朴素认识中行政诉讼就是"民告官"，那么官可不可以告官呢？这里面又包含了两种可能性：一是行政机关为了自己的权益而提起行政诉讼；二是行政机关为了他人或者公共利益而提起公益诉讼。对此学者们有不同的看法，有学者大胆地支持行政机关的原告资格，甚至认为官告民也并非不可能[1]；而有学者对此较为谨慎，认为"不能把建设法治理解为把政府的权力限制得愈小愈好，也不能简单地把法律赋予政府的执政权统统交给法院去审查和裁决，把所有强制力统统交给法院去行使……现行行政诉讼法把公民、法人或者其他组织对具有国家行政职权的机关和组织及其工作人员的行政行为不服，依法提起诉讼的，纳入行政诉讼的范围，尽管我国行政诉讼法有待进一步完善，但'民告官'的单向诉讼方式却是符合中国国情的，尤其在中国这样一个行政权力特殊强大的国度里，采取对公民诉讼权利更多、更切实的保护，对行政机关赋予更多、更严格的诉讼义务，无论如何对实现法治是有益的，或者说，这是中国走向法治的必由之路"[2]。而也有学者的观点较为居中，认为行政机关的原告资格不能一概的肯定或者否定，可以根据不同的情形来区别，也有待于探讨和进一步完善。关于行政机关能否提起行政诉讼，要区分两种情况："一种是如果行政机关在行政法律关系中处于行政相对人之地位，对相应行政主体的行政行为不服，则当然能依法提起行政诉讼。至于允许行政机关之间因权限之争而提起机关诉讼，那是要改变现有行政诉讼体制而建立的一种新型诉讼类型。另一种是行政机关针对行政相对人不执行已经生效的行政行为，不是像现在的规定向法院申请执行，而是通过提起行政诉讼的方式来解决。这在目前还只是理论上的探讨，并不是现实的规定。如在行政诉讼类型化研究中

---

〔1〕 王振民："应提倡'官告民'"，载《法制日报》2002 年 9 月 8 日。
〔2〕 杨海坤："政府与公民关系有待平等，'官告民'应该缓行"，载《法制日报》2002 年 9 月 22 日。

有学者提出的执行诉讼，即是如此。"[1] 则我国行政诉讼体制将要发生更大的变革。而在服务型政府理念下，最突出的争议点就是行政机关能否代表公共利益来起诉。公共利益难以寻求代言人，那么行政机关是否是适格的原告呢？

（二）应对

1. 建立行政公益诉讼制度？由于服务型政府的目的是为了维护公共利益，那么涉及公共利益救济的公益诉讼则成为解决这一类诉讼主体的首要方案。在国外，行政公益诉讼制度已经较为成熟。如美国的"行政公益诉讼"是美国司法审查制度的重要组成部分，美国《联邦行政程序法》第702条规定："因行政行为而致使其法定权利受到不法侵害的人，或受到有关法律规定之行政行为的不利影响或损害，均有权诉诸司法审查。"在美国的司法实践中，原告的资格经历了一个从"法定损害标准"到"双重损害标准"，最后到现在的"事实不利影响标准"的演变。即相对人只要其利益受到了所指控的行政行为的不利影响，他就具有了原告资格，而不管这种利益是否有特定法律的直接规定，也不管这种利益是人身利益、经济利益还是其他如审美的、娱乐的、环境的利益等。可见在美国，公民具有广泛的诉的利益。如果我国建立行政公益诉讼制度，将为这一类诉讼人数众多的公共服务案件提供救济依据。

但是目前来讲，由于公益诉讼在我国能否实施，尚不确定。虽然最新的民事诉讼法首次写入了公益诉讼，规定对污染环境、侵害众多消费者合法权益等损害社会公共利益的行为，有关机关、社会团体可以向人民法院提起诉讼。姑且不去讨论民事诉讼与行政诉讼是否可以互通适用，仅是讨论这里的机关是否包含行政机关也有争议。这里的"法律规定的机关"包括哪些机关需要从法律中寻找依据，目前能找到的是法律主要是《刑事诉讼法》和《海洋环境保护法》。如《海洋环境保护法》第90条第2款规定："对破坏海洋生态、海洋水产资源、海洋保护区，给国家造成重大损失的，由依照本法规定行使海洋环境监督管理权的部门代表国家对责任者提出损害赔偿要求。"其他领域尚没有被法律明确授权赋予提起公益诉讼的机关和组织，所以需要有关部门尽快完善立法和明确授权。此外，笔者认为如果行政机关认为其行为已经侵害了公共利益，则完全可以利用行政职权来进行处罚，是否还有必要提起公益诉讼是个问题。如果行政机关对于这一类处罚没有职权，也大可以告知相关部门由他们来处罚，如果相关部门应当处罚而不处罚，则构成不作为。这种不作为又并非民事诉讼所能解决的，仍然依赖行政诉讼。

---

[1] 黄学贤："行政诉讼原告资格若干问题探讨"，载《法学》2006年第8期。

既然短期内仍然无法解决，也就无法期待公益诉讼。而就公共服务而言，公益诉讼也并非必不可少。首先，并非所有的案件都是涉及公共利益的，大量的公共服务有明确而特定的服务对象；其次，公益诉讼要求的诉讼主体是与自身没有利害关系的，而公共服务的很多内容是与诉讼主体自身有密切的关联和利害关系，可以直接提起行政诉讼；最后，公益诉讼制度在我国目前的法治背景下的实施障碍重重，我们矛盾地既担心公益诉讼给我国目前已经紧缺的司法资源火上浇油，又担心由于国民法律素质的不足导致公益诉讼被闲置。也许此时此刻，公益诉讼并非解决服务型政府理念下的行政诉讼问题的良方。

2. 共同诉讼制度。在《行政诉讼法》中能寻找到的应对诉讼人数众多的制度是共同诉讼制度。共同诉讼制度既可以节约有限的司法资源，又可以避免同一案件不同审理结果的司法不公。由于服务型政府中涉及的原告如果人数众多，通常是基于同一具体行政行为或者同样的具体行政行为。无论是普通共同诉讼还是必要共同诉讼，现有的共同诉讼制度已经很好的解决了这一类问题。但是有些涉及公共服务的行政案件并不能简单的通过共同诉讼来解决，特别是对于原告主体资格的严格限制则束缚了这一类案件的审理，这就需要寻找别的解决方案。

3. 扩大"利害关系"的范畴。现行的行政诉讼法及其司法解释对原告采用的是"利害关系说"，需要原告与具体行政行为有法律上的利害关系。对于利害关系的认定关系着原告的范围。所以，为了方便原告的诉讼权利的实现，不妨重新界定利害关系的内涵。目前，行政诉讼原告的确定标准包括法律利益标准、事实利益标准和双行标准等。法律利益标准以法律上值得保护的利益为核心，当事人在法律上值得保护的利益如果被侵犯就有原告资格。事实利益标准考查当事人的事实利益是否受到侵犯或受到不利影响，事实利益受到侵犯的当事人有原告资格。双行标准综合考虑法律利益和事实利益。由此可见，利益是否受到侵犯是判断当事人是否具有原告资格的关键。

如果我们参考《行政复议法》就会发现，这里的利益限制为合法权益。《行政复议法》第9条规定：公民、法人或者其他组织认为具体行政行为侵犯其合法权益的，可以提出行政复议申请。由此可见，公民、法人或者其他组织只要认为具体行政行为侵犯了其合法权益，才有权提出行政复议申请。

但是由于很多公共服务的内容并非有完备的法律规定，有些公共服务带来的利益很难被界定"合法利益"，所以法律利益的标准过于严格。我们可以参考双行标准，只要当事人的利益受损，无论是法律上还是事实上的，就给予其原告身份和资格。这也是一种扩大原告资格，加大保护力度的方式。因为公共服务是否违法需要法院的审理来判定，但至少给行政相对人一个维护权利的机会，这才符合服务型政府的精神实质。

三、被告

对于行政诉讼的被告的思考，大多数的学者都是围绕着对行政机关的界定展开的，如杨解君教授认为，"现有'行政主体'理论困扰着对行政诉讼被告的确定"[1]。或者围绕着被告的具体情形来研究。这种研究对于解决被告资格有一定的现实意义。但是在服务型政府背景下，有些基础性问题则亟待解决，这些问题的解决不但可以丰富被告的范畴，而且可以为涉及公共服务的案件提供新的解决思路。

（一）挑战

1. 私人主体的诉讼地位不清晰。由于政府的能力是有限的，为了应付日益增加的公共服务事项，降低运行成本，提高服务效率，政府需要利用市场和社会的力量，推行公共服务的社会化改革。在服务型政府的背景下，政府会将部分公共事务的管理权力交给各种社会团体等私人主体来行使。一方面这些社会团体等私人主体能否作为被告存有争议；另一方面这些社会团体等私人主体在实践中并非是依据传统公法原则行事，而是大量使用私法手段。[2] 这些新的主体，有可能不仅没能完全按照国家公权的方式来行使职权，许多非政府组织还制定大量直接影响该领域的行业标准和规则体系，实现"自我规制"。[3] 这为行政案件的审理造成了障碍。

2. 有些公共服务无被告。一方面，由于法律的滞后性，使得政府职能界定的不够合理，有些需要政府提供的公共服务由于授权不清晰或者缺少授权，因此即使政府不提供某些公共服务，行政相对人也难以找到适格的被告；另一方面，提供公共服务需要耗费相应的成本，如果提供的不好还要承担相应的责任，这种吃力不讨好的现状就使相应的机关不愿意提供。南通的马蜂窝就是一个典型的事例。[4] 这一类事件由于职能不清晰，甚至有些公共服务并没有职能分配，使得这一类案件往往很难找到被告。加之，公共服务的内容随着社会经济的发展和人

---

〔1〕 杨解君："行政主体及其类型的理论界定与探讨"，载《法学评论》1999 年第 5 期。

〔2〕 ［美］乔迪·弗里曼："私人团体、公共职能与新行政法"，晏坤译，载《北大法律评论》（第 5 卷第 2 辑），法律出版社 2004 年版，第 520 页。

〔3〕 陈军："行政法视野下的自我规制"，载《云南行政学院学报》2009 年第 2 期。

〔4〕 事件发生在 2008 年，由于部分社区中有马蜂窝扰民，许多不堪其扰的南通市民纷纷向市长热线求助，希望帮忙清除马蜂窝，但是求助了消防、城管、公安等部门都以不属于自己的职责范围、缺少清除设备工具等理由拒绝清除。南通市信访局、12345 市长热线负责人翻遍政府文件后发现，38 个政府职能部门，竟然都不负责马蜂窝的清除。后经媒体曝光后，由南通市政府组织了市信访、公安、建设、城管、疾控、消防、安监、农业以及街道办事处等 9 个部门的负责人召开"突击清理马蜂窝协调会"，才得以解决。

们需求的提高，也在不停的变化之中，即使能够对现有的职能重新界定，也很难应对新的需求。此时，公众对行政机关推卸公共服务责任的态度和拒绝承担公共服务责任的行为也就无能为力。如果没有办法寻找到合适的被告，这一类案件通常就不会被受理，这些权益也就难以寻找到救济途径。

（二）应对

1. 私人主体的被告资格。现行的行政诉讼法规定行政诉讼的被告是作出具体行政行为的行政机关。而对于公共服务提供者中众多的私人主体是否能成为被告呢？这个需要区分情况来讨论：如受委托行使公共服务权力的个人或团体等私人主体以自身名义执行职务，按照传统行政法理论，此部分行为视为行政机关的委托，对在授权范围内的行为，由委托的行政机关作为被告。如果该私人主体超越了授权范围内的行为，则不属于行政诉讼的范围，可以通过民事诉讼等手段来救济。如果该行政机关给私人主体的授权没有法律、法规或者规章的依据，则视为委托，由该行政机关作为被告。

但是现实情况中，不同类型的公私协力行为的主体判定是复杂的。如委托私人行使公权力与行政助手皆是行政机关借"他人"处理事务，以达成行政目的的方法，因此在概念上有近似之处。但是后者一般在行政机关指挥监督下，以行政机关的名义辅助其处理事务，在性质上并非处于独立地位，因此和相对人不直接发生权利义务关系，从而无相关救济问题可言。若私人实际受托独立行使公权力，但以行政机关名义行使，典型的如道路交通管理中将汽车定期检验业务委托给民营汽车修理厂，这种情形是否属于有别于传统委托、授权的第3种型态，又应如何获得救济等，这都需要进一步讨论。[1]

2. 被告不明情况下的救济。公共服务的有些主体并不清晰，有些属于多部门职能交叉，有些属于主体缺失，那么被告的确定也就存在着一定的困难。如果是多部门对同一个公共服务都有相应的职能，那么这些部门为共同被告。如果主体缺失的话，意味着法律法规的内容存在不完备之处，如果对于如马蜂窝这一类亟需政府来提供服务的领域不加以救济，那么服务型政府则只是一句口号。而且大量的公共服务的内容需要政府自觉地做出或者依申请做出，即使这些公共服务的内容并没有被清晰的写在法律规范之中。对于这一类的行为的救济，有两种选择：一是选择一级人民政府作为被告；二是选择职能最为接近的一个部门或者几个部门作为被告。笔者觉得相对"职能接近说"，"一级政府说"更具有可操作

〔1〕 黄学贤、陈峰："试论实现给付行政任务的公私协力行为"，载《南京大学法律评论》2008年春秋合卷，第63页。

性。因为缺少被告或者被告不明的情况正是由于行使该公共服务职能的主体不清晰，而寻找最为接近的职能部门并没有能清晰地解决这个问题，而且什么叫做最为接近，也很难有统一的理解，那么这种观点对于解决被告不明的问题，并没有特别大的帮助。而选择将一级人民政府作为被告，从纠纷的解决来看可以清晰地回答被告是谁的问题，并便于案件审理和执行；从解决的效果看当政府部门权限模糊不清或者存在空白时，便是职能设置不妥当之处，政府应承担相应的责任；从提供公共服务的角度来看政府也是最适当的服务者。虽然也有学者认为将所有的被告不明的公共服务案件都由一级政府来承担，将大大增加一级政府的被告风险，影响政府正常的工作秩序。但是相对一级政府，一方面我们寻找不到更合适的主体来替代，另一方面政府最有利于协调各个单位和部门，便于纠纷的解决。一级政府内部大可以设置专门的部门来解决这些纠纷，并不会对正常的工作秩序造成影响。此外，这里的政府并非每一个自上而下的政府都适宜成为被告，如国务院作为最高行政机关，就不能成为行政诉讼的被告。相对而言，公共服务的决策通常与级别较高的政府有关，但是这一类大多属于抽象行政行为，不能列入行政诉讼之中，而具体处理的纠纷就大多为基层人民政府。

四、第三人

虽然行政法律关系通常是一个双边的法律关系，但是有些行政行为的影响不仅及于行政主体和行政相对人，还影响到了其他人，甚至是公共利益。所以《行政诉讼法》第 27 条规定："同提起诉讼的具体行政行为有利害关系的其他公民、法人或者其他组织，可以作为第三人申请参加诉讼，或者由人民法院通知参加诉讼。"在服务型政府的背景下，一项公共服务的提供往往不仅涉及某一个公民、法人和其他组织，如有可能公共服务的提供是有些行政相对人获益，而让有些行政相对人利益受损；也可能出现在公共服务供给中的不公平对待；或者出现公共服务的供给虽然让某些主体获利却损害了更大范围的公共利益等情形。所以对行政诉讼第三人的研究不仅有利于区分不同的行政相对人，从而进一步明确不同行政相对人所享有的权利和承担的义务，有利于明确同一行政行为因其对象的不同而产生的不同后果，也有利于明确行政主体在做出违法行政行为后应当承担的侵权责任，并有利于明确行政救济的范围。[1]

（一）挑战

1. "利害关系"的困惑。《行政诉讼法》在第 27 条中将"利害关系"的存在作为第三人的实质要件；而最高人民法院《关于执行〈行政诉讼法〉若干问

---

〔1〕 黄学贤："论行政行为中的第三人"，载《当代法学》2006 年第 2 期。

题解释》中则将利害关系进一步明确为"与具体的行政行为有法律上的利害关系"。而学者们关注最多最有争议的就是对第三人"利害关系"的界定。若界定的宽松，则可以扩大第三人的范畴；若界定的狭窄，则缩小第三人的范畴。若界定的过宽则可能对诉讼的效率造成一定的影响，只要有一点关联就可以参与诉讼活动，不但造成诉讼主体人数可能过多，而且举证等程序上都要耗费更多的时间成本，降低了诉讼的效率；如果界定过窄则将一些与诉讼标的有关联的主体被排除在诉讼程序之外，不但不利于查清楚事实，而且会导致一些权利得不到及时的救济，从而影响诉讼的公信力。

由于服务型政府的理念强调了政府公共服务的职能，如政府提供信息服务、提供最低生活保障、提供经济适用房和廉租房、提供廉价有效的纠纷解决机制等[1]，公共服务一个重要的特点就是辐射面大，影响群体较多。有些公共服务的利害关系涉及的范围较大，主体较多，但这些主体与案件的紧密程度不尽相同，有些不符合作为被告条件的，可以成为第三人，以便于查清楚此类案件事实，保护更大范围主体的合法权益。但是司法解释对利害关系的解释，事实上不但缩小了第三人的范围，而且并没有解释清楚利害关系的确切含义。是只限于直接利害关系还是包括间接利害关系？是与事实有利害关系还是与结果有利害关系？是否要求是独立的利害关系等。利害关系的紧密程度则决定了作为第三人参与诉讼的资格。

2. 行政机关的身份之困。对于行政机关能否成为第三人，主要是对《行政诉讼法》第27条中关于"公民、法人和其他组织"的理解。主要有"肯定说"、"否定说"和"附条件说"三种观点。持肯定说的学者则认为行政机关可以作为第三人参加行政诉讼。其理由是：行政诉讼法所提到的法人是指民法上的概念，民法通则规定的法人包括机关法人，当行政机关参与诉讼时，以法人资格可以作为第三人，这是符合《行政诉讼法》第27条规定的。持否定说观点的学者以其他组织不包括行政机关为由，将行政机关排除在第三人范畴之外。理由是如果国家机关因为自己的职权行为与被诉的具体行政行为有一定的联系，甚至与案件的审理结果有相当密切的联系，也不能成为行政诉讼的第三人；[2]涉及两个行政主体作出相互矛盾的决定，导致相对人对其中一个行政机关起诉的，另一机关主

---

〔1〕 姜明安："加强对服务型政府建设的理论研究"，载《行政法论丛》（第13卷），法律出版社2011年版，第2页。

〔2〕 余永明："对行政诉讼第三人的法律界定"，载《诉讼法论丛》（第1卷），法律出版社1998年版，第502页。

动要求以第三人的身份参加诉讼的，应当裁定驳回。[1] 他们的理由主要在于：我国法院没有审查行政机关职权争议案件的裁判权，因而对于职权争议，不能由行政机关作为第三人。此外，将行政机关列为第三人有悖于行政诉讼法对行政诉讼范围的特殊界定；将行政机关列为第三人不符合行政诉讼法对行政机关在行政诉讼中的法定身份和参与诉讼条件的规定；将行政机关列为第三人人为地扩大了行政诉讼第三人的法定范围。[2] 还有一种观点认为：行政机关能否作为行政诉讼第三人，应区分具体情况，不应一概而论，如两个以上行政机关共同作出具体行政行为时，原告只起诉了其中的一个，在诉讼中应追加另一个行政机关为被告。但在原告不同意追加的情况下，为了查明事实，保护当事人的合法权益，人民法院就应当追加没有被起诉的另一个行政机关作为第三人参加诉讼。行政机关的身份成为了其能否成为行政诉讼第三人的重要理由。

就公共服务而言，这个问题显得比之前更为突出。以两个行政机关对同一行为作出不同决定为例。一项公共服务的提供可能需要多个部门的配合和互动，但是我国的行政机关长期我行我素的作风容易造成行政机关对同一具体行政行为作出不同的甚至是完全相反的处理结果。此外在服务型政府的理念下政府的行为不再是以侵害为主，而是以提供某种利益的形态为主，这背后透露着对公共利益等利益的分配，不同的行政机关可能会分配自己所认可的服务资源，从而产生了利益交叉与利益矛盾，引发了纠纷。而当事人总是选择对自己有利的决定作为理由，而被诉的是对自己不利的决定，此时做出相对有利决定的行政机关能否成为第三人，则关系到事实能否查清，纠纷能否协调解决。

3. 特定的利益群体的困境。在提供公共服务的过程中，行政活动中还可能出现这种情况，一个具体行政行为作出后，可能对某个特定范围内多数人的利益产生间接的影响，如政府准备征用一块一直供当地居民休息的公用草坪修建高速公路。这些行为都可能对周边地区的居民健康或者安宁造成影响，然而这些利益可能受到影响的人，通常却又是不特定的、流动的、分散的。如果仅仅是靠公民个人提出权利请求，话语权极其有限，难以与强大的公权力形成对抗。同时，参与这类行政程序，专业技术性一般比较高，通常需要委托代理人来进行，如果由个人来承担代理费用，成本过于高昂。[3] 在我国政府的决策很难实现广泛地征

---

〔1〕 马怀德、解志勇："行政诉讼第三人研究"，载《法律科学》2003 年第 3 期。
〔2〕 李全庆："行政诉讼第三人的界定"，载《徐州教育学院学报》2004 年第 19 卷第 2 期。
〔3〕 杨莉萍、陈力："对行政第三人理论几个问题的思考"，载《河北科技大学学报》（社会科学版）2006 年第 4 期。

求意见，完全地评价得失。造桥修路本是为了改善交通状况，促进经济。但是却不可避免的损害到了一些人的正当利益。在公共服务过程中，有些服务是让一部分人获益，而另一部分人增加负担的，这应该不是简单的按照获益与增加负担的人数多少来比较衡量的。而对于那些权益受损的主体，如果不具备被告的资格，则可能被排除在司法大门之外。这不但不利于评价具体行政行为，而且使得这些特定的利益群体面临权利受损却无从救济的困境。

（二）应对

1. "利害关系"的再界定。

（1）国外立法例梳理。参考国外的立法例，可以看到日本行政诉讼将第三人的确定标准限定为与诉讼结果有利害关系。而德国认为行政诉讼第三人的确定标准既包括与被诉的行政行为有紧密的利益关系，也包括与诉讼结果有利害关系。我国台湾地区的行政诉讼第三人的确定标准则更广一些，包括3个：与被诉的行政行为有利害关系；与诉讼结果有利害关系；法律上的权益不受诉讼结果的影响、但与该裁判有法律上利害关系。比较而言，日本的利害关系界定最为狭窄，而我国台湾地区的第三人范围则最广。将与诉讼结果有利害关系列为第三人的条件都没有争议，日本与德国的区别在于与被诉行政行为的利害关系能否成为第三人，而我国台湾地区则在此基础上增加了将不受诉讼结果影响而仅与裁判有法律上利害关系之人也可以作为第三人。但是日本的第三人范围也在发生变化，日本目前的发展趋势是通过判例逐步扩大第三人保护的范围，综合相关因素尽量将其解释为法律上的利益加以保护。

对于利害关系的标准我国学者提出了牵连性标准、结果性标准、审理性标准、请求性标准、法律性标准等确定行政诉讼第三人的规则。[1] 应该采用何标准可以从两个关键的角度来予以解答，利害关系是"直接"的还是"间接"的？是与案件事实有利害关系还是与诉讼结果有利害关系？

（2）直接利害关系与间接利害关系。与具体行政行为有利害关系，这里的利害关系是指直接利害关系还是间接利害关系的争论是探讨第三人的资格与具体行政行为影响的紧密程度。其实也就是说与具体行政行为的联系并非特别紧密的间接利害关系能否使当事人成为第三人的问题。笔者认为这里的利害关系包含了直接利害关系和间接利害关系。

首先，从字面上的解释来看，最高人民法院《关于执行〈行政诉讼法〉若

---

〔1〕 余永明："对行政诉讼第三人的法律界定"，载《诉讼法论丛》（第1卷），法律出版社1998年版，第491~500页。

干问题的解释》第 13 条中规定了：《行政诉讼法》第 27 条中的"同提起诉讼的具体行政行为有利害关系"，是指与被诉具体行政行为有法律上的权利义务关系。可见，司法解释没有把利害关系局限在"直接"利害关系的范围以内。

其次，从行政诉讼的目的来看，行政诉讼的目的是为了保证人民法院正确、及时审理行政案件，保护公民、法人和第三人的合法权益，维护和监督行政机关依法行使行政职权。而将利害关系的范围包括间接利益，则可以提升公共服务质量、查清楚案件事实，最大限度的保护公民、法人和其他组织合法权益的实现。

再次，从服务型政府的理念来看，服务型政府的司法理念包含了以人为本、公正司法、平等保护、司法公开、司法便捷等理念[1]，而对于第三人的界定适度放宽则与服务型政府的理念契合。因为大部分经申请或者法院通知参加诉讼的第三人都是普通的公民、法人，他们关心案件审理的情况和结果，希望能获得陈述表达的机会。给他们第三人的身份则可以使他们表达诉求，陈述事实，这样的判决解决也更有说服力，公信力。

最后，从与否定者博弈的角度来看，有学者认为如果将第三人的范围设定过宽，从某种意义上说，由于被告实施的是一种利用国家资源对国家和社会公共事务进行管理的公权力行为，该行为必然涉及每个纳税人乃至每个自然人、法人或者其他组织的合法权益，那么每个社会个体都可以作为第三人参加每一宗行政案件。但是笔者认为这里的间接利害关系只是适度、有限的扩宽，能否成为行政诉讼的第三人需要具备一定的条件。①这种利害关系要求行政第三人的利益受到具体行政行为的影响。②这种利害关系是相对独立的利害关系，第三人区别于原告和被告。③这种利害关系需要有法律保护的必要，有学者借鉴日本、德国等国家的观点，将行政第三人的条件与一般反射利益者相区别。所谓反射利益，是指"为保护和增进公益而进行的法律规制或行政执行在事实上给特定的或不特定的私人带来一定的利益"[2]。德国法上通常的判断标准是看关系人的范围能否明确界定。联邦行政法院认为，如果特定人群的个人要件特征可以明确，从而得以将其与大众区别开来，此时其可以作为行政第三人赋予相应的权利，而这些反射利益并非间接利害关系。此外，在审判实践中，法院也没有把第三人的范围局限于与被诉具体行政行为有直接利害关系，而是作了扩张性的解释与应用，把与具

〔1〕 贺荣："建设服务型政府对行政审判带来的机遇、影响和回应"，载中国法学会行政法学研究会编：《中国法学会行政法学研究会 2008 年年会论文集》（上篇），浙江工商大学出版社 2009 年版，第 803 页。

〔2〕 杨建顺：《日本行政法通论》，中国法制出版社 1998 年版，第 199 页。

体行政行为所认定的事实有利害关系和与审判结果有利害关系以及与被诉行政主体的相对方有其他法律关系的公民、法人或者其他组织等也纳入了第三人的范畴。[1]

所以，理解行政诉讼法关于第三人与被诉具体行政行为的"法律上的利害关系"的规定，应以被诉具体行政行为对个人、组织的权利义务已经或将会产生实际影响为标准，无需区分利害关系是直接关系还是间接关系。[2]

（3）与事实有利害关系与与结果有利害关系。有学者认为，"有利害关系"一般是指仅与诉讼结果有利害关系，而不与被诉具体行政行为有利害关系的个人、组织，不具备行政诉讼第三人的资格[3]。这种观点并非被广泛接受。争点在于与案件事实有利害关系者能否参加行政诉讼。

首先，从对法律和司法解释的理解来看，作为行政诉讼第三人的连接点——"法律上的利害关系"，是指第三人与原告或者被告一方或者双方存在某种法律关系，或者对于作为诉讼标的的具体行政行为因一方胜诉或者败诉，其合法权益将受到有利或不利的影响。[4]法律关系自然包含了事实部分，特别是证据的重要地位更确定了对事实的把握。难怪有学者说"至于第三人是否亦得独立提出诉讼，或者其权利义务是否会因此而有所形成、消灭或改变，均非所问。"[5]

其次，从立法目的来看，与案件事实有利害关系者作为第三人参与行政诉讼之中，可以帮助法官理顺案件事实和权利义务关系，使案件的审判更具有公正性、全面性。在一定程度上，放宽第三人的资格不但不会降低司法效率，反而更便于理清事实关系，兼顾尽可能多主体的利益，避免因事实不清而引发的上诉和再审，在一个诉讼关系中解答尽可能多的问题，反而是提升了诉讼效率。

最后，从公共服务的特殊性来看，公共服务的授益性特点区别以前的管制行政，使得很多事实被隐藏在这种为公民提供利益的美丽外衣之下，不易查清。如有些行政救助的对象是特定的，但是由于行政机关导致这些主体无法获得救助，虽然有些与案件结果没有利害关系的主体并不会因为案件的判决而获利或者利益受损，但是如果与案件事实有利害关系并因此以第三人的身份参与诉讼的话，则

————————

〔1〕 向忠诚："行政诉讼第三人制度研究"，载《时代法学》2004 年第 4 期。

〔2〕 秦兴宇："对行政诉讼第三人有关问题的研究"，载《内蒙古财经学院学报》（综合版）2010 年第 1 期。

〔3〕 姜明安：《行政诉讼法学》，北京大学出版社 2001 年版，第 69 页。

〔4〕 向忠诚："行政诉讼第三人制度研究"，载《时代法学》2004 年第 4 期。

〔5〕 林丽真："德国行政法上的诉讼参加"，转引自马怀德主编：《行政诉讼原理》，法律出版社 2003 年版，第 249 页。

可以把一些隐藏的事实澄清，便于案件的事实认定和审理。

总之，将"利害关系"作适当的扩张性地处理，把间接利害关系人纳入到行政诉讼第三人的范畴，且将利害关系的界限理解为包括与具体行政行为所认定的事实有利害关系和与判决结果有利害关系，是在服务型政府理念下行政诉讼的趋势和需求。

2. 行政机关行政诉讼第三人地位的再确定。将行政机关列为第三人来参加行政诉讼，在国外的立法例中并不少见，如日本《行政案件诉讼法》第22、23条分别规定了第三人和行政机关参与诉讼的程序，从而将其行政诉讼中的第三人分为严格意义上的第三人和行政机关。[1]特别是在该法第23条第1款规定：法院认为有必要让其他行政诉讼机关参加诉讼时，可以根据当事人或该行政机关的请求，依职权作出让该行政机关参加诉讼的决定。为了丰富诉讼资料，以达到客观公正解决案件的目的，将有关的行政机关纳入诉讼是极具必要性的。[2]

（1）立法的张力。根据《行政诉讼法》第27条的规定："同提起诉讼的具体行政行为有利害关系的其他公民、法人或者其他组织，可以作为第三人参加诉讼，或者由人民法院通知参加诉讼。"这里的第三人指的是除原告以外与具体行政行为有利害关系的公民、法人或其他组织。这里虽未规定包括行政机关，但也没有排除行政机关作为第三人的情形。此处的"其他组织"应该是相对于法人而言的，是指除法人之外的其他组织。

此外，根据最高人民法院《关于执行〈行政诉讼法〉若干问题的解释》第23条规定："应当追加被告而原告不同意追加的，人民法院应当通知其以第三人的身份参加诉讼。"既然行政诉讼中的被告只能为行政机关，而该条款又指出应当追加为被告而原告不同意，则可以推断出这里所指的第三人就是行政机关。可见，法律并未排除行政机关作为行政诉讼第三人的可能性，因此当行政机关作为机关法人参加行政诉讼时，就可以作为行政诉讼第三人。

（2）第三人的实质性标准。我国的行政诉讼第三人的实质性标准是"利害关系"，那么行政机关是否具有自身的利益诉求呢？"在市场经济的条件下，既然各种利益群体日渐趋于多元化，作为行使国家职权的行政机关其自身利益亦具有排他性。行政主体做出的具体行政行为可能使诸多的利害关系人的合法权益受

〔1〕 ［日］盐野宏：《行政法》，杨建顺译，法律出版社1999年版，第324页。
〔2〕 杨建顺：《日本行政法通论》，中国法制出版社1998年版，第395页。

到影响，也可能包括某些具备行政主体身份的行政机关。"[1] 服务型政府的理念需要由行政机关来"生产"和"提供"公共服务，目的是为了维护和实现公共利益，在评价体系上亦模仿企业管理中的服务质量评价体系和绩效考核标准。也就是说服务型政府的理念使得每一个机关都有自己的利益代表和利益诉求，行政机关不会是无欲无求的主体。而且行政机关如果民事权益受到侵害亦可以作为原告参加民事诉讼，说明行政机关具有独立的权益和诉求，只是行政机关的利益被掩藏于其职能之中，不易察觉。

当然这种利益被侵害的情况需要分情形来讨论。如果行政机关只是一般的民事主体身份，如房管局对某项工程颁发建筑许可会对比邻的工商局的相邻权利造成损害时，即使相邻的其他公民法人作为原告提起行政诉讼，此时行政机关可以成为行政诉讼的第三人，与一般的行政诉讼第三人并无不同。而如果是行政机关正在行使行政职权，如某县林业局批准甲伐公路边的林木，而县公路局对甲给予行政罚[2]，两个机关做出了完全相反的处理，而甲对公路局的处罚不服提起的行政诉讼中，县林业局能否作为第三人就会产生很多争议。有学者建议以上情形的实质是两个行政主体之间的权限争议，而其争议是一种行政组织系统内部的争议，不宜通过诉讼途径去处理和解决，否则就造成了司法权对行政权的过度干预。一般的做法应当是由争议双方的共同上级行政主管机关或者人民政府处理。[3] 但如果这个案件是由乙诉林业局的批准行为违法，所采用的依据就是公路局的这个处罚，如果只有林业局为被告，未将公路局作为共同被告，此时公路局作为第三人来参加诉讼就十分必要。有学者将这种情况又细化为两种：两个以上的行政机关做出相互矛盾的具体行政行为的，非被告的行政机关可以作为第三人；如果一方越权的，越权之诉中被越权机关可以作为第三人[4]。

（3）对行政公益诉讼缺少名份之下的变通。由于行政公益诉讼尚且在争议之中，并无法律之授权。特别前文论述了行政机关的原告资格在应对行政公益诉讼中的无奈，那么行政机关在应对这些涉及公共利益和公共服务的案件中，可以作为第三人来加入，来作为对于现有制度的合法变通。因为第三人可以有自己的诉讼主张，也可以对一审判决不服提起上诉并享有相应的诉讼权利，那么行政机

---

〔1〕 谢思君："行政机关成为行政诉讼第三人的可行性分析"，载《今日南国》2010 年第 1 期，第 164～165 页。

〔2〕 陈桂明、马怀德：《案例诉讼法教程》，中国政法大学出版社 1996 年版，第 329～333 页。

〔3〕 杨莉萍、陈力："对行政第三人理论几个问题的思考"，载《河北科技大学学报》（社会科学版）2006 年第 4 期。

〔4〕 杨解君：《行政诉讼法》，法律出版社 2000 年版，第 131 页。

关在这一类涉及公共利益的案件中虽然不能主动提起诉讼，但是可以通过参加诉讼，提供相应证据，查明案件事实和相应的诉讼主张。

3. 特定利益主体行政诉讼第三人资格的新思考。对于有着一定公共利益的一些主体能否作为特定的主体获得第三人的诉讼主体资格，美国等国家近年来的做法是由利害关系人根据宪法赋予的结社自由权，组成利益集团加入到行政程序中，通过集体的力量来影响行政决定的作出。也就是这些具有共同利益诉求的人来组成一个临时的组织或者团体，以组织或者团体的名义来参加诉讼。这样做的好处在于，一方面，通过利益集团的统一行动，可以使所有间接利害关系人的权利主张得以清晰表达，同时对个人来说，也降低了维护权利所支出的成本。另一方面，统一的行动也使行政机关的效率大大提高，避免了重复听证，缩短了决策时间。

我国的宪法虽然规定了公民的结社权，但是公民的结社权的实践是有严格的实体和程序要求，这并非是这些主体在短期内能实现的。所以我们不妨采用类似共同诉讼的规则。因为这些主体通常是因为同一具体行政行为或者同样的具体行政行为使其权益受到影响，这与共同诉讼的核心条件是吻合的。虽然我国目前的共同诉讼人只有共同原告和共同被告两种，但是对于服务型政府理念下越来越多的基于公共利益产生的纠纷，将共同诉讼制度扩展适用到第三人，也并非不可行。这也是在目前制度体系内解决这一类主体第三人诉讼资格的较好的选择。

我国《行政诉讼法》已经践行了二十余年，为行政主体与行政相对人行政纠纷的解决提供了司法程序，成绩斐然。但是服务型政府理念的提出，对行政诉讼的制度形成了不小的冲击。对于行政诉讼的当事人来说，无论是原告、被告还是第三人都出现了前所未有的挑战。因此，于挑战之中寻找出路，也是完善我国行政诉讼制度的一种思路。与其羞答答地为司法设置较高的门槛，将当事人排除在司法范围之外，不如大大方方的敞开司法之门，为更多的纠纷解决寻求救济途径。

服务型政府背景下的软法之发展

黄学贤*　黄睿嘉**

随着单一国家管理模式的逐渐衰落以及取而代之的公共治理新模式的日益兴起，大量规范和调整公共领域社会关系的规范不断涌现，传统意义上对法的概念界定也随之而受到前所未有的挑战。起初只在域外并主要集中于国际法领域的软法现象，也日渐进入国内学者的视野。起源于20世纪中后期的软法研究，其时间虽然不是很长，但由于公共治理的迅速兴起以及全球化趋势的日益发展，再加上国际组织的有力推动，软法研究不仅已经成为法学研究领域的一枝新秀，而且其实践发展也令人瞩目。实践中，我国自改革开放以来，特别是随着市场经济体制的逐步完善和民主政治建设的日益推进，从而社会转型日益加快，传统行政管理范式日渐被新的范式所取代。在这一历史性进程中，软法以及渐次形成的软法治理机制在社会公共治理中具有了越来越重要的地位并发挥着越来越大的作用。目前关于软法的研究虽然尚属起步阶段，但是实践领域软法的发展很快，除了早先的国际法领域、环境治理领域外，随着公共治理的日益广泛推进而出现的法律模式的变化，软法所涉领域越来越多。比如选举

＊ 苏州大学王健法学院教授、法学博士、博士研究生导师。

＊＊ 苏州大学王健法学院研究生。

领域从原来的人民选举产生代表机关，进而产生政府，到现在的形成讨论、公推，已经形成一定程度的软法机制和模式。在司法领域，法院也在大量运用软法，尤其是在调解方面。在行政裁量领域，大量运用的法律基本原则、基本精神、公序良俗等与软法也有着密切的关系。[1] 在我国学术界，至少在公法研究领域，软法已经不再是一个陌生的词汇。然而，正如有学者所指出的，法学研究的视野扩展到软法时，真正能引起我们注意的不应该是一个新术语的诞生和争议，而是要更加关注法律背后所代表的知识传统和社会现象。对软法这一概念的界定，有可能成为法学研究的新靶子，导致学科的紊乱和理论争鸣上的烽烟四起。[2] 但是，要想发挥软法在实践中的积极功能，避免南橘北枳之情形，必须先在理论上正视有关软法的几个基本问题。

强化软法之治，必须强调软法自身的法理性。而其自身的法理性是由其包括涵义、特征、类型、功能等一系列合乎理性的要素构成的。这恰恰是我们研究的要旨。软法研究涉及政治学、社会学、历史学等多个学科领域，它对传统的法概念的定义提出了挑战，将法概念的定义修正为"法是体现公共意志的、由国家制定或认可、依靠公共强制或自律机制保证实施的规范体系"，明确指出"软法也是法"，认为软法是一种法律效力结构未必完整、不能依靠国家强制保障实施，但往往能够产生社会实效的法规范，基于此，主张"建构一套用以解读软法之治现象的软法理论体系，包括什么是软法、软法功能、软法与硬法关系、软法运作机制的基本内容。"[3] 虽然在我国软法研究尚待深入，但就目前达到的研究水准而言，认为软法在国内法体系中具有不可或缺的地位，进而在公共治理和法治建设中发挥着重要作用，这是基本得到肯定的。但应当承认，目前我国学界对软法的研究还远未成熟，尤以软法的概念、范围、功能、与硬法的区别等基本问题为最。这与我国急速发展的社会实践是极其不相称的。正如有的学者指出："没有科学的软法的理论就不可能存在理性的软法实践。软法理论的贫弱难免会造成软法之治的贫血"。[4] 为此，我们必须加强软法理论的研究。通过细致的研究明确这些被界定为软法的规则其性质、功能是什么？何种主体有权制定什么样的规则？制定这些规则要遵循什么程序？这些规则有什么样的效力，国家和社会共同

---

〔1〕 徐维、李国兴、苗志江："学科互动话软法——北京大学软法专题座谈会暨《软法亦法》一书评论会综述"，载《法制日报》2010 年 9 月 15 日。

〔2〕 田成有："中国法治进程中的软法问题及软法现象分析"，载 http://www.dffy.com/faxuejieti/zh/200901/20090114205301 - 5.htm。

〔3〕 罗豪才、宋功德：《软法亦法——公共治理呼唤软法之治》，法律出版社 2009 年版，第 8 页。

〔4〕 罗豪才："我的软法观"，载《北京日报》2009 年 11 月 16 日。

体怎么对之监督？我们应对它们进行怎样的规范？如这些规则违反硬法或社会正义，受到这些规则侵犯的人如何获得救济？

一、关于软法的产生及其涵义

软法何以产生，目前有多方面的解释。有学者认为软法的产生有以下几方面的原因：软法的迅速发展是人类社会、经济的发展导致对法律需求的急剧增长与硬法因立法和实施成本过高导致法的供给严重不足的矛盾使然；软法的迅速发展是经济全球化对国际统一规则的需求不断增加与民族国家因主权而各立各法的矛盾使然；软法的迅速发展是人们追求公平、正义的美好理想与硬法因种种条件限制而实现公平、正义不足的矛盾使然；软法的迅速发展是现代社会关系和事物的多样性、复杂性、变动性与国家立法者认识能力的有限性的矛盾使然。[1]有学者认为，软法大规模涌现的社会背景主要有：一是世界范围内国家管理的衰落与公共治理的兴起；二是经济全球化和 WTO 等国际组织的推动；三是欧盟对软法的积极实践和大力推行。[2]这些固然是软法产生的重要原因，但不能抓住一点而不及其余。综合起来看，现代公共治理的出现才是软法得以产生的最为根本的原因。

软法产生的基础是现代公共治理，而现代公共治理的主要特征在于，公共权力主体的多元化、法律规范的多元化、运作方式的多样化、纠纷解决机制的多样化和监督方式的多元化。正如有学者所言，管理模式向治理模式的转变，彻底改变了国家单纯使用强制方式实现公域之治的思维方式，公共治理方式朝着多元化、双向度、非强制化方向发展。对于公法而言，这一方面意味着尽管公共治理更加强调开放公共过程，更加重视公众参与，更加注重协商、沟通、互动，更加推崇认同、共识甚至合意，但并不意味着不再需要单方强制性公共管理，必要的强制对于公域之治而言仍是不可或缺的；另一方面意味着尽管强制管理经常是立竿见影的，但它只应被保留在较小的、必要的范围内，公法必须顺应公共管理方式多元化与非强制化的发展趋势。[3]我们在揭示软法涵义时必须牢牢把握现代公共治理及其发展趋势的基本特征。

按照传统理论对法的定义，作为法学研究对象的只能是国家立法意义上的法。在我国主要就是法律、法规和规章。传统法概念特别重视法的以"国家制

---

〔1〕 姜明安："软法在构建和谐社会中的作用"，（该文是姜明安教授于 2005 年 12 月 15 日在中国政法大学"名家论坛"上的演讲），载北大公法网。

〔2〕 罗豪才："公域之治中的软法"，（该文是罗豪才教授于 2005 年 12 月 8 日在北京大学法学院软法研究中心成立大会上的发言），载中鼎网。

〔3〕 罗豪才、宋功德："公域之治的转型"，载《中国法学》2005 年第 5 期。

定"和"国家强制"为核心的国家中心主义并因此而强调法的外部强制力。应当承认这在社会发展的一定历史时期内是必须的，也是不可避免的。然而市场经济越是发展和完善，社会自治也就越发达。而制度化、规范化和程序化的社会自治，其重要标志之一就是自治规则的健全。然而基于传统的法概念，这些自治规则是被排除在研究视野之外的。这与社会发展趋势是极其不相吻合的。因为未来社会的发展是国家管理与社会自治的良性互动、法治之下的社会自治和社会自治基础上的法治的有机融合。而与这一发展趋势相应的是，非国家中心主义的、多元的、不依靠单一的国家强制保障其实施的规则，在多元社会中日益发挥着重要作用。

严格意义上的法律只能由政治上处于绝对优势的主体——国家来制定，并由国家强制力保证其实施。但随着公共治理理论及其模式的兴起，除严格意义上的法律之外，大量的在实践中能有效约束人们行为，而又不直接由国家强制力保证其实施的社会规则不断涌现。这些公民参与度要远远大于法律的社会规则应当成为法学，特别是公法学研究的对象。因此，随着现实社会政治发展的转型和变迁，公域之治中的软法现象继而软法研究顺势而勃然兴起。进一步透过这一现象又不难发现其背后的一系列重大转变，即从国家本位向社会本位的转变、从单一的国家刚性法向刚性和柔性结合转变、从单一国家治理向多主体共同治理转变。[1]

所谓软法，根据 Nodeworks 百科全书，是指"没有强制约束力的类法律文件，或指在跟传统的'硬法'相比的情况下强制约束力相对弱的法律文件"。软法的使用最先出现在国际法领域，通常是指国际法主体间达成的不具有严格意义上的国际法的协议，包括非条约义务（non - treaty obligations）、国际组织决议。软法也经常用来描述欧盟的类法律文件，例如，行为规范（codes of conduct）、指针（guidelines）、沟通交流（communications）等。1994 年西方学者弗朗西斯·施尼德（Francis Snyder）为软法的概念作了一个被认为较为准确精练，从而也被大量引用的界定，即软法是原则上没有法律约束力但是却有实际效力的行为规则。从现有掌握的情况看，国外对软法的研究更多地倾向于把软法当成一种治理手段，一种解决纠纷、争端、矛盾的机制。软法的出台要经过平等、双向的协商，要力图达成共识，它不是依靠国家的公权力强行推行。可以这么理解，如果是通过双向的、交互式的、协商式的，不是以惩罚面目出现，而是以倡导、引导

---

〔1〕 徐维、李国兴、苗志江；"学科互动话软法——北京大学软法专题座谈会暨《软法亦法》一书评论会综述"，载《法制日报》2010 年 9 月 15 日。

为指针的规范，就是软法，而若以立法机关单方面制定的，强调服从、惩罚的规范，则属于硬法。[1]

关于软法的界定，我国学界也多有阐述。有学者认为，软法是相对于硬法而言的，硬法是指那些由立法机关制定的需要依赖国家强制力保障实施的法律规范，如《刑法》、《行政处罚法》、《治安管理处罚法》等，是法院直接适用的依据。软法是指谈判、协商、沟通、调解、契约、确立一定的规则等非强制性公共治理模式，例如在国际事务方面的"朝核六方会谈达成的协议"；国内管理公共事务方面的"建议、指导、协商"等，更多的是由政府机构与公民协商制定，或者由社会自治组织制定，更多地指向社会自治关系，更多地依靠自愿或者自治，一般无法成为法院直接适用的依据。[2]

有学者认为，软法是指共同体成员协商一致同意制定的，由成员的自我约束来保证实施的行为规范。[3]该概念从制定主体和保障实施的强制力两个要素方面将软法区别于硬法。

有学者认为，公共治理也离不开硬法规范，但仅仅依靠硬法规范是不够的，软法规范是必不可少的。那么何谓软法呢？该学者进一步认为，根据能否依靠国家强制力保证实施这个标准，现代法可以一分为二：一部分是能够依靠国家强制力保证实施的法规范，它们属于硬法，只能是法律、法规和规章等国家法形态中的大部分规范；另一部分与之形成对照的是那些不能依靠国家强制力保证实施的法规范，它们属于软法。[4]也就是说，软法就是不能依靠国家强制力保证实施的法规范。该学者还对软法的 4 种类型作了区分：一是法律、法规和规章中的那些旨在描述法律事实或者具有宣示性、号召性、鼓励性、促进性、协商性、指导性的法规范，它们不能运用国家强制力保证实施。此类规范在我国现行有效的法律、法规和规章中约占 1/5。二是国家机关依法创制的规范性文件，诸如纲要、指南、标准、规划、裁量基准、办法等。它们不仅在国家机关的自我管理和自身建设方面发挥重要作用，还经常对公民、法人和其他组织的权益处理产生相当的影响。三是各类政治组织创制的旨在解决执政、参政、议政等政治问题的自律规范。此类规范往往是公共治理的重要依据。四是名目繁多的社会共同体创制的自治规范，诸如大学章程、行业协会自治规范等，它们对于实现法治下的自治或者

---

[1] 田成有："中国法治进程中的软法问题及软法现象分析"，载 http://www.dffy.com/faxuejieti/zh/200901/20090114205301 - 5.htm.

[2] 褚武明："软法在社会公共治理领域迅速崛起"，载《社会主义论坛》2009 年第 12 期。

[3] 程迈："软法概念的构造与功能"，载《金陵法律评论》2009 年春季卷。

[4] 宋功德："公共治理需要软法之治"，载《法制日报》2010 年 12 月 2 日。

自治基础上的法治而言，显然举足轻重。[1]

　　有学者从主体、形式、效力等方面揭示软法的特征，从而进一步揭示出软法的涵义。该学者认为，首先，从主体上看，软法规则的形成主体具有多样性。既可能是国家机关，也可能是社会自治组织或混合组织等，当然，后两者形成的规则需要得到某种形式直接或间接的国家认可。其次，从形式上看，软法的表现形式不拘一格，既可能以文本形式存在，也可能是某些具有规范作用的惯例。再次，从内容上看，软法一般不规定罚则，软法通常不具有像硬法那样的否定性法律后果，更多的是依靠自律和激励性的规定。最后，从效力上看，软法通常不具有国家强制约束力，而是依靠制度、舆论导向、伦理道德、文化等软约束力来发挥作用。[2]而梁剑兵先生在其《软法律论纲》中则认为，所谓软法，是在中国社会中客观存在的、主要是由国家认可和社会默契方式形成的、并以柔性的或者非正式的强制手段实现其功能和作用的法律体系。[3]

　　从上述关于软法的种种界定中可见，其共同之处在于软法概念的宽泛，即将硬法之外的所有规则均纳入软法范畴，有的并试图进一步纳入法的范畴。对此，有学者指出，通过法律势力的扩张来占领法律与生活之间的"空白地带"，法律是否有这样的能力？又是否需要法律身负这样的"绝世武功"？[4]较之于硬法的普适性、稳定性和可预见性带来的个别不适应性、僵化性以及滞后性的缺陷，软法表现出的创制方式与制度安排的弹性、实施方式的非国家强制性、实现法律效力的非司法中心主义等个性特征，确实在一定程度上可以弥补硬法的这些缺陷。但是，软法概念的过于宽泛会导致将软法等同于社会规范。应当承认这种担心并非多余。这种理解在颠覆了对法的传统理解的同时，在事实上将一切规则均纳入法的范畴，从而混淆了不同社会规则之间的本质差异。因为，从定义上看，"有实际效力的行为规则"包容性是极强的；从外延上看，它所圈定的范围更是惊人，除了软法论者列举的政策、章程、内部通知、指导性规则、官场的潜规则等，道德、伦理、风俗、习惯等一切的社会规则似乎都被软法所包含。[5]

　　关于软法的定义，目前我国学界较多认同弗朗西斯·施尼德对软法的定义，并认为在我国软法的外延具体包括了一些党的政策文件、社团组织的纲要，有关

〔1〕 宋功德："公共治理需要软法之治"，载《法制日报》2010年12月2日。
〔2〕 罗豪才："公域之治中的软法"，载《法制日报》2005年12月15日。
〔3〕 梁剑兵："软法律论纲"，载 http://news.cupl.edu.cn。
〔4〕 王学辉、邵长茂："'软法'是这样的一个童话吗？"，载中国宪法行政法律网。
〔5〕 王学辉、邵长茂："'软法'是这样的一个童话吗？"，载中国宪法行政法律网。

政府部门出台的内部通知和指导性文件，甚至还包括一些官场的潜规则。[1]问题在于，如何理解"没有法律约束力但有实际效力"。正如有学者所质疑的，其一，这些被软法学者认作是一直被遮蔽的"软法现象"是否真实的存在，"没有法律约束力但有实际效力的行为规则"是否能够构成法，并且是否一定要被授予法的名义才能得到合理的解说？其二，是否是真的没有学科来研究这些被称为软法现象的"政策、章程、政府内部通知等"，还是把这些东西放在"法与～～"的框架中研究更为妥当？其三，当法近于成为一切社会行为规则的时候，法是否还是法？[2]

笔者认为，简单地认为软法就是不依靠国家强制力保证实施的法规范，是值得商榷的。既然是属于法规范，那么其强制力就是题中应有之义。至于说"法律、法规和规章中的那些旨在描述法律事实或者具有宣示性、号召性、鼓励性、促进性、协商性、指导性的法规范"之提法，本身就值得进一步研究。因为法律、法规和规章中必要的法律事实的描述严格讲来并不属于法规范，而宣示性的表达更不应当在硬法中出现。"号召性、鼓励性、促进性、协商性、指导性"的表达本身更不具有强制性，因而不可归为法规范范畴。即使是所谓软法，即使在号称法治已经很完备的国家和时代，法律也不可能是完美无缺地调整着社会生活的所有领域。在法律不可能也没有必要涉及的领域，道德规范、风俗习惯、宗教伦理均会以其特有的品质而发挥着调整社会关系的功能。软法的规则性、外在的约束力以及由一定人类共同体制定并认可的特征，使其区别于道德、习惯、法理、政策和行政命令等。在一个健全的社会，道德规范、风俗习惯、宗教伦理、法律规则等性质不同、功能各异、相互补充的规则组成一个调整器体系，在各自的疆域释放其自身的能量。

上述所梳理的学界研究表明，学者们对软法概念的揭示虽然不尽相同，但其试图概括的现象还是比较清晰的，即软法是由国家机构或者非国家机构制定或者形成的、不具有法律约束力或者司法执行力的行为规范。它主要包括裁量基准、法律惯例、公共政策、自律规范、专业标准和弹性法条等。不难发现，软法概念的提倡者希望藉此弘扬社会行动者的主体精神，推动公共治理方式的改进。这对传统上以"硬法"为中心的行政法概念体系和研究范畴将构成一个巨大的冲击。但问题在于，软法如果构成法，那么，其又在什么意义上是法？[3]

---

〔1〕 王学辉、邵长茂："'软法'是这样的一个童话吗？"，载中国宪法行政法法律网。
〔2〕 王学辉、邵长茂："'软法'是这样的一个童话吗？"，载中国宪法行政法法律网。
〔3〕 何海波：《实质法治：寻求行政判决的合法性》，法律出版社2009年版，第172页。

目前，总体来讲在软法的理解上还是比较混乱的。例如，到底是指规则的形式还是指规则的内容？如行政指导，目前日本《行政程序法》、韩国《行政程序法》以及我国台湾地区"行政程序法"均对此有所规定。就其形式来讲，如不得强制等规定就是硬法，而就其内容即具体实施行政指导就是所谓软法。笔者认为，在国家法（也即所谓的硬法）的范围内，不应该有所谓的软法；在国家法之外，则有大量的治理规则，它们通过不同的形式发挥其作用。软法概念的界定不能过于抽象，否则就会失去对现实的指导作用。

现代社会由于国家与社会、政府与公民的关系愈益复杂，相应的调整这些复杂关系的法律规范也是十分复杂的。现代公法特别是行政法必须回应这种复杂关系的运行特点和发展趋势。由此也必然带来法概念内涵上的深化和外延上的拓展。这里有一个基础性的问题，即法与国家强制力之间的关系问题。就现有研究来看，软法机制显然突破了以规则和制裁为核心的传统法律方式。关于这个问题，有学者认为，从最开始法律人就搞错了，法律与国家强制力的关联仅仅是"人们一贯地有意无意地认为"，而这并不是事实。[1] 尽管软法概念的界定尚未达成一致意见，但是软法研究的兴起，肯定会推动包括法概念在内的一系列理论上的变革。正如有学者所讲，法的概念应当与时俱进，基于公共治理的发展和软法的兴起，法定概念可以修正为：法是体现公共意志的、由国家制定或者认可、依靠公共强制或者自律机制保障实施的规范体系。[2]

在揭示软法涵义时，必须澄清关于法律多元主义理论。法律多元主义理论认为，随着治理模式由单一国家治理向多元公共治理模式的转变，治理规则也由单一的国家法向包括国家法和社会法在内的多元化转变。如有学者认为："法律多元理论表明，任何社会秩序的运行都不仅依靠单一的正式法律制度。在国家法之外，有其他不同形式和类型的规范与国家法一起调整社会。它们也是一个社会秩序的一部分。"[3] 笔者认为，这种所谓的法律多元主义值得商榷。所谓法律多元，只能从世界范围内而言，即各国由于国情的不同，只能依据自身的法律进行有效治理，而不能强求统一。即使主张法律全球化的学者也不是要求世界各国均按照一套法律规则予以规范。但是在一国范围内只能有一套法律规则。当然，随着公共治理模式的日益发展，治理规则确实会日益丰富，但那也只是基于一元基

〔1〕 王学辉、邵长茂："'软法'是这样的一个童话吗？"，载中国宪法行政法法律网。
〔2〕 徐维、李国兴、苗志江；"学科互动话软法——北京大学软法专题座谈会暨《软法亦法》一书评论会综述"，载《法制日报》2010年9月15日。
〔3〕 韩永红："软法：公民权利保护的新形式"，载《中国社会科学报》2011年7月19日。

础之上的多样化而已。所谓一元，就是一国以其宪法为基础的法律规范所形成的法律体系，或者说硬法体系。在这个基础上，也只能在这个基础上才能有包括各类软法在内的多样化。正如有学者所形容的"如果将整个法体系比作一棵树，那么宪法是根，硬法是主干，而软法则是枝叶，三者之间的逻辑关系很清晰"。[1]

二、关于软法的类型

法国社会学家 E. 迪尔凯姆指出："所谓分类是在开始研究时，用科学的方法从众多的不确定的个体中抽出一部分确定的个体，作为类型的标准，然后对这些确定的标准进行观察，而不必对各个个体进行全部考查"。"分类的效用是为研究事物提供一个标准，作为观察其它事物的基础，使研究能够有条不紊地进行。"[2] 从目前的研究可见，凡是规范人们行为的行为规则，由一定的人类共同体制定或认可的，具有实际效力的均属于法的范畴。其中，根据强制力来源及其表现形式的不同，又可以分为硬法与软法。不管怎么说，硬法与软法之间的区分还是较为明显的。问题在于软法又该作何种分类呢？

关于软法的外延，有学者曾综合国内外学者的各种观点，概括为 12 类：①国际法；②国际法中那些将要形成，但尚未形成的，不确定的规则和原则；③法律的半成品，指正起草的法律、法规，但是尚未公布；④法律意识与法律文化；⑤道德规范；⑥民间机构制定的法律，如高等学校、国有企业制定的规范、规则；⑦我国"两办"的联合文件（"两办"即中共中央办公厅和国务院办公厅）；⑧程序法；⑨法律责任缺失的法条或法律，这些法条或法律只规定了应该怎么做，但是如果不这样做也不会追究相应的法律责任，如《妇女权益保护法》等就没有关于法律责任的规定；⑩仅有实体性权利宣言而无相应程序保障的法条或法律，如宪法序言中提到的权利就没有相应的程序性保障；⑪法律责任难以追究的法律；⑫执政党的政策等柔性规范。[3]

有学者将软法的范围归纳为以下几类：①行业协会、高等学校等社会自治组织规范其本身的组织和活动及组织成员行为的章程、规则、原则。应该说，在这些社会组织内部，存在大量的规范其组织成员的软法。②基层群众自治组织（如村委会、居民委员会）规范其本身的组织和活动及组织成员行为的章程、规则、原则。③人民政协、社会团体规范其本身的组织和活动及组织成员行为的章程、

---

〔1〕 宋功德："中国的软法理论与实践"，载 2011 年 7 月在北大举办的《软法的理论与实践国际研讨会论文集》第 22 页。

〔2〕 〔法〕E. 迪尔凯姆：《社会学方法的规则》（第 2 版），胡伟译，华夏出版社 1998 年版，第 64 页。

〔3〕 梁剑兵："软法的分类"，载法天下法律博客。

规则、原则。④国际组织规范其本身的组织和活动及组织成员行为的章程、规则、原则，如联合国、WTO、绿色和平组织等，国家作为主体的国际组织在其内部亦有规范国与国之间关系的规则。⑤法律、法规、规章中没有明确法律责任的条款（硬法中的软法）。⑥执政党和参政党规范本党组织和活动及党员行为的章程、规则、原则（可称之为"党规"、"党法"），这些章程、规则在其党内能够起到规范的作用，故亦应列入软法的范围。[1]

有学者认为，软法有多种分类方法，如何提出更切合我国实际情况的软法分类，尚有待于进一步的研究。该学者对软法作出如下几种分类：①依据规则形成主体的分类。可以分为国家机关制定的规范、国家机关与社会公众共同制定的规范、社会团体自主制定的规范等。在我国，还包括党制定的政策性规范。②依据内容的分类。可以分为环保领域的、消保领域的、社保领域的、治安领域的，等等。③依据与硬法关系的分类。可以分为有硬法背景的和独立于硬法而存在的。④依据规制主体的分类。可以分为自我规制型（self - regulation）的和共同规制型（co - regulation），前者是某一个规则制定者对自身的规制，后者是多个主体共同参与制定规则，共同遵守相关规定。[2]

有学者认为，应该将软法的渊源和基本类型区别开来。该学者进一步认为："相对而言，在政法惯例、公共政策、自律规范、专业标准与弹性法条5类载体形态中。公域软法规范较为集中……"；"从不同的角度，可以将软法规范划分成不同的类型。例如从制定主体的角度，可以分为由国家制定或者认可的软法与其他公共机构制定与认可的软法；从规制的方式角度，可以分为自我规制、共同规制、合作规制；从其载体形态的角度，可以分为成文软法与不成文软法；从其规范、调整的领域的角度，可以分为政治性软法、经济性软法与社会性软法；从其称谓的角度，可以分为纲要、规章、规程、指南、指示、示范等等。"[3]

有学者认为，软法可以作以下分类：国际软法与国内软法，这主要是以软法的创制主体和适用范围为标准对软法所作的分类；具有硬法律背景的软法与具有民间习惯法背景的软法，这是以法的实质渊源为标准对软法所作的分类；成文软法与不成文软法，这是以软法的沿袭、认可和创制方式以及表现方式为标准对软法所作的分类；课以义务的软法与赋予权利的软法，这是站在立法者自身的立

[1] 姜明安："软法在构建和谐社会中的作用"，载北大公法网.
[2] 罗豪才："公域之治中的软法"，载中鼎网。
[3] 宋功德："公域软法规范的主要渊源"，载《软法与公共治理》，北京大学出版社2006年版，第188页。

场、以法律的核心功能为标准对软法所作的分类；公域软法与非公域软法，这是以软法的内容或者所调整的社会关系的不同为标准所作的分类；中央软法与地方软法，这是以软法的立法体制和权限为标准所作的分类，凡是由中央政府（广义的）或者全国性社会组织沿袭、认可或者创制的软法是中央软法，凡是由地方政府（广义的）沿袭、认可或者创制的软法是地方软法；实体软法与程序软法，这是以软法的调整对象是权利义务关系本身还是实现权利与义务的过程与方式为标准所作的分类。[1]

有学者经过详细研究之后认为，所谓的软法规范主要包括以下四类：一是国家制定的法律、法规和规章中的那些旨在描述法律事实或者具有宣示性、号召性、鼓励性、促进性、协商性、指导性的法规范。这类软法的特点在于，其逻辑结构往往不够完整不能运用国家强制力保证实施。二是国家机关依法创制的诸如纲要、指南、标准、规划、裁量基准、办法等大量的规范性文件。这类软法的特点在于，它们未被列入《立法法》的调整范围，不能依靠国家强制力保证实施，不属于立法范畴。三是各类政治组织创制的旨在解决执政、参政、议政等政治问题的自律性规范。四是名目繁多的社会共同体创制的自治规范。该学者进一步认为，综观中国的法制现代化进程，第一类软法所占比重越来越大，日益成为拓展国家法疆域的一个新的增长点。第二类软法规范不仅在国家机关的自我管理和自身建设方面发挥重要作用，而且还经常对公民、法人和其他组织的权益产生相当的影响。由于法治与政治之间具有千丝万缕的联系，政治组织的自律规范特别是政党制度，无疑会对法治化产生深刻的影响。制度化、规范化、程序化的社会自治，是民主政治的重要组成部分，没有成熟的社会自治规范，就不可能存在理性有序的公众参与和公共治理，因此此类制度安排对于实现国家管理与社会自治的良性互动、实现法治下的自治或者自治基础上的法治，具有举足轻重的意义。[2]

由此看来，软法的分类如同硬法的分类一样，所基于的标准不一，其所属的类型也多样。软法不同类型的揭示为我们的进一步研究提供了多维视角。在谈到软法的类型时，有一种观点值得我们思考。有学者认为，关于一般法与特别法、上位法和下位法的分类只适用于硬法，却不适用于软法研究。其原因在于，软法各类别之间不具有硬法律内部存在的效力位阶关系和法律冲突问题。更重要的是，虽然软法的描述和界定与法律效力有关，但是我们却往往无法对软法进行法

---

〔1〕 梁剑兵："软法的分类"，载法天下法律博客。

〔2〕 宋功德："中国的软法理论与实践"，载 2011 年 7 月在北大举办的《软法的理论与实践国际研讨会论文集》，第 17 页。

律备案或者进行程序意义上的违宪审查然后确定其效力。[1] 笔者认为，基于软法的制定主体之不同以及软法与硬法之间的关系等考量因素，上述观点是值得商榷的。

由于宣示性立法在我国法律中大量存在，所以宣示性立法被软法论者归为软法的一种。但事实上宣示性立法由于其本身并没有设定相应的权利和义务，更没有法律规范所应有的制裁措施，所以，宣示性立法尽管存在于法律文本中，但其本身并不能成为法。笔者认为，随着法治的不断发展与完善，在严格意义上的法律规范中应当尽量减少规定的宣示性，增强规范的实效性。尽管在有些场合，宣示性立法也会被执法者或者司法者用来作为法律论证的论据，但是因其权利义务关系的模糊性，难免会造成适用上的尴尬。

就作为软法的社会自治规范来讲，其确实是完善的公共治理从而也是成熟的社会自治的基础。从这个意义上来讲，社会自治程度越高，软法则愈盛。而时下人们凡事均期待国家立法的现实，恰恰说明我们的社会自治程度尚十分低下。

至于将裁量基准作为软法的一种，则是值得商榷的。[2] 因为"裁量基准不是可有可无的，而需要行政机关和法院给与相当的注意和尊重；它更不是存在于正式法律运作之外的一套规则体系，而仍然在一定时候通过司法监督来落实。"[3] 但这又带来另外一个不可回避的问题，当一个规则可以通过司法监督来落实时，它还是软法吗？

在探讨软法类型时，要避免将法作硬与软的机械分野。例如，"事实上，在国家法与社会法、程序法与实体法、组织法与行为法，以及宪法、行政法、刑法、经济法与诉讼法等各种类型的法律规范中，都程度不等地存在着硬、软之分。"[4] 笔者认为，这一观点也是值得商榷的。从某种意义上来讲，被冠之以"法"的，均应当认为是硬法，只不过其效力在适用方面是否直接而已。

针对不同的社会现象进行不同的规范是法律分化的必然要求，也是法律存在软法、硬法的客观基础。[5] 问题的核心在于，是我们原来对法的理解过于狭隘，还是软法论者对法的界定过于宽泛？

---

〔1〕 梁剑兵："软法的分类"，载法天下法律博客。

〔2〕 关于裁量基准的性质、效力等问题的探讨，请参阅黄学贤："自由裁量基准：理论、实践与出路"，载《甘肃行政学院学报》2009 年第 6 期。

〔3〕 何海波：《实质法治：寻求行政判决的合法性》，法律出版社 2009 年版，第 172 页。

〔4〕 罗豪才、宋功德："公域之治的转型"，载《中国法学》2005 年第 5 期。

〔5〕 田成有："中国法治进程中的软法问题及软法现象分析"，载 http://www.dffy.com/faxuejieti/zh/200901/20090114205301 - 5. htm.

三、关于软法的功能及其实现

正如有学者所言，我们的研究表明，基于现代法治软硬并举的事实，在法治化进程中，软法具有硬法不可替代的重要作用。法律作为一种社会关系的调节器，应当根据不同社会关系秩序化的难易程度来选择不同刚性程度的法去规范调整，否则会造成法治资源的浪费。对照科学发展与和谐社会的要求，中国的法治化应当重视软法之治，寻求更多协商、运用更少强制、实现更高自由。[1]我们研究软法的目的就在于要在公共治理中发挥软法特有的功能。那么软法到底具有哪些功能呢？

有学者认为，软法作为硬法的先行法、试验田，具有试错功能；软法以某种方式对硬法做出解释，使硬法相关规定具体化；软法填补硬法留出的空白，从而保持硬法的稳定性。总之，软法能够对硬法作出有益的补充。[2]有学者认为，"在功能上，软法规范在矫正硬法失灵方面发挥着重要作用，通过填补硬法空白、弥补硬法不足、丰富硬法细节等方式大大拓展了法治化疆域。就此而言，要实现公共治理的'善治'目标，不仅要依靠必要的刚性的硬法规范，更离不开柔性的软法规范。"[3]

笔者认为，对软法的功能应当作具体的分析。特别是法律体系的健全与否，是一个重要的参照系。当法律资源不足时，软法的功能主要在于代替法律；当法律资源相对充足时，软法的功能主要在于弥补法律的不足；当法律资源充足时，软法的功能主要在于细化既有法律规则；特别要说明的是，在有上位法的情况下，软法只能明确、解释、细化上位法，即明确、具体和弥补法条原则、模糊乃至疏漏之处。从这个意义上来讲，软法在此情形下不是造法，而是释法。

公共治理需要软法，但是无论如何硬法还是起主导作用的。这个主导作用不是单从硬法与软法的数量之比上来看，而是表现在软法不能与相应硬法相冲突等法治质量上来看。从某种意义上来讲，软法虽然不是国家制定的，但要为一国法治所接受并成为一国法治的一部分，必须得到相应硬法的认可。否则就会游离于法治之外，甚至成为反法治的东西并有碍于一国正常的法治发展。

法是与强制性联系在一起的。传统的法概念与国家中心主义以及司法中心主义紧密联系，而软法的出现则打破了这种中心主义。这不仅表现在如前所述的法的概念、法的执行等方面，而且也改变了在纠纷解决方面传统的过分倚重司法的

---

[1] 罗豪才："我的软法观"，载《北京日报》2009 年 11 月 16 日。
[2] 王学辉、邵长茂："'软法'是这样的一个童话吗?"，载中国宪法行政法法律网。
[3] 宋功德："公共治理需要软法之治"，载《法制日报》2010 年 12 月 2 日。

情形。传统理论认为法的强制性只能来自于国家，在公民社会日益壮大以及与此相伴的社会自治的日益显现，社会约束力是否能构成法的强制性呢？软法虽然不具有严格意义上的法律的强制力，但是其规范社会关系的功能却又客观存在。那么其维系功能的保障机制又是什么呢？

软法现象的出现及其发展也对传统法律的实施方式提出了挑战。这种挑战归结为一点就是，法的保障实施方式是一元的还是多元的？软法通过自律与他律相结合的方法来实现其规范社会关系的功能，这几乎已经成为目前研究者的共识。但是仔细回味也不难发现其中存在的问题。软法的自律与他律如何划分，各占多少比重呢？软法的他律方式又是什么呢？

硬法由国家强制力保证其实施，其最为典型的是由于法律实施过程而引起纠纷，则最终要由法院来依法裁决。而由软法的实施所引起的争议一般不是由法院来裁决，而是由争议当事人自行协商解决，或者由民间调解、仲裁机构处理。只有当软法本身与硬法发生冲突，并因此而侵犯了当事人的人身权或财产权时，方可依照一定的程序请求司法救济。[1]

在研究软法功能及其实施这一问题时，不能机械地将软法与硬法对立起来，而应当看到软法与硬法之间的有机联系，甚至相互转化。例如，软法或者软法与硬法相结合的调解方法在我国越来越得以适用。和解与调解的解纷方式在整个解纷机制中具有越来越重要的地位和作用；法官和行政执法者越来越多地通过法律解释和法律适用追求法律目的的实现；法官和行政执法者越来越多地通过运用法律的一般原则规范自己的司法和行政裁量行为。注重和解、调解在解纷中的作用、通过法律解释和法律适用追求法律目的的实现、运用法律的一般原则规范司法和行政裁量行为，虽然不能说是我国目前解决纠纷机制创新的唯一形式，但无疑是这种机制创新的重要形式。在未来进一步推进解决纠纷机制创新的过程中，我们无疑应该更加注重这种软法或软硬法结合的解纷机制模式的建构和完善。[2]

有学者认为，尽管软法与硬法能够并行不悖，但对于法治而言，当下的软法往往是一把双刃剑。因为"它一方面呈现出推动法治目标全面实现的正面效应，另一方面却又不时暴露出与法治精神南辕北辙的致命缺陷"。而后者经常使软法受到"法外"或者"非法"的批评与指责，甚至还被贴上损害"法律"权威、

---

〔1〕 最高人民法院《关于执行〈中华人民共和国行政诉讼法〉若干问题的解释》第62条规定："人民法院审理行政案件，适用最高人民法院司法解释的，应当在裁判文书中援引。人民法院审理行政案件，可以在裁判文书中引用合法有效的规章及其他规范性文件。"这里要求"合法有效"，意即软法不能与硬法冲突，否则，司法救济程序会适当干预的。

〔2〕 姜明安："完善软法机制，推进社会公共治理创新"，载《中国法学》2010年第5期。

妨碍"法治"目标实现的绊脚石之类的黑标签。[1] 这里值得研究的是，既然"软法与硬法能够并行不悖"，那么，说明软法与硬法应该是协调的。可软法的"双刃剑"效应又来自何方呢？是软法本身既有的，还是因人们的误解而造成了实践上的偏差？

有学者认为，"诱发我国当前软法的负面效应发生膨胀的主要原因，并非源于软法之中，而主要是来自软法之外，是多种因素综合作用的结果，我们认为最主要的原因有两点：一是部分地归过于软法理性的先天不足。硬法创制不仅要受到主体、权限、内容、程序等方面的严格限制，而且还要受到立法监督、违宪审查、司法审查等合法性监督。相比之下，软法创制所受的制约要宽松许多，软法因此难免有可能出现理性不足——尤其是形式理性不足。二是主要归过于软法的创制与实施缺乏理性。在传统的狭隘的法律观的支配下，软法长期以来一直被当做一种非法律的事物而拒之于法律殿堂之外，既得不到法治精神的浸润，也不受法治原则的拘束，普遍存在于软法的创制与运行主要环节的形形色色的非理性因素，因此得以乘虚而入，共同造就软法的负面效应。"[2] 那么，软法到底有哪些消极作用呢？

关于软法的消极作用，有学者认为主要有 3 个方面：其一，有些软法因为无法在社会生活中实施，在客观上造成了有法不依的社会问题，导致了人民群众对法制不健全的抱怨和不满。其二，上述抱怨和不满又造成了法律完美主义的病态期待。法律完美主义的缺陷在于，它试图把千丝万缕、纠葛不清的各类社会事务都用一条刚性的法律条文予以界定。其三，有些软法在事实上与硬法是冲突和矛盾的，却在社会中使用直接的柔性强制办法和非正式暴力强行实施，造成了激烈的法律冲突甚至是法治危机[3]。应当认为这一分析还是比较客观和中肯的。

因此，虽然就社会发展趋势来讲，在治理模式上实行"软硬兼施"是治理方式发展的必然趋势。但是同时也必须注意的是，在社会发展的不同阶段软和硬的侧重点是不同的。在我国，"就当前而言，为了顺应公共治理兴起提出的法律规范的多元化需求，一方面应当以宪法为基础，严格遵循法制统一原则，在主要依靠硬法监督、控制公共权力的同时，为有效解决传统公法过'硬'的问题而全面推进'硬法软化'，将契约精神引进公法，强化公共治理的非强制性倾向，循序渐进地实现公法转型；另一方面为解决社会立法、程序法等因过'软'而

---

〔1〕 宋功德："什么造成了软法的负面效应"，载《检察日报》2010 年 9 月 23 日。

〔2〕 宋功德："什么造成了软法的负面效应"，载《检察日报》2010 年 9 月 23 日。

〔3〕 梁剑兵："软法律论纲"，载 http：//www. law – lib. com/lw/lw_ view. asp？ no = 6558.

产生随意与不确定性的问题，要高度关注'软法硬化'，在硬法的框架内，加大软法的实施力度和适用力，发挥其在公域之治的应有作用。"〔1〕笔者认为，针对目前的法治状况，特别是"红头文件"满天飞的现实状况，'软法的硬化'可能更为重要。

如果说"公共治理主体的行为选择只能在既定公法框架中进行，不能违背规定、超越其外"，〔2〕结合笔者上述观点，只能进一步地认为，即使在公共治理时代，硬法也是纲，而软法也只能是目。唯有纲举，才能目张。

四、关于软法研究的意义

为了推动公域之治从传统的国家管理模式或者公共管理模式向公共治理模式转换，必须在法治理念上进行相应的转变，进而在法学理论上实现相应的突破。我国著名公法学者罗豪才教授站在历史与现实的交汇点上，敏锐地指出："法治现代化既要建设法治国家，更要建设法治社会；既要依靠国家来推动法治社会的建设，更要依靠社会依据符合法治精神的软法来自我规范。这种法治化显然需要国家与社会的珠联璧合，对应于一种软硬并举的混合治理模式，它能够最大限度地整合国家强制与社会自治两种机制，能够发挥硬法与软法两种制度安排的潜力，能够调动公与私两个方面的积极性和能动性，能够全面回应多主体、多样化的利益诉求，能够全方位实现公共性强弱不等的多样化法治目标"〔3〕。这是社会转型的现实所需要的理念样态和理论形态转型的必然反映。

"公共部分的治理应该以规则为定位，公法尤其行政法是公共治理的合法性来源。"〔4〕但以往我们过于强调法的国家性，事实上，随着国家管理向公共管理进而向公共治理的不断转变，狭隘的国家法已经远远不能适应公共治理的需要。因而加强与公共治理相应的软法研究显得十分必要。软法研究的根本目的在于软法之治，软法之治的目的则在于公共治理的法治化。软法之治是法治建设，特别是行政法治进程中不可回避的重要问题之一。正如有学者所言，软法现象早就存在，只是一直没有使用一个合适的词语来对此加以概括。软法概念的引入，打破了这种尴尬局面，它使得许多传统上被遮蔽在法学者研究视野之外的法现象，能够进入法学研究的领域，用法学的框架对此加以研究和评价。〔5〕确实，从宏观上来讲，软法的研究进而规范有利于市民社会的培育、市场经济的健全、政府职

---

〔1〕 罗豪才、宋功德："公域之治的转型"，载《中国法学》2005年第5期。
〔2〕 罗豪才、宋功德："公域之治的转型"，载《中国法学》2005年第5期。
〔3〕 罗豪才、宋功德：《软法亦法——公共治理呼唤软法之治》，法律出版社2009年版，第72页。
〔4〕 李瑞昌："论公共治理的技术与价值的矛盾"，载《社会科学》2003年第3期。
〔5〕 王学辉、邵长茂"'软法'是这样的一个童话吗?"，载中国宪法行政法法律网。

能的转变。因为软法的研究进而规范有利于"法"真正成为公共产品，而且这种公共产品的生产者除了国家外，还有社会和公民。这是由国家管理走向公共治理的必由之路和最终目的。

软法的研究，特别是关于软法的结构、功能，软法与公共权力、国家权威以及民主政治和公共治理的关系等基本问题的深入研究，将会进一步地推动公共治理模式的确立，进而推动公法学的发展。但是，我们强调软法及其研究的巨大意义，切不可从一个极端走向另一个极端。无限夸大软法的意义不管是在理论上，还是在现行实践中都是不可取的。例如在当下，软法之治与依法行政中的法律适用以及行政诉讼中的法律适用，就尤为值得研究。在公法领域，特别是在行政法领域，软法大量存在。也正因为如此，软法中的大量问题也是出现在行政法领域。因而当今行政法学的研究就不能不研究软法现象。

由此看来，坚持正确的软法观念进而秉持科学的软法之治，才是现代法治所必须的。因为"非理性的软法的存在，不仅有损于硬法的权威与实效，制约着整个公法体系的完善，妨碍着公域之治目标的正常实现；而且还为权力滥用提供了契机，公民权益因此得不到有效保障，导致公共关系出现一定程度的扭曲变形"。[1]正如有学者所言，"我们提倡并致力于软法研究，主要不是为既有软法作辩护，而是要探讨如何将法治理性植入现在仍然不够良善的软法实践当中"。[2]这应当成为我们研究软法的指导思想。因此，从法治统一性的角度讲，作为社会控制体系重要组成部分的软法，与硬法一样必须体现法律的一般价值追求且与一国宪法保持绝对的一致性。惟有如此，软法才能发挥其自身的优势，与硬法一起承担起调节社会关系的重任。也即是说，从最终的角度讲，软法只能弥补硬法之不足，不能取代硬法，更不能与硬法抵触甚至对抗硬法。

如果说一种以目标为导向，以公私合作为内容，以责任性与理性和正当程序为依归的行政法模式将会更新和重新阐释行政方式，并因此给行政法提出挑战，[3]那么，软法现象的产生必将给传统依法行政理论与实践，甚至为整个公法理论与实践带来前所未有的变化。而为迎接这一挑战和顺应这种变化提供科学的理论指导则是公法学者应有的责任。

---

〔1〕 宋功德："什么造成了软法的负面效应"，载《检察日报》2010 年 9 月 23 日。

〔2〕 罗豪才："我的软法观"，载《北京日报》2009 年 11 月 16 日。

〔3〕 ［美］朱迪·弗里曼：《合作治理与新行政法》，毕洪海、陈标冲译，商务印书馆 2010 年版，序言。

五、关于建立规范的软法机制

软法早已存在，但软法机制却远远没有建立起来，甚至还没有引起人们足够的重视。我们今天研究软法的最终目的就是要建立起规范的软法机制。在软法问题上，既要反对白马非马式的完全否定论，也要反对热狗亦狗式的泛软法主义。由于软法在制定主体、制定程序等方面较之于硬法具有较大的广泛性和灵活性，使得其在调节社会关系方面具有更大的开放性，从而能更加快速地回应社会现实需要。软法机制特别是公域中软法机制的完善，将会使法治具有真正的开放性并不断回应现实社会的需要。目前的问题在于，首先要建立起规范的软法机制。

建立规范的软法机制，必须考虑以下几个主要方面：

首先是明确界定软法的制定主体及其权限。软法的制定主体要比硬法的制定主体宽泛。任何硬法制定主体均有权制定相应的软法，但并不是所有软法制定主体都有权制定相应的硬法。在我国，硬法制定主体由《宪法》、《立法法》等法律明确规定。在软法的权限上主要涉及两个方面的问题，一方面是软法与硬法的关系。我们研究软法并大力提倡发展软法，但必须明确的是，任何软法都不能与相应的硬法相抵触，在一定事项上该由硬法予以规定的，软法便不可规定。另一方面是此软法与彼软法之间的关系。任何软法只能由一定的人类共同体制定并只能适用于一定的人类共同体。在有些软法之间也应当有效力等级之分。

其次是规范软法制定的程序。现代法治日益强调立法程序（这里当然首先是指硬法）的正当性。软法机制则更多地体现为一种程序民主的商谈机制[1]。软法制定程序的规范主要有两个方面要特别重视。一方面是制定程序中公众参与的广泛性和直接性，这是软法的重要特征和最明显的优势。另一方面是，要定期清理不合时宜的软法规则。就目前的现实而言，有些社会共同体制定软法并没有充分吸收其成员参与讨论、协商，而是由少数负责人或管理机构的工作人员闭门造车造出来的。严格来讲，没有共同体成员参与协商制定的规则不具有"法"的品质，从而不能称为"软法"。因此，硬法要对"软法"的立法程序加以规范。[2]

最后是强化对软法的监督。与硬法相比较，违反软法的评价主体首先是社会公权力，如学生违反了学校管理规定，则由学校予以相应处理。而违反硬法的制裁主体是国家机关，如违反《行政处罚法》当由有关行政机关予以处罚，违反《刑法》当由司法机关予以惩治。正如有学者所认为的，硬法是由主权国家制定的、具有普遍适用性、稳定性和可预见性。这是其优点，但同时也是其弊端所

---

〔1〕 该观点详见罗豪才主编：《软法与公共治理》，北京大学出版社2006年版，第243~244页。

〔2〕 姜明安："软法与软法研究的若干问题"，载法律教育网。

在。因为稳定就可能导致僵硬，而普适性就有可能不适用于个别。[1]

与此相应的是，软法的权宜性、时效性、选择性等特征固然是其优点，这些优点使得在某些硬法无法发挥功能的场域，软法却能有效发挥其作用。但从另一角度讲这也是软法的弊端所在，并会伴随着其模糊性、不稳定性和不可预测性、非连续性等特点而产生消极作用。所以在发挥软法治理优势的同时，也要对软法予以有效规范和有力监督。由于软法制定主体的多元性和涉及事项的广泛性，为了保持软法与硬法之间的协调以及软法与软法之间的协调，确保法制的统一性，必须加强对软法的监督。这种监督机制应包括国家监督和社会监督两个层面：国家监督主要包括行政监督和司法监督；社会监督主要包括软法规制对象（即相应共同体成员）的监督和社会专门自律组织监督。行政监督主要指政府法制部门主动和应请求对各种软法规则的监督；司法监督则主要指由利害关系人向法院提起诉讼和法院通过司法审查的方式进行的监督；软法规制对象的监督指相对人通过行政申诉和司法诉讼实现的监督；社会专门自律组织监督则指通过建立软法争议、纠纷的专门民间仲裁机构或裁决机构和相应机构通过行使仲裁、裁决职能实现的监督。[2]不管何种形式的监督，其最为重要的就是对软法内容的监督。

六、余论：软法研究的中国语境

如果说软法之名是来自于西方，那么软法研究必须结合中国法治建设的实践。况且中国法治建设中也确实不乏软法的本土资源。当下研究软法的目的是为了推进法治建设，而不是为了学究式的所谓范式转化问题。研究软法进而推动软法之治，其目的并不是要颠覆传统公法的定义和摒弃硬法之治，相反，是为了扩展公法研究的视域，进一步完善并发挥法的功能。完善的公共治理应当是硬法和软法的混合治理。在这方面特别值得关注的是，要明确硬法与软法的界限，正确区分硬法与软法在协调社会关系方面的差异，从而使得硬法不软，软法不硬。我国已经正式宣布中国特色社会主义法律体系已经形成。无疑这里所讲的法律当然是指硬法。如果说"中国法治建设的本土资源"之学说，曾经并且还会不断引导中国的法学理论研究从单纯关注法律文本转向关注社会法律现实；从静态的断层性片面研究转向动态的历史性综合研究；从关注立法转向既关注立法更关注法律现实；从促狭的法条主义和权利本位学说扩展到社会实证分析和语境论，[3]

---

〔1〕 袁祥、王逸吟："行政法学者眼中的'软法'"，载《政府法制》2010 年第 2 期。

〔2〕 姜明安："软法与软法研究的若干问题"，载法律教育网。

〔3〕 梁剑兵："软法研究是一个新范式吗？——兼论'法治本土资源学说'的本体论"，载法律教育网。

那么，软法之学说将会大大拓展中国法学的研究场域，从而也必然会引领中国法治实践的不断完善。但是在强调软法及其软法之治的同时，我们也必须清醒地认识到软法自身的不足。正如有学者所指出的，软法的创制与实施经常背离法治原则，经常表现出理性不足、负面效应膨胀、成为法治的陌路人的情形。造成这种状况的原因固然是多方面的，但"一言以蔽之，软法的创制与实施未能自觉地将其置于宪政与法治的框架之下，没有严格遵循诸如公开、公平、公正、平等、民主、自由等法治原则，未能服从理性要求。"[1]既然法律制度安排只能服从法治原则的结果，软法在其创制和实施方面所表现出来的不足，惟有依靠硬法才能解决。这里特别值得注意的是，不能"将按照'法治化'要求优化软法狭隘地理解为将软法的创制与实施强行纳入既有的硬法轨道，按照硬法模式来'重塑'软法。""按照'法治化'的要求来优化软法主要是指以切合软法的方式，将法治原则、法治精神嵌入软法的创制与实施过程当中，才有可能全面提高软法的理性程度。"[2]

诚然，软法现象的出现及其理论研究的兴起，使得传统的法律中心主义、法律帝国主义、法律国家主义理论面临无可回避的挑战与发展，但问题可能也绝不仅仅是以法律多元主义的思维方式取而代之所能轻易解决的，至少该问题值得进一步的研究。软法与硬法之间在制定主体、权限、内容、程序及其监督和与民众的距离等方面存在诸多区别。在我国传统法律文化中软法更像法，甚至软法才是法。这种影响至今甚至还相当的大。这也是我们今天研究软法时不可忽视的。《认真对待权利》的作者德沃金说："如果政府不给予法律获得尊重的权利，它就不能够重建人们对于法律的尊重。如果政府忽视法律同野蛮命令的区别，它也不能够重建人们对于法律的尊重。如果政府不认真地对待权利，那么它也不能够认真地对待法律"。[3]我们认为德沃金的精彩论述同样适用于软法。从某种意义上来讲，我们研究软法的目的就是要人们认真对待软法。当然，可以预见的是，软法研究的日益全面和深入，将会大大丰富我国正在全力推进的法治政府建设内涵，使得我国法治政府建设逐步摆脱以政府为中心的狭隘模式，日益朝着符合世界法治发展趋势的政府与社会合作，强化社会自我管理的现代公共治理模式发展。行政改革的重要目标就是要建立起有限政府。从某种意义上来讲，软法治理机制就是与有限政府相联系的。有限政府意味着政府职能的限缩和向社会转移。

---

〔1〕 罗豪才、宋功德："认真对待软法"，载《中国法学》2006 年第 2 期。

〔2〕 罗豪才、宋功德："认真对待软法"，载《中国法学》2006 年第 2 期。

〔3〕 ［美］德沃金：《认真对待权利》，信春鹰、吴玉章译，上海三联书店 2008 年版，第 273 页。

政府职能的限缩与转移是矛盾的对立统一。政府职能的限缩并不意味着社会对公权力和公共服务的需求绝对减少，而是因国家公权力越来越向社会公权力转移，公共服务由国家提供越来越转变为由 NGO、NPO 等非国家组织提供而形成的公共治理模式。NGO、NPO 虽然也需要凭借硬法运作，但调整 NGO、NPO 与相对人关系和 NGO、NPO 相互之间关系的规则更多地是软法。公民社会的治理虽然也需要凭借硬法，但维系公民社会基本秩序的是软法。如各种社会组织的自治章程、自律规则、市民守则、村规民约等。[1] 但这只是从发展趋势上来讲的。经过 30 多年的法治建设，我国社会主义法律体系已经基本形成。当前的主要任务并不在于扩张所谓软法，而是要强化既有法律规范的实施。或者说要在强化硬法实施的基础上适度发展软法，使软法具有法的一般理性。否则，刚刚建立起来的法律体系则很有可能被过度扩张的软法而架空，从而使得真正的法律不张，法治落空。

随着现实社会政治发展的转型和变迁，公域之治中的软法现象从而软法研究勃然兴起。透过这一现象不难发现其背后的一系列重大转变，即从国家本位向社会本位的转变、从单一的国家刚性法向刚性和柔性结合转变、从单一国家治理向多主体共同治理转变。[2] 软法的出现及其界定必然涉及以国家主义为中心的传统法学理论对法的界定以及对法治的理解。从现有的研究来看，软法研究放在公共治理的范式之下，其思想实际上已把法治从原来的狭义范畴扩展到广义的范畴，已经包含了政治学上所说的德治、礼治和心治等内容。软法之治，把政治学的协商民主、共识性民主、参与民主、过程民主和治理民主等范畴作为软法实现的机制性的标志。当然，正如有学者所指出的，软法研究者还有一些问题需要继续解答，例如软法与其他社会规范、道德的关系问题等。[3] 因此，软法研究不仅是法学，更不仅仅是公法学的任务，她需要包括法学、政治学、行政学、社会学、伦理学等多学科的共同参与、协调作战。

---

〔1〕 姜明安："完善软法机制，推进社会公共治理创新"，载《中国法学》2010 年第 5 期。

〔2〕 徐维、李国兴、苗志江："学科互动话软法——北京大学软法专题座谈会暨《软法亦法》一书评论会综述"，载《法制日报》2010 年 9 月 15 日。

〔3〕 徐维、李国兴、苗志江："学科互动话软法——北京大学软法专题座谈会暨《软法亦法》一书评论会综述"，载《法制日报》2010 年 9 月 15 日。

美国公共服务法治化进程研究

王　菁[*]

　　我国的服务型政府是指"在公民本位、社会本位理念指导下，在整个社会民主秩序的框架下，通过法定程序，按照公民意志组建起来的以为公民服务为宗旨并承担着服务责任的政府"，这与美国等西方国家的重塑政府改革有着不少相通之处。当美国为代表的西方国家在经过一轮一轮的政府改造之后，无论是理论基础还是实践探索，已经积累了不少经验和精华。

　　政府改造的重点已经不再局限于掌舵还是划桨的形式之分，更重要的是到底公共服务是一项小而实用的诺亚方舟还是一艘大而不坚的泰塔尼克号，这才是我们对美国服务型政府转型的思考，也许这对刚刚起步、尚在探索中的中国政府公共服务法治之路有一些借鉴作用。

　　一、理论：传统公共行政——新公共管理——新公共服务

　　（一）传统公共行政：行政人

　　1. 含义。传统公共行政是建立在"政治与行政的二分法"和理性官僚制基础之上。伍德罗·威尔逊和古德诺的"政

---

　　*　苏州大学王健法学院博士研究生、南通大学管理学院讲师。

治与行政二分法"确立了"行政活动的非政治化原则",而韦伯的官僚制则确立了"行政组织的非人格化原则"。

具体说来,威尔逊认为:"行政管理的领域是一种事务性的领域,它与政治领域的那种混乱和冲突相距甚远。在大多数问题上,它甚至与宪法研究方面那种争议甚多的场面也迥然不同","行政管理置身于'政治'所特有的范围之外。行政管理的问题并不是政治问题,虽然行政管理的任务是由政治加以确定的,但政治却无需自找麻烦地去操纵行政管理机构。"[1] 所以他强调:"政治是政治家的特殊活动范围,而行政管理则是技术性职员的事情。"[2] 在此基础上,古德诺进一步进行了阐释,古德诺指出:"在所有的政府体制中都存在着两种主要的或基本的政府功能即国家意志的表达功能和国家意志的执行功能。在所有的国家中也都存在着分立的机关,每个分立的机关都用它们的大部分时间行使着两种功能中的一种。这两种功能分别就是:政治与行政。"[3] 政治与行政的二分法是西方行政法与行政管理一个重要的理论基础。在这个理论下,行政机关不再被动的依附于政治,从而突出了行政机关的独立性。而马克斯·韦伯的理性官僚制理论则更侧重于提高行政机关的运行效率,提出了一系列有关政府的组织结构和行为程序的规范。

2. 问题。随着后工业化的发展,在 20 世纪 70 年代后,美国等各国开始进入信息化时代,原先的官僚制下的行政管理体制开始出现了一些不相适应的地方。根据欧文·E. 休斯在《公共管理导论》中的总结认为,传统公共行政管理模式存在三大问题:

第一,政治控制模式既不充分也不合逻辑,政治与行政是不可能分离的,"传统的行政模式无法反映出现代公共服务所承担的广泛的、管理的以及制定政策的角色"。[4] 也就是说纯粹的划清政治与行政的界限是不可能实现的,现代的很多政府职能的转变与政策的变化相关。

第二,韦伯的官僚制模式使得传统行政模式的结构和管理方式过于陈旧,尤其是其"理性形式、不透明性、组织僵化以及等级制的特性"。[5] 严格的官僚制

---

〔1〕 彭和平、竹立家等编译:《国外公共行政理论精选》,中共中央党校出版社 1997 年版,第 14 页。

〔2〕 彭和平、竹立家等编译:《国外公共行政理论精选》,中共中央党校出版社 1997 年版,第 15 页。

〔3〕 [美] 弗兰多·古德诺:《政治与行政》,王元译,华夏出版社 1987 年版,第 12～13 页。

〔4〕 [澳] 欧文·E. 休斯:《公共管理导论》,彭和平、周明德、金竹青译,中国人民大学出版社 2001 年版,第 46 页。

〔5〕 [澳] 欧文·E. 休斯:《公共管理导论》,彭和平、周明德、金竹青译,中国人民大学出版社 2001 年版,第 47 页。

模式束缚了行政机关的主动性，以及公务人员的积极性。

第三，旧行政模式背离了自由，而且与市场作用相比较效率太低，"政府官僚制大大限制了个人自由"，"官僚制模式显然不如市场过程更有效率"。[1] 在传统公共管理的理论下，政府行为虽然比过去提高了效率，但是仍然无法适应社会发展的快速需求，因而渴望可以吸收一些经济学的先进理论和方法。

在这种矛盾出现之时，美国等西方国家学者开始思考一种规模更小、行动更迅速、更灵活简便以及更加负责任的行政模式。

（二）新公共管理：经济人

1. 含义。新公共管理理论是借鉴企业管理的原则与方法进行政府管理的一种管理模式，所要解决的主要问题就是：在政府过度规范化、法制化和过多控制的情形下，如何提升政府的管理能力和改善政府的管理绩效。新公共管理理论是建立在理性经济人的假设的基础上，认为行政机关应当符合一个理性的经济人的判断，追求用最低的成本、最高的效率来追求利益的最大化。

作为对传统公共行政理论的发展和更新，新公共管理理论开始吸收了经济学、管理学、社会学、政治学、公共政策分析等多学科的理论成果，从一个更广的视角，更多元的角度来考量政府的职权及其行使。这里的"新"主要表现在几个方面：

第一，主体方面。新公共管理理论强调公共服务提供主体的多元化。随着人们生活内容和重心的变化，政府的职能范畴也在发生着潜移默化的转变，但是政府的人员编制和财物分配是有限的，难以应对所有的事务，所以开始将一些涉及公共管理的事项交给一些更有效率、更有专业精神的社会组织或者私营部门来行使。最明显的标志就是民营化在各国的兴起。美国作为一个完全的市场经济国家，更强调这种民营化的推进。以最具典型的公用事业为例，美国将大量的公共产品交由私主体提供，由这些私营部门来承包经营，而政府不再直接提供和经营这些公共产品，而改为行使规制权。其中在联邦的层面上，一共设置了4个规制委员会来负责州际间的公用事业规制问题；在州级层面，各州都设置一个或若干个负责本州自来水、电力、煤气、通讯等公用产品价格的委员会。各委员会的名称有所不同，如公用事业委员会、公用服务委员会等，有的则称为专门委员会（如铁路委员会）。对于这种主体的转变，不仅限于传统的公用事业领域，而是逐步渗透到了政府的各项职能之中，甚至包括了监狱。许多政府部门建立了执行

---

〔1〕〔澳〕欧文·E. 休斯：《公共管理导论》，彭和平、周明德、金竹青译，中国人民大学出版社2001年版，第54页。

机构或半自治性的分散机构，让它们负责公共项目的执行以及公共产品和服务的提供。政府将重心转移到制定政策、协调和规制上。

第二，目标方面。新公共管理下的政府不再将重心放在管制的严格性和行为的规范化上，也不再强调公共产品的投入和经营，而是将目标设定为提高公共管理的质量和效率，关注公共产品的效果和影响。因此开始借鉴企业中常见的绩效管理模式，要求政府各部门制定明确的绩效标准，根据这些标准对政府及其公务人员的业绩进行更加全面系统的考量。为了便于各级公务人员提高工作效率，"在具体行政操作中它重视赋予一线的中低级文官职、权、责，充分给予他们在资源配置、人员安排等方面的自主权，以适应变化不定的外部环境和公众不断变化的需求。"[1]

第三，方式方面。引入竞争机制，并强调政府的公共服务意识，要求政府提供回应性服务。新公共管理理论，把公众设计为"顾客"和"消费者"，而政府及其公务人员则被设计成富有责任心的"企业管理者"。政府应该为客户提供符合客户要求的服务，增强对公众需要的回应能力。在这种背景之下政府会通过顾客调查、顾客随访、社区调查、顾客联系报告等多种方式，征求公众对公共服务的意见和要求，并测量其满意度。除此之外，为了能够提高效率，政府还引入了竞争机制，打破政府经营公共产品服务的垄断，在公私部门之间展开竞争。因为"竞争可以鼓励革新，激发公职人员的创造性；竞争还可以提高公共部门内部公职人员的自尊心和士气。"[2]

2. 问题。新公共管理理论的重点是政府不再同时掌舵和划桨，而是把划桨的任务赋予更为高效率的市场，政府则专心做好掌舵的工作。但是公共产品和服务并不等同于一般商场的商品，政府的职能方式和目标追求也不等同于企业化的经营管理。一方面，这样的转型会影响政府的权威，政府的很多权力事实上被架空，政府的掌舵虽然能把握大的走向，但是还是必须依赖划桨的效果，如果政府规制得当，可以提高效率，但如果政府规制不到位，特别在规制过程中出现"权力寻租"等问题，受益的是那些私营部门而实际上受损害的还是公众的利益。另一方面，政府将大量的操作工作交由其他主体，作壁上观，不一定能及时发现和解决公共产品和服务提供中出现的各种问题。事前的监管是一种建立在对其他经

〔1〕［美］戴维·奥斯本、特德·盖布勒：《改革政府——企业精神如何改革着公营部门》，周敦仁等译，上海译文出版社1996年版，第233—261页。

〔2〕［美］戴维·奥斯本、特德·盖布勒：《改革政府——企业精神如何改革着公营部门》，周敦仁等译，上海译文出版社1996年版，第54—62页。

营主体的信任和完美的假定的基础上，而这种假定会因为经营主体不可避免的逐利性而有着不确定性；事后的监管是建立在出现了问题和状况，亟需解决的背景下，不可避免的有着滞后性，而且有时问题的解决耗费的成本甚至更高。这也就是新公共管理理论，在各国风行过后引发的反思。

（三）新公共服务：公共人

1. 含义。正是在对新公共管理的狂热追求背后，有些学者开始对新公共管理理论在继承的基础上进行批判和反思，他们用公共管理的公共取向、民主取向或社群取向批评新公共管理学派的"市场模式"，提出了新公共服务理论。新公共服务学派认为，"资本主义与民主政治在强调保护个人自由而不是发展的现实问题的社会中共存。当今新公共管理的政府'市场模式'超出了早期'改革'的范围，具有消减公共部门管理中作为原则的民主政治的危险。"[1] 这种理论建立是希望政府不再热情高涨地从事市场化运动，而开始回归公共管理职能。首次正式系统地提出新公共服务理论的是美国学者罗伯特·丹哈特和珍妮特·丹哈特。

丹哈特夫妇提供了新公共服务与新公共管理比较的一个代表性范式，他们提出了对服务行政有相当指导意义的 7 个方面：①服务非掌舵；②公共利益是目标而非副产品；③战略地思考，民主地行动；④服务于公民而不是顾客；⑤责任并不是单一的；⑥重视人而不只是生产率；⑦超越企业家身份，重视公民权和公共服务。夏书章先生对此有这样的评价，"在传统公共管理与新公共管理之后，出现新公共服务运动，并非偶然，故不论他们之间的理论观点和具体内容上的分歧和争议如何，有一点似乎可以肯定和不容忽视，即强调或提醒公共管理主要是或者归根到底是公共服务的性质。"[2]

与新公共管理建立在个人利益最大化的经济概念上不同，新公共服务是建立在公共利益的维护之上的，是建立在公共行政人员为公民服务，并确实全心全意为他们服务的基础之上的；与管理主义追求最高的效率不同，新公共服务与公民分享权力，减少控制，以寻求的是更好的回应性。新公共服务者强调"对价值的许诺、服务大众、授权和分享领导权、务实的渐进主义和献身公共服务"[3]。

---

〔1〕［美］珍妮特·V. 登哈特、罗伯特·B. 登哈特：《新公共服务》，丁煌译，中国人民大学出版社 2001 年版，第 37 页。

〔2〕魏红亮："新公共服务理论的超越与困惑"，载法律图书馆 http://www.law-lib.om/lw/lw-view, asp? no=7803。

〔3〕［美］罗伯特·B. 登哈特：《公共组织理论》，扶松茂等译，中国人民大学出版社 2003 年版，第 206 页。

新公共服务理论表达了对服务价值的关注，它的终极意义就是以增强社群生活的共同的、善的方式提供公共产品和服务，并通过这种方式形成人的品质和公民的美德。新公共服务通过批评新公共管理，表达了自己民主治理的观念，强调了政府服务行为中对公共价值的追求。[1]

一般说来，公共服务可以按照不同的标准进行分类及划分为不同的类型。从范围上看，公共服务大体可分为3类：公共服务Ⅰ类，如国防服务、公共安全。这类服务是纯公共产品，其特性是非排他性和非竞争性。这类服务由于无法制定价格也就不可能收费，而完全由政府以财政方式提供。公共服务Ⅱ类，如邮政、电信、民航、铁路服务、水电服务等自然垄断性服务等。这类服务具有非竞争性强和非排他性弱的特性，其效益可以定价，从而可在技术上实现价格排他，使其具有私人物品的特性。公共服务Ⅲ类，包括公共环境、文体事业、公共医疗、公共交通和社会保障等，这类服务具有非竞争性弱和非排他性强的特性。由此可见，后两类公共服务具有混合产品的特性，它们往往拥有特定的服务对象，按受益原则向具体的服务对象直接收取一定的费用。[2]这种分类的目的，是针对公共服务的不同类型，政府来有区别的给予提供和规制。

2. 内涵。新公共服务理论开始反思市场供给方式的种种不足之处，主张在市场化的同时，强调政府的职能；主张在发挥社区与非政府组织在公共管理中的作用的同时，强调政府有所作为；主张在间接民主被广泛采用的同时，强调直接民主机制的作用，这是一种参与式国家模式。该理论的内涵包括以下几个方面：

第一，政府的职能是服务，而不仅仅是"掌舵"。新公共服务理论认为政府的掌舵职能在过去发挥了重要的作用，但是政府应提供的不仅仅是提供一种领航职能，也需要政府积极作为。因为当今时代发挥领航作用的公共政策涉及各种利益群体，决策的出台是这些作用相互博弈的结果，这种结果本身就包含着利益群体的妥协和混合。政府不应该纠结于这些利益的取舍和糅合，而是应该跳出利益争夺，从控制转变为议程安排，使相关各方坐到一起，为促进公共问题的协商解决提供便利。

第二，公共利益是目标而非商品。公共利益是一个美丽的目标设计，而不是可以被委托和交易的商品。公共服务总是与公共利益密切相关。新公共服务理论认为，要实现这个目标，就需要与作为公共利益主体的公众进行全方面的对话和协商。不是在不同的商业化主体之间妥协，而是更加畅通的回应公众广泛的利益

〔1〕 刘星：《服务型政府理论：反思与制度创新》，中国政法大学出版社 2006 年版，第 81~82 页。

〔2〕 马庆钮："关于'公共服务'的解读"，载《中国行政管理》2005 年第 2 期。

诉求。

第三，公共服务的对象是公众，而不是顾客。新公共服务理论认为，政府与公民的关系不能简单的等同于公司与客户的关系。作为公共服务目标的公共利益，不是用简单的计算能够算清楚的。在政府提供公共服务时，不仅要考虑效率，也需要考虑公平；不能仅仅关注顾客的短期利益，更要考虑公众的长远利益。

第四，以人为本，而不只是重视效率。公共服务的最终目的是为了人的尊严和价值，人的生存和发展。新公共服务理论希望通过人性化的治理方式，来满足人的需求和利益，这不仅需要政府在决策时考虑到以人为本，也需要政府通过与公民的合作与分享领导权的方式来运作。

二、实践：背景——制度——法治化

（一）背景

1. 内忧外患的困境。在美国，人们一直对政府有着深深的不信任与怀疑。麦迪逊就曾说过："如果人都是天使，政府就完全没有必要存在了。如果天使能够驾驭人，对政府外在和内在的控制也都是毫无必要的。在形成一个人管理人的政府的时候，最大的困难就在于：你首先必须使政府能够控制被治者；接下来的事就是要迫使它能够控制自己。毫无疑问，我们可以主要依靠人民来控制政府，但经验已经告诉我们一定要小心谨慎。"[1] 在这种将信将疑的观念下，美国碰巧又遇到了一系列具有很大影响力的事件，许多人都认为把钱浪费在了无能的政府手中。自下而上的种种不信任，使得民众站在了政府的对立面，而迫使联邦政府进行改革。而此时联邦政府自身又出现了严重的问题，在 20 世纪 70 年代后期，联邦政府的财政赤字相当严重，金融方面也存在严重的问题。美国政府建立的系统的社会保障福利制度，以及大规模的经济社会管制制度，使得政府的规模到了空前的地步，因此联邦政府财政预算赤字已经到达红线，国债几乎是过去的 3 倍，接近 1 万亿美元。在这种内忧外患下，直接引发了美国新一轮公共行政管理改革，这就是"新公共管理"改革。

2. 政府职能的转变。政府的角色伴随民众需求的增加与社会生活的多样，地位呈持续上升的态势。第二次世界大战后，受福利国家的影响，西方国家政府加大了社会福利和社会保障职能，这就是说，战后西方国家的社会管理职能，不仅包括了传统的如基础设施和公共设施等公共职能，还包括了大量的医疗、教育、就业、济贫、社区服务等各种社会福利和社会保障功能，政府成了一个无所

---

[1] Madison, *The Federalist Papers*, p. 51.

不包的社会大管家，在这种条件下，政府控制的资源却逐渐减少，这个管家也成了一个力不从心的大管家，更成了一个吃力不讨好的大管家。这会导致两个后果：要么政府尽力满足各项职能，这必然会导致政府机构的膨胀、人员的增加以及财政开支的加剧；要么政府必须放弃一些权力的行使，转交给别的主体来完成，这个同样也有一定的风险。所以，随着政府公共管理职能的增长和扩大，政府的变革也势在必行。

3. 官僚体制的变革。传统公共行政理念下这种严格的官僚体制渐渐无法适应美国的现实社会而期待改革。传统的官僚制模式是工业化时代的产物，是与工业化社会传统的工业技术基础和相对稳定的社会结构相适应的政府组织形式，在整个 20 世纪 70 年代以前的西方国家一直占据统治地位。自 1960 年代末以后，由于工业化国家开始由工业化社会进入信息化社会，社会结构和需求日益分化，原有的规模庞大、层级复杂、程序繁琐的官僚制模式就显得力不从心了。正如戈尔在其《国家绩效评估》报告中所说的："面临当前迅速变化的世界、飞速发展的信息技术、激烈的全球竞争和要求众多的顾客，庞大的、组织、控制、管理严密的官僚制组织——无论是公共部门还是私营部门——已经不能正常运行了"。虽然经过几任总统的努力，行政机构的弹性与效率有所改善，但是还没有得到根本性的改观，官僚主义在一些行政部门根深蒂固，所以，从乔治·W. 布什政府开始就对官僚制组织进行根本性的改造，以适应社会转型的需要。

（二）制度

1. 民营化风起云涌。美国在政府改革方面，深受新公共管理理论的影响。20 世纪 80 年代后，为了摆脱美国经济的困境，美国政府开始了全面民营化的政府改革，其核心为政府职能的市场化，政府放松对经济社会生活的各项管制。

长期以来，美国政府对公共部门的补贴一直都很高，面对巨大的财政负担，美国政府决心以私补公，用法律的形式批准私人的准入，即允许和促进更多的民营主体进入到公共服务部门，实行优胜劣汰的竞争性政策，调动社会力量，甩掉财政包袱。为了贯彻这个精神，美国政府在 5 年之内连续颁布了 5 个新法律条文，从 1978 年开始对交通运输领域进行了一场制度性的变革：在铁路方面，改革使详细规定的统一运费制度彻底崩溃，代之以新的特约运费制度，私人公司进入以后其劳动生产率明显高于国营公司，如 1987 年美国的里根政府将联合铁路公司 85% 的股权完全抛售给民间，是美国历史上出售的最大的国营公司；在航空方面，放松限制以后航空公司的数量激增，1978 年全美拥有喷气式客机的航空公司仅为 36 家，到 1983 年就增加到 95 家，从而促使航空客运价格在一定程度上的下降；在公路方面，改革使私人进入者激增，造成竞争状态，一些微利企业被淘汰，从 1980 年到 1983 年，共有 300 家公司倒闭或退出汽车运输行业，自由定价的比例开始增多。[1] 公众有了更多的选择机会、可以享受更好的服务质量。

美国各级政府普遍存在着用合同的形式来出租政府部分工作的现象，这是民营化的公共服务生产方式。政府想要干什么，就与私营企业和非盈利部门签订合同，让这些非政府组织满足政府提供公共服务的需要。据美国行政管理和预算办公室统计，1992 年美国政府花费了 2100 亿美元来购买承包商按合同提供的公共服务，几乎占到联邦开支的 1/6；环保署、宇航局几乎所有的工作都是交由承包商来完成；美国的卫生和人类服务部与蓝十字和蓝盾组织签订合同来管理数百万老人的医疗保健事务。相较于联邦，在地方上美国各州与地方政府公共服务合同出租的范围还要大，联邦政府比较集中在公共工程领域，而各州与地方政府单位合同出租的公共服务范围几乎无所不包，如医院、精神保健、公园管理与经营、污水处理等等。

由此可见，美国政府在提供公共服务领域擅长利用市场和社会的力量，推行公共服务的社会化改革，把政府的部分业务工作由竞争中获胜的私营企业与政府主管部门签订承包合同，范围涉及公用设施维修、消防、治安、社会福利和街道清扫等众多方面，甚至还包括了监狱承包业务。在这种民营化的浪潮下，制定出来的民营化的政策包括了出售、合同特许、凭单（抵用券）和法令委托等。而且将这种民营化渗透到了政府的重塑过程中，并为以后的历届总统所吸纳，成为政府再造计划的重要组成部分。

2. 预算管理减少成本。其实早在 20 世纪 60 年代，美国就开始采用 PPBS 预算管理方法，以政策执行成果为基础，对各项预算进行成本效益分析，当时主要是用作判断各部门政策是否合理的方法。其后 PPBS 转由会计检查院来负责计算评鉴，并开始订立详细的规则，具体由行政管理预算局（OMB）来负责成本效益分析及其审查。1989 年始，美国分别由 3 个行政改革新委员会进行不同主题之行政再造，承袭了之前美国行政革新的传统。伏尔克委员会（Volcker Commission）就是针对公共服务设立的。

3. 政府绩效提高效率。1993 年克林顿就职总统，面临当时美国庞大的财政赤字、国家竞争力下降与各级政府预算削减的内外形势，提出对美国僵化的官僚体系进行改革，使其转换成为企业化政府。克林顿指派高尔主持全国绩效评估委

---

〔1〕 郑秉文："试论外国政府对公共产品供给的介入方式"，载《中国社会科学院研究生学报》1993年第 5 期。

员会（National Performance Review，简称 NPR），以推动联邦政府再造工程，目标是使传统的"行政管理典范"转变成为"企业精神管理典范"，也就是开始引入新公共管理理论。NPR 执行原则有四项：①顾客至上；②删减法规、简化程序；③授能职员、追求成果；④节约成本，提高效率。此外，1993 年通过了《政府绩效与成果法》（Government Performance and Results Act，1993，PRA），成为美国行政改革最重要的法律依据之一。其中引进了企业策略管理理念，要求各机关依策略计划书改进管理责任、增加管理弹性；并透过策略管理与绩效评估进行成果衡量，绩效评估与政府资源管理决策相结合。

1994 年克林顿成立了冬季委员会（Winter Commission），主要是用以探讨地方政府以及州政府的公共服务的事项，从此，克林顿戈尔委员会（Clinton – Gore Commission）开始了全面的国家绩效评估。

总之，克林顿政府的公共服务改革的思路是"新的联邦政府必须把包在美国经济外面的，使得能推动新的生产率提高的市场竞争所遭受到压抑补贴和保护，一层层剥削，使政府摆脱强大的利益和无限制地给予政府津贴的政治，转而奉行解放市场力量的政策。"[1]

4. 人事改革开源节流。这种变革体现在政府组织人事的变革上。美国联邦政府负责推动政府机构改革的组织以"预算管理局"为首，而"人事管理局"、"总务局"、财政部内之"财务管理局"及"政府伦理局"辅佐之，其变革重点如下：

（1）组织重组：通过分权、授权使组织扁平化，大幅缩减各层级的人数，由 NPR 推动整个缩减过程，共计 54 项行政部门重组，删除了近 54 000 个督导职位。

（2）员额精简：克林顿政府为扩大联邦政府塑身规模的成效，预算至 2000 年提高精简目标为 272 900 名公务人员，6 年内完成削减 12% 的公务人力的目标。

5. 提高政府运营效能。

（1）为强化联邦行政权，推动双年式预算制度，改善预算循环，这一制度同时配合首席财务官法（CFOA）[2]，联邦会计准则、联邦公务员财务阳光法及现金管理改进法等预算相关法案。

---

〔1〕［美］威尔·马歇尔、马丁·施拉姆·克林顿：《变革方略》，达洲等译，新华出版社 1993 年版，第 21 页。

〔2〕1990 年通过"首席财务官法"推动政府财务 5 年改善计划，各机关根据 CFOA 将预算与财务管理予以整合，由首席财务官总其责。同时，首席财务官成立绩效衡量办公室，对财务与计划管理进行标杆管理。

（2）修订不合适宜之法令规程，由机关外部引进简化程序、流程再造及改变组织文化之技术，1994 "联邦采购简化法"，大幅降低采购书面程序；1991 年全面推动电子化政府，期以资讯化降低行政成本；减少文书作业法要求建立 "资讯与管制事务局"（OIRA），政府部门汇集之资讯必须经由 OIRA 之审核，以控制资讯之泛滥。

（3）将企业精神纳入政府服务系统，顾客至上，以最佳品质服务民众，1994 年 9 月出版美国第一本政府服务标准手册。

（4）要求联邦与各级政府进行施政成本效益分析，撙节近 1180 亿美元；1997 年 1 月 1 日美国 "择项否决法" 生效，总统得以择项否决方式降低预算支出，削减预算赤字。政府部门开始与民间企业建立 "协力关系"，透过市场与借重私部门执行政府计划，增加 "服务性组织" 之竞争性。

总之，美国政府基于公共服务的政府再造，涉及多任总统，特别是从 2000 年克林顿政府提出全国绩效评鉴制度，倡导 "从官僚主义至成果主义"、"国民（即顾客）优先" 的改革后，继任者布什政府则提出了新市场主义政策，而现在的奥巴马政府在内忧外患的国家经济形式下，呼吁民众参与公共服务之中，特别强调了民众的志愿服务来缓解政府的各项压力。

（三）法治化

1. 法律先行。在每一次美国政府改造工程之前，必先经过一系列的博弈出台相关的法案，作为政府改造的引导。每一部法案就如同一张蓝图，政府按部就班的按照法案的规划来实施相关行政行为。美国的立法根据立法主体的不同分为联邦立法和州立法。由于每一次变革都伴随着法律的变更，所以美国涉及公共服务的法案不但数量多，而且更新较快；其内容既包括了实体也包括了程序。美国立法的内容也在发生变更，在现代给付行政模式下，授益行政的权利基础从生存权拓展为受益权，不再属于 "防范国家的权利" 或者 "针对国家的权利"，而是属于 "通过国家的权利" 或者 "向国家要求的权利"，因而，满足权利主体要求的义务大多属于积极义务而非消极义务。[1]

美国的立法是三权分立体制下的权力博弈，特别是行政法领域直接使立法权与行政权正面交锋，由于行政权的强势性格和天然的膨胀性，立法者往往对此尤为谨慎，但是过度的约束与限制又会挫伤行政机关的积极性，在公共服务领域更是如此。公共服务依赖政府的积极作为，但对于这种积极作为的法律约束往往成

---

〔1〕 解志勇："正当程序：·服务型政府建构的行政法机制"，载中国法学会行政法学研究会：《服务型政府与行政法》，浙江工商大学出版社 2009 年版，第 390 页。

为福利国家的一个难点。

2. **法律至上**。美国的政府的权限严格在法律的规制范围内。美国重塑政府运动的基本经验之一是以完善的法制和制度基础为保障的。法制是美国政府管理和社会运行的基础，一切政府管理活动和社会管理活动都是在法律的基础上开展的。美国社会具有良好的尊重法律、遵守法律的传统，以联邦宪法为基石的法律体系也相当完善，为社会生活的方方面面提供了细致周密的行为规范。同时，美国政府在长期的制度建设和依法行政过程中，也形成了比较完备的行政规则、规章，指导和规范着政府雇员的行为。此外，美国社会中存在着较为强大的以新闻媒体为代表的社会监督力量，也有助于约束政府及其雇员的行为。美国公民的良好法律意识、健全的法制体系、完善的制度结构，即为实现社会正义提供了根本的保障，也为实践重塑政府的一系列措施奠定了基础。

3. **法律程序**。应该说美国是世界上行政程序制度最好的国家之一。1946 年美国《联邦行政程序法》（Administrative Procedure Act）正是基于正当程序的理念而做的制度设计，也是在这部程序法中首创了听证制度，在世界范围内产生了广泛的影响。

美国的正当程序是源于英国的自然正义原则，起初主要适用于司法领域，后来扩展到行政领域。在公共服务领域，程序既可以规制负担行政行为，更可以应对日益增加的授益行政行为。而针对服务型政府的众多立法规范的很多内容不是具体的数字或是实体，而是程序规范，这些程序规范的设计恰到好处的处理好了立法、司法与执法的关系。

程序是实体的保障。没有正当程序的规范，行政法治所要求的法律至上就难以实现。因此，行政法治对法律至上的要求必然要通过正当程序来实现。行政程序应当由法律来设定，其效力与其它法律相同。只有严格按照法定程序进行的行政行为才具有效力，没有依据正当程序的行政行为是违法行为。依法行政在一定意义上就是依程序行政。程序的作用在于有效防范行政权力的专断和滥用，保障行政机关做出最有效的行政行为。

4. **信息公开**。服务型政府的一个重要的内容就是政府更加开放，使公众获得信息的渠道更加畅通，从而方便公众与政府之间的信息交流。从立法上说，美国最早规定行政公开的是 20 世纪 30 年代制定的《联邦登记法》，60 年代以后美国详细制定了《信息自由法》、《阳光下的政府法》、《联邦咨询委员会法》、《隐私权法》等一系列有关行政公开方面的法律，形成了一套较完整的行政公开制度。由于 1789 年《家政法》（Housekeeping Statute）[1]和 1946 年《联邦行政程序法》（Administrative Procedure Act）不能满足大众对政府信息公开的要求，在美国法律界、新闻界和政府开明人士的共同努力下，终于在 1966 年制定了《信息自由法》。这部法律虽然明确规定了政府文件的公开与不公开、公开的形式等问题，但是也由于有些词语含义的模糊、申请公开的期限、费用等方面都存在很大的问题，这些导致了这部法律在实行的前几年效果不是很明显。随着法院审判实践的发展，这部法律经过 1974 年、1976 年、1986 年、1996 年、2002 年、2007 年等几次修改已经逐步走向完善。

但是进入 21 世纪以来，特别是美国"9·11"事件以后，为了国家安全的考虑，美国的政府信息公开在这个时候也发生了一些变化。跟许多国家一样，信息公开方面最大的阻力来自于政府，到布什政府上台以后，奉行保密主义的布什政府更加注重了对政府信息的保密，在国家安全这个大环境下，司法机关、议会对政府的这种保密政策采取了默认甚至是助长的态度。所以国会在 2002 年修正了《信息自由法》，颁布了《信息自由法修正案》（The Restoration of Freedom of Information Act），对相关信息公开限定了一些限制，随着形势的发展，国会在 2007 年的时候又一次颁布了修正案，来促进政府信息的公开。

美国的信息公开的法治化道路伴随着世界形势和美国国内形势的复杂变化，即使在美国信息公开实施困难的时期，政府为了提升公共服务效率和公共治理能力，仍然采用相对开明的政策来为《信息自由法》的实施保驾护航，从而保障公众的知情权和监督权，这是一个民主政府不可缺少的。

5. 公众参与。美国自从 1946 年通过了《联邦行政程序法》（Administrative Procedure Act）后，开始规制政府的立法程序，其中特别规范了政府立法的程序，包括了正式程序与非正式程序两种。后来，其它的有关法律以及法院判例和行政机关制定的规则对政府法规制定程序做了一定的变更和补充，逐渐形成了一种折中的程序（混合程序）和协商程序。

虽然有多种程序设计，但是无论哪种程序都或多或少地涉及了公众参与。由于基于公共服务的政府理念，行政立法权在不断的扩张，随之也带来了公众对政府的不信任和政府立法权扩张的威胁。而公众的参与是一个弥补行政立法民主性不够的很好的方式。一方面通过公众的参与丰富政府的信息渠道，了解公众的需

---

[1] 也有的学者将其译为《管家法》，严格来说并不能称其为法律，应该是法令、条例之类的规范，它是由美国国会于 1789 年 9 月 15 日通过的一系列条令里的一个，这些法令主要用来保存政府的法案（act）、记录（records）和公文（seal）。

求；另一方面，公众的参与也是对政府很好的制约和监督，通过各种质疑和辩论，来完善政府决策和立法的效果。

但即使是做了详细程序设计的美国行政程序法，在美国的行政立法中也受到了各种挑战，所以才会在原有的正式与非正式两种程序之上，又增加了混合和协商两种程序来弥补前两种程序的不足。由于政府的公共服务涉及的是公众的利益，由公众来参与在逻辑上与结果上都是必不可少的。

6. 法学的经济学潜能。将法学和经济学相结合已成为目前法学研究领域的一个新的"流行"。美国政府改造的重点之一就是如何通过最小的成本而取得最佳效益的成本—利益关系分析。法学与经济学并非楚河汉界清晰的两个学科，无论是前文所述的政府预算、人事改革还是政府绩效评估，都是一种经济学的研究思路的运用。经济学的研究方法有着直接、便捷、有效的特点，但是也有着功利性、短期性的不足，而法律在制定与执行中，可以借鉴经济学的数据、分析方法，同时可以通过法律的正义、公平等价值来弥补经济学的不足之处。这在美国的实践中表现得尤为突出，政府通过提供服务的投入产出比来分析服务的效率，通过经济行为的外部性来考查政府规制的重点，通过将广泛运用于企业的绩效评估方式来评估政府的效能，因为服务型政府应当是一个高效、有序的政府。

7. 完备的司法审查制度。行政程序制度和司法审查制度是美国依法行政的两大保障。如果没有司法审查的监督制约，行政权的控制和对公民自由与权利的保障也会变成一纸空文。随着美国服务行政的兴起，司法审查的目的和范围也在发生变化，从过去致力于防止行政机关滥用行政权力侵害公民权利和自由，扩大到公众对行政决策的参与，对政府信息的知情，对行政机关对公众提供福利与服务的监督等方面。在美国，司法审查制度除了 20 世纪 30 年代有所放松外，从整体角度而言，司法审查是呈逐步加强趋势的。也就是说在服务政府的背景下，行政权的扩张本能在加剧，行政权的疆域在扩大，司法并没有表现出宽容和视而不见，而是逐步加强了司法审查的范围与强度，这也表明了美国一如既往的强调对行政权扩张的控制，以及对由于行政权力导致公民权利损害的救济。

三、启示：比较——借鉴——探索

（一）中美服务型政府法治化之比较

美国政府法治化的道理对我国的服务型政府的建设有着重要的参考价值，但是由于我国与美国的经济发展阶段、法治建设水平、历史文化传统等方面的差别，所以难以照搬美国模式，中美在服务型政府方面的区别主要表现在：

1. 时代背景。中美在服务型政府提出的时代背景上的差别具体表现在：

首先，按照 F. A. 哈耶克（F. A. Hayek）的说法，美国服务型政府理论的提出是由于一种自发性的需要，是自然而然发展起来的，政府角色根据市场的发展作相应的改进与变换，因此具有内生性的特点。而我国的法治道路一直具有外生性，我国的市场采取的是一种以行政力量推动的嫁接式的市场改革模式（grafting marketization），是政治与市场两种不同功能彼此间交互作用的制度，它如同农作物枝芽嫁接，有可能导致制度安排上的功能混合与两种共生的转型形态。[1] 加之全球化、信息化等因素的影响，所以具有后发性的特点。

其次，美国的政府再造是基于内忧外患的国内形势，不得不为之。美国日益增加的财政赤字和对外一系列的战争让民众不再那么信任政府，而逼迫政府不得不采取一定的变革，以增强民众信心。而我国的政府从 20 世纪 80 年代开始就开展了政府管理模式的改革，我国的服务型政府是在和谐社会背景下的必然选择。我国政府的转型集中表现在：政府不再当然地被假想成为一个全能的"超人"，其职能逐渐集中于经济调控、市场监管、社会管理和公共服务 4 个方面。[2] 政府的改革并非基于庞大的赤字和复杂的形势，而是政府自我完善的需要。

这种时代背景上的差别也就决定了服务型政府理念在提出的目的和理念的内涵上的区别。应该说对于隶属于公共行政的公共服务的研究"既是行政法学者研究的有效对象，也是他们需要保持回应性的事项。重要的是，行政法应与其行政背景同步"[3]。

2. 理论范式。美国的服务型政府是基于一个从传统的行政管理理论到新公共管理理论到新公共服务理论的理论变迁，在每一次理论的推进中，都会汲取前一理论的经验，并克服该理论的弊端。这是围绕着政府管理模式进行的理论探索，并且伴随着理论探索和实践尝试来完善立法，使其法治化。特别是新公共服务理论是一个系统的理论体系和范式，是从所追求的价值目标出发的，涉及法学、管理学、经济学、社会学等多学科的理论体系，立论基础是当代的民主社会的公民权理论、社区和公民社会的模型等，将政府责任从管理规制转变为具有伦理责任和公民参与的政府模式，使政府组织机构更加开放、透明，并提供一个多边的决策与协商机制。这种理论范式的推进和完善更好的促进了立法活动的进行和衔接。

我国的服务型政府是先有理念，后有制度，最后才是立法。对于服务型政府

---

[1] 沈荣华、沈志荣："服务型政府论要"，载《行政法学研究》2008 年第 4 期。

[2] 朱维究："走向服务型政府——中国 30 年行政法制建构"，载中国法学会行政法学研究会：《服务型政府与行政法》，浙江工商大学出版社 2009 年版，第 3 页。

[3] ［英］卡罗尔·哈洛、理查德·罗林斯：《法律与行政》，杨伟东等译，商务印书馆 2005 年版，第 76 页。

概念的提出最早是 2004 年温家宝总理在省部级主要领导干部专题研修班上的讲话，然后是各地政府呼应式的行动和改革，但是理论对此的回应却显得滞后和被动。也就是说我国的政府改造不是基于理论到实践的过程，而是先有理念，之后是实践探索和制度设计，最后才是理论的回应。这种理论的回应更多的是一种附和和阐述，缺乏系统的知识体系。这样的理论后置会阻碍服务型政府理念的长久推进和实施效果。

3. 行政法治环境。美国法的基础是英国普通法，两国同属普通法系国家，其行政法理论和制度有诸多相似之处，尤其是在自由资本主义时期，美英行政法几乎完全一致。直到 19 世纪末，为了解决工业迅速发展而引起的一系列社会经济问题，美国建立了独立管制机构，标志着美国行政法开始形成自己的特色。[1] 1946 年美国制定了《联邦行政程序法》，从行政程序和司法程序上对庞大的行政权加以控制，促进了美国行政法的迅猛发展。也就是说美国的立法对于行政权进行了从实体到程序的严格限定，美国的司法审查制度又通过缜密的程序规定对行政权违法进行救济。美国宪法通过三权分立的限定和对公民基本权利的保护，对依法行政提出了一系列的程序要求和制度保障。总的来说美国的行政法以其正当法律程序和司法审查方面的发达与完备为特色。

我国的行政法起步较晚，虽然通过 30 年的发展，已经制定和修改了一系列涉及行政权的法律，但是相对于政府职能的变化和社会生活的变化而言，这种修改的幅度、频率和内容还远远无法满足需要。与美国相比较而言，首先我国并未有独立的《行政程序法》，虽然各方面都在极力呼吁行政程序法的出台，但是在利益博弈之间我国的行政程序法依旧停留在学理层面；其次我国的行政立法层级较低，除了现有的《行政许可法》、《行政处罚法》、《行政强制法》等法律之外，大量的影响行政行为的法律依据依旧是行政法规和规章；再者美国的依法行政已经内化为行政机关的行为底线，无论从职权到程序都严格的适用着法律保留原则，但是我国目前行政权独大，且在服务型政府理念下这种行政权还在膨胀，在立法上对新生的行政行为类型难以规范，而司法又难以对其形成很好的制约，这也是服务型政府理念下行政法治最大的挑战。

4. 责任体系。美国的政府再造中，无不关注政府责任的承担。无论是内部的绩效评估还是外部的司法审查制度，都是对政府公共服务的供给状况的考查和监督。由于公共服务背后透着伦理和道德的考量，所以在责任承担上，较之传统的行政行为，更难以获得救济。无论是大量的给付行政，还是大量的政府不作

---

〔1〕　王名扬：《美国行政法》，中国法制出版社 1995 年版，第 48 页。

为，对这一类行政行为所造成的侵权行为的救济都存在一定的困难。美国首先通过绩效考核制度来考查行政机关的效率与效果，特别是 1993 年，克林顿总统成立了"国家绩效评审委员会"，该委员会于 9 月发表《从繁文缛节到结果导向：创造一个花钱少、工作好的政府》的报告，其中就涉及将新的关注焦点集中于结果、服务质量以及顾客满意度之上，改进项目的效果与公共责任上，并要求人员制定实现工作目标的规划，以及提供工作结果和服务质量的信息，以改进公共服务等等。通过这种激励与惩罚并存的制度来监督行政机关的公共服务。其次美国"虽然不崇尚行政诉讼的类型划分，但其相关司法救济形式也具有与诉讼类型化类似的功能"[1]。美国的判例法传统又可以对很多新出现的服务行政行为进行补充。

虽然我国也开始大规模的尝试政府绩效评估，但是这种绩效评估容易被形式化。一方面政府并没有完全转变从管制到服务的观念，因而这种评估成为一种表面文章，另一方面作为评估的第三方的民众对此的冷漠与淡薄也给评估的公平性造成了困扰。而在法律救济方面，我国对行政行为的救济主要是围绕着行政复议和行政诉讼两种途径来进行，特别是行政诉讼作为最后一道保护屏障的作用更加突出。行政诉讼中对于行政行为的分类过于简单，且缺少类型化的分析。特别是行政诉讼法的司法解释在事实上缩小了原本已经有限的可诉行政行为的类型。而对于大量的由于公共服务产生的行政行为，却无法获得救济。以日益增加的给付行政为例，即便是对带着柔和、温情、慈爱面纱的给付行政，仍不能忽略面纱背后强大"利维坦"的存在，仍应通过适当的法律程序进行引导，以兴利除弊。[2]虽然给付之诉在行政诉讼法中有所规定，但是只限定于特定的几种具体行政行为，不但一些事实行为，如政府建设街道，设立、经营及维持公共机构、公共设施等，不属于诉讼范围，一些除给付抚恤金等之外的具体行政行为也无法获得救济。这种过窄的诉讼受案范围为公民寻求救济堵上了一扇门。

（二）美国服务型政府之借鉴

1. 有限政府之政府与企业的互动。在美国，政府与企业是互动的，且呈规制式的模式。这一模式可以被形象的称为"金字塔型"。

如图所示，在这些与经济和市场相关各项职能中，建立市场、监督市场、引

---

〔1〕 章志远："给付行政与行政诉讼法的新发展——以行政给付诉讼为例"，载《法商研究》2008年第 4 期。

〔2〕 江必新、邵长茂："共享权、给付行政程序与行政法的变革"，载《行政法学研究》2009 年第 4期。

导市场和参与市场是一种从强到弱的趋势。[1]具体
说来，在建立与监督市场方面，政府发挥的作用较多
较强；在引导市场方面，政府发挥的作用较为谨慎和
有限；而在参与市场方面，政府则主要限于一些私人
不宜经营的领域，如基础设施建设、公共服务提供方
面，而更多的领域通过 BTO、托管、出租等方式交由
私人来行使。

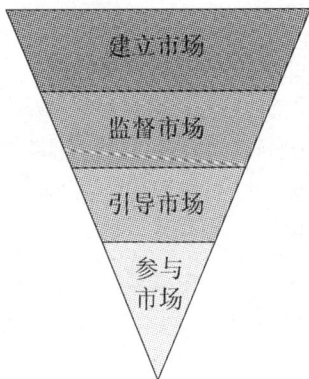

　　而我国政府的职能范畴往往相当广泛，且习惯于
亲力亲为，这主要是两方面的原因：一是行政权的扩
张，政府的职能随着社会事务的纷繁和生活内容的丰
富持续的扩大着，甚至有学者提出政府"管了许多不该管、管不了也管不好的
事，相反，该管的事却没有管好"[2]。二是其他社会组织的不发达，与美国社
团组织与私营企业的发达相比，我国的非政府第三方组织总是少且微，鲜有参与
到社会事务的组织与管理中，即使有一些社会团体在尝试着行使规制权，这种权
力的行使也有着浓厚的行政权色彩，难以褪去行政机关的色彩。

　　应该说，我国的公用事业的民营化也开始了一段时间，公用事业是一个将公
共服务进行市场化改造的很好的视角，是一个更容易进入的切入点，为此也制定
了一系列的行政法规、部门规章、地方政府规章等，如建设部颁布的《市政公用
事业特许经营管理办法》是我国第一部关于市政公用事业特许经营制度的规章。
各地也结合各地情况，制定了不少关于公用事业的地方政府规章。深圳市 2003
年 5 月 1 日正式实施《深圳市公用事业特许经营办法》，北京于 2006 年 3 月 1 日
实施了《北京市城市基础设施特许经营条例》，杭州市在 2007 年 7 月 1 日实施了
《杭州市市政公用事业特许经营条例》等。

　　与频繁立法活动相对应的是这几年各地的实践总是举步维艰，很多领域的民
营化陷入了低潮，甚至是停滞。在社会组织与政府的博弈中，这些非政府组织总
是阻力很大、动力不足。因而表现出来的不仅是市场化程度不高引起的低效率，
更多的是因为民营化而出现的权力寻租、私人垄断与贪污腐败等社会问题。民营
化不是一个闪亮的口号和鲜艳的旗帜，更应该是一种由竞争的忧患意识、公平的
服务理念和高效的服务供给等合成的公共服务供给模式。

　　2. 行政组织变革之中的政府职能转变。一个国家的公共行政在理顺社会需

---

[1]　吴声功：《服务型政府的构建》，社会科学文献出版社 2006 年版，第 64~65 页。
[2]　吴声功：《服务型政府的构建》，社会科学文献出版社 2006 年版，第 193 页。

要的基础上应包括哪些职能，这些职能在各级各类行政机关中应当怎样进行分配，国家应如何设置、变更或撤销行政机关，各级各类行政机关的性质、地位、任务是什么，它们分别拥有哪些职权、承担哪些职责、其活动遵循哪些基本规则，他们如何组成，编制怎样确定，其属下公务人员的任用、培训、考核、奖惩、晋升、流动等如何进行，凡此种种，都可容纳于"公共行政组织"这一课题。[1] 与行政组织密切相关的人事制度、职权设计等都与行政职能有着密不可分的关系。每一种政府职能的定位都决定着行政法的发展，政府职能定位的每一个新的转向都使得原来的行政法受到挑战。[2]

就行政职能的目标而言，法国学者莫里斯·奥里乌认为"行政职能的目标在于实施一些管理行为和行政操作，即通过一些法律的、技术的行为和程序，满足公众的需要，实现对公共事业的管理。"[3] 也就说政府行政职能的目的是为了满足公众的需要，为公众来服务，而不仅仅是管理和规制。

就政府职能的范围而言，服务型政府可能带来的是政府职能范畴的变化，但是一个"大政府"并不一定是"强政府"，美国政府的缩水就是这种理念的表现。在服务行政的内容扩大时，美国的政府机构反而缩减了。而我国的政府职能却在政府服务的名义下，不断扩展疆域，增加行政成本。但是与我国政府机构膨胀相矛盾的却是政府职能的越位、缺位与错位。越位是政府承担了其职能以外的工作，缺位是政府应该做的事情却没做好，错位是政府错承担了其不该承担的职能。由此带来的问题就是效率低下、成本增加、人员机构臃肿等。美国也曾经经历了这样一个时期，但是在巨大的内外压力下，美国政府选择了政府的瘦身。瘦身不是一个简单的加减法，而是一个政府职能转变的思路在其中。

服务型政府理念下的中国政府应该具备依法行政理念、公平与效率理念、互惠理念和协商理念，树立市场和服务的理念等。政府不再大包大揽，而是关注于市场主体的培育，其实质就是要"变计划经济体制下政府所承担的直接经营管理的职能为社会主义市场经济体制下间接调控的职能，变微观管理为宏观控制为主，变纵向管理为横向协调为主，变指挥命令为调节服务为主。"[4] 但是如果执行的不好，会带来更大的权力膨胀，很多原本不属于政府职权的事项在服务的名

〔1〕 应松年、薛刚凌："行政组织法与依法行政"，载《行政法学研究》1998年第1期。

〔2〕 雷绍玲、陆俊松："服务型政府对规则之治的挑战及其出路"，载《河南司法警官职业学院学报》2010年第12期。

〔3〕 [法]莫里斯·奥里乌：《行政法与公法精要》（上册），龚觅等译，辽海出版社、春风文艺出版社1999年版，第13页。

〔4〕 沈荣华："转变政府职能的若干思考"，载《政治学研究》1999年第4期。

义下被堂而皇之的行使着，且没有相关法律的约束。

我国的社会背景和突出问题与美国并不相同，所以无法直接套用美国的制度设计。我国政府观念从管理者开始向服务者转变，但是服务型政府对原本在管制模式下的运行已经问题重重的政府提出了更大的挑战。甚至有学者质疑政府若能将职权范围内的事情做好已是难得，又何谈服务型政府理念下对政府更高的要求呢？但是这种理念的转变又恰好是一个契机，让政府重新梳理自己的职权和行使职权的方式。这又同时期待着我国政府立法工作，在《行政许可法》、《行政强制法》等一系列法律通过实施的同时，需要进一步从法律上限定政府的职能范畴和程序规范。

3. 行政考核之政府绩效评价体系。现有的政府工作评价标准与奖惩机制也是制约我国政府向服务型政府转变的重要因素。绩效评价以绩效为本，以服务质量和满足社会公众的需求为第一评价标准，以加强与改善公共责任机制为第一要务，蕴涵了公共责任和民众至上的治理理念，使政府在管理公共事务、提供公共服务和改善民众生活质量等方面具有竞争力为评价目的。绩效评价的目的是为了建立行之有效的激励约束及责任追究制度，激发政府部门及其公务员自觉提高服务质量。

这种用于企业考核的模式被引入到了政府工作评价体系中，也是一种新的尝试，因为政府管理与企业的经营管理有很大的不同，政府工作的好坏评价不是一个简单的量化，而是一种公众的评价。服务政府下，政府的运行成本也会提高，因为要提供服务，必须要投入一定的人力、物力和财力，政府提供服务也不同于市场供给，往往没有竞争而具有天然的垄断性，这些都会导致政府的运营成本上升，政府的财政支出增大最终会通过税收等形式转嫁给民众。而对于服务的质量和效率却又往往难以衡量，公共利益始终是一个模糊的概念，很难清晰地说出服务的供给对象，也就很难保障服务的公平供给，而政府的服务项目的增加则又在一定程度上降低了原本已经效率低下的政府的实际效率。政府往往不像企业一样有着竞争上的压力，企业会自发的提高效率、降低成本，而政府高高在上的垄断地位，使其缺乏这种上进心和不安感，这也是各国服务行政中的悖论。因而绩效评价体系的引入是一个很好的药方。但是绩效评估机制已经实施了一段时间，我们仍然难以清晰地看到评估的成效。绩效评估应本着注重民意、注重舆情、注重公论的原则，确定详细而科学的量化标准，并伴有准确的奖惩机制才能发挥其真正的效能，其中公众对服务质量和效果的评估是一个重要的参考依据。

4. 行政民主之下的公民参与。新公共服务是一场基于公共利益、民主治理过程的理想和重新恢复的公民参与的运动。[1] 建设服务型政府是推进民主政治发展的需要，同时也是民主政治发展的结果。[2] 在公共服务中，作为行政相对人的公民要求越来越多地直接参与到行政决策、行政立法以及行政决定中去；越来越多的领域也需要接受公民的咨询、建议、听证等，连近几年影响较大的几部法律法规的制定都几次在全国范围内征求意见，那么这些与公民紧密联系的行政行为更需要公民的参与。这种公民的参与，实际上既是对行政权的事前监督，也有利于在一定程度上弥补行政权的不足，并有效的防止行政权扩张中的一言堂，兼顾了民主性的要求。正如英国学者贝洛夫所指出的，"一个发达的行政法制度不是高效政府的对手，而是助手。"[3] 民众的参与和媒体对政府决策的讨论、批评、建议，必然会限制和校正行政权，有利于其沿着健康之路合理扩展，最终受益者将是作为"主权者"的人民大众。[4] 也就是说公民参与是公民民主意识觉醒的重要特征，也是民主行政范式的一个重要标志。

但是在我国公民参与变为了一个可以看到听到却摸不到的空中楼阁，服务型政府的目的就是为公众提供更好更优质的服务，但是作为服务对象的公民却没有能真正参与其中，又如何体现民生与民声呢？哪些领域公民能够参与、公民如何参与、公民参与的效果、公民参与的救济……对于一系列困惑的解答仍似一个猜想。我国公民参与热情不高，这并非是公民对与自己利益密切相关的行政行为的漠不关心，而是一种心灰意冷。所以美国的《联邦行政程序法》将公民参与的制度作了设计和保障，这正是我们对于行政程序的规定中所欠缺的。

（三）我国服务型政府法治化之探索

1. 法律保留原则。所谓法律保留，是指行政权的作用仅在法律授权的情况下，才可以为之。换言之，如果没有法律授权行政机关即不能合法地作出行政行为。[5] 很多学者质疑法律保留原则会不会受到服务型政府的挑战？也就是说服务型政府还需不需要遵守法律保留原则？有学者认为一般仍要遵守法律保留原则，但在服务行政或者给付行政领域并不需要完全受法律保留原则的支配，政府可以选择多为民众提供一些法律服务或者提供质量更高的公共服务，只是在某些

---

〔1〕 ［美］珍妮特·V. 登哈特、罗伯特·B. 登哈特：《新公共服务——服务而不是掌舵》，丁煌译，中国人民大学出版社 2004 年版，第 3 页。

〔2〕 姜明安："加强对服务型政府建设的理论研究"，载《行政法论丛》（第 13 卷），法律出版社 2011 年版，第 2 页。

〔3〕 ［英］迈克·贝洛夫："英国行政法的实质"，1997 年 11 月中国—欧盟法律研讨会论文。

〔4〕 张帅："美国行政权扩张问题研究"，山东大学 2010 年博士学位论文。

〔5〕 应松年主编：《当代中国行政法》（上卷），中国方正出版社 2005 年版，第 89 页。

特殊情况下，如当给付行政同时具有负担效果时，或者将间接增加国民负担时，则应严格受法律保留原则的支配，即必须取得合法授权。[1] 这种理解只是一种理想状态，首先，何为给付行政具有了负担效果或是间接增加国民负担呢？每一项公共服务都是需要耗费成本的，这些成本最终必将通过税收等形式转嫁给公众；其次，在我国公共利益一直是一个敏感的词，只有在最新的《国有土地上房屋征收与补偿条例》中才首次界定了公共利益的范畴，即使这样的界定在实践中仍有很多困惑，如果没有法律保留，很难避免政府打着公共利益的旗帜却为少数人谋利益；最后，就现有的情况而言，我国政府尚且能轻易的突破法律，如果再开了这个口子，就会为政府越权行为提供合法的借口。法律保留原则是一个重要的行政法基本原则，也是约束行政权行使的重要依据，不应该被轻易突破。

2. 立法。美国总是自上而下有着大量的法律和案例，而我们并没有美国那种大规模立法和高速度立法的背景，也没有美国用一个个鲜活的判例积累起来的实践法，我国一部法律的出台总是多方博弈、长期制衡的结果，几部备受关注的法律更是如此。应该说我国的立法状况已经有了很大改善，但是面对服务型政府带来的新的挑战，立法往往又有些力不从心。与法律的难产相对应的是行政法规和地方政府规章的泛滥。这些立法程序相对简单，但是适用性较强的法规规章是行政机关自己出台的，很难保证其民主性和公正性。法律保留的一个重要的意义就是通过法律来约束行政机关的立法权。服务型政府下的立法权同样依赖于法律与法规、规章等多种形式。可以用法律的形式来规范行政机关立法的程序与范畴，以及相关的监督。但是通过赋予行政机关立法权来丰富行政机关的公共服务职能，使行政机关在法律框架下能有所作为。

与严格限制政府权限的实体法而言，规范政府职权行使的程序法更为重要，我国没有美国的那种行政程序法，而我国政府向来有着我行我素的行事习惯，虽然服务型政府倡导政府一种更为灵活和宽松的职权行使方式，但是通过美国的立法可以看出，很多法律并不是限定政府的行为，不鼓励创新，而是通过严格的程序规范，来预防滥用职权和怠于行使职权的情形的发生。应该说好的立法不仅保护着相对人的权利不被侵犯，约束行政机关合法行使职权，同时也是给行政机关提供了一种自我保护。

与立法相关的一个重要问题是关于立法中的公民参与。我国的《立法法》第58条规定了行政机关在起草行政法规的过程中，可以采取听证方式听取公众的意见，从而首次确立了公众可以参与政府立法工作。2001年国务院修订了

---

[1] 江必新："行政法学应该如何回应服务型政府的实践"，载《现代法学》2009年第1期。

《行政法规制定程序条例》，同时又出台了《规章制定程序条例》，对公众参与行政立法的规定进行进一步的完善。《立法法》没有在立法审查阶段规定公众的参与权，《行政法规制定程序条例》和《规章制定程序条例》弥补了公众在立法审查阶段的参与权，但是这种公众参与立法还是更多停留在理论上，实践中鲜有见到，公众既缺乏参与的渠道和积极性，也缺少相应的法律程序保障。

3. 救济。与立法难相比较而言，更难的是法律的实施情况，如何防止法律之外的灰色地带，如何防止法律被架空，如何保证行政机关依法行政以及如何对相对人进行救济才更为困难。服务型政府下政府的权力更有灵活性和应急性，更何况服务行政更多的表现不是一种侵害，而是一种供给，所以才有"行政管理有责任，公共服务无过错"的错误看法，针对公共服务责任不易发现、不易衡量和不易追究等特点，就需要建立健全服务型政府理念下的法律责任追究机制。美国的政府行为有着严格的司法监督体系，而我国要充分利用现有的权利救济机制，并积极推动其不断完善，增强其化解公共服务纠纷和为公民权利提供救济的功能，防止公共服务权利因得不到公正救济而贬值。[1] 这就需要拓展权利救济范围，降低权利救济门槛，简化权利救济程序，提高权利救济实效，强化有效法律裁决的执行，致力于行政复议机制的公正和行政诉讼机制的完善。这需要期待行政法学的回应和反思。

四、结语

服务型政府可以被简化的理解为为公民服务的政府、为社会服务的政府，因此服务政府的指导思想正是公民本位和社会本位。在公民和社会利益多元化的今天，要协调好多元利益的均衡点，尤其是维护好边界模糊的公共利益则需要依赖法治，只有这样，服务型政府才具有权威感和公信力。

美国等西方国家的政府再造改革经历一轮又一轮的探索与修正，相较于实践中的制度探索，更困难的是把零散的制度上升为完整的法律规范。美国的政府改革总是建立在系统的法学理论研究的前提下有步骤地展开，从而使立法的过程变得容易；而我国更擅长于先实践探索再上升为理论，因此制度的建立缺少系统性和长期性，立法不但只能小修小补，还要谨小慎微地处理好不同法律之间的冲突和矛盾。当掌舵还是划桨不再成为行政法学者关注的热点，我们在研究美国公共服务制度之外，更需要思考的是如何为中国政府公共服务寻找法治的基石。

---

〔1〕 袁曙宏："服务型政府呼唤公法转型——论通过公法变革优化公共服务"，载中国法学会行政法学研究会编：《服务型政府与行政法》，浙江工商大学出版社 2009 年版，第 9 ~ 20 页。

借鉴与超越：服务型政府的法治化实践

王　菁*

一、西方服务型政府的法治化之路

西方国家关于行政模式的理论与实践发展实际上就是一部西方国家法治文明的历史。我们在此梳理西方国家服务型政府的法治化之路，必须首先有一个清醒的认识：绝对不能把西方国家服务型政府的法治化等同于西方国家行政的法治化。西方国家行政的法治化早在资产阶级革命之中（甚至之前）就开始形成并成熟，有着历史悠久、经验丰富的理论根基。而服务型政府的建设，则是在行政法治化的基础上对具体行政模式的一种探讨，是西方国家在经历了"行政国家"、"夜警国家"、"福利国家"之后的又一种演化。因此，无论下文中我们对西方国家在不同历史阶段的不同行政模式进行了多么激烈的批判，都不能抹杀它们对西方法治化进程的巨大贡献。

（一）第一阶段："孳息时代"——传统管制模式阶段

西方国家对于政治与法律的讨论始终没有停歇。自 18 世纪资产阶级革命以后，对于人的自由和权利的追求，开启了西方国家法治现代化的进程。这个进程漫长又精彩，尤其

＊　苏州大学王健法学院博士研究生、南通大学管理学院讲师。

是在公权领域，对于政府和公民的关系应当怎样定位、怎样完善，成为西方政治学和法学经久不息的话题。随着法治化文明的发展，伍德罗·威尔逊和古德诺的"政治与行政的二分法"和马克斯·韦伯的理性官僚制逐渐成为主流学说。在此基础上形成了我们今天意义上的"传统行政模式"。伍德罗·威尔逊和古德诺的"政治与行政二分法"确立了"行政活动的非政治化原则"，而韦伯的官僚制则确立了"行政组织的非人格化原则"。具体说来，威尔逊认为："行政管理的领域是一种事务性的领域，它与政治领域的那种混乱和冲突相距甚远。在大多数问题上，它甚至与宪法研究方面那种争议甚多的场面也迥然不同"，"行政管理置身于'政治'所特有的范围之外。行政管理的问题并不是政治问题，虽然行政管理的任务是由政治加以确定的，但政治却无需自找麻烦地去操纵行政管理机构。"〔1〕所以他强调："政治是政治家的特殊活动范围，而行政管理则是技术性职员的事情。"〔2〕在此基础上，古德诺进一步进行了阐释，古德诺指出："在所有的政府体制中都存在着两种主要的或基本的政府功能即国家意志的表达功能和国家意志的执行功能。在所有的国家中也都存在着分立的机关，每个分立的机关都用它们的大部分时间行使着两种功能中的一种。这两种功能分别就是：政治与行政。"〔3〕政治与行政的二分法是西方行政法与行政管理一个重要的理论基础。在这个理论下，行政机关不再被动的依附于政治，从而突出了行政机关的独立性；而马克斯·韦伯的理性官僚制理论则更侧重于提高行政机关的运行效率，提出了一系列有关政府的组织结构和行为程序的规范。马克斯·韦伯官僚制有4个特征：一是将繁杂多样的政府行政管理行为按照劳动分工的形式分解为若干简易的、重复的工作任务；二是行政行为要严格执行法律和工作标准，完全排除个人的主观能动性，组织中的人像一个螺丝钉，只能做机械的运动；三是官僚制具有非常稳定的职业结构，该职业结构由终身任职制和职业保障制予以保障，从而使行政可以长期进行下去；四是官员的晋升与奖惩严格执行功绩考核制度。〔4〕

随着后工业化的发展和全球化的到来，美国等各国在20世纪70年代开始进入信息化时代，官僚制下的行政管理体制逐渐暴露出在应对经济社会发展中的弊病。根据欧文·E.休斯在《公共管理导论》中的总结，传统公共行政管理模式存在三大问题：①政治控制模式既不充分也不合逻辑，政治与行政是不可能分离

〔1〕 彭和平、竹立家等编译：《国外公共行政理论精选》，中共中央党校出版社1997年版，第14页。
〔2〕 彭和平、竹立家等编译：《国外公共行政理论精选》，中共中央党校出版社1997年版，第15页。
〔3〕 〔美〕弗兰多·古德诺：《政治与行政》，王元译，华夏出版社1987年版，第12~13页。
〔4〕 李传军：《管理主义的终结——服务型政府兴起的历史与逻辑》，中国人民大学出版社2007年版，第120页。

的，"传统的行政模式无法反映出现代公共服务所承担的广泛的、管理的以及制定政策的角色"。[1]也就是说纯粹的划清政治与行政的界限是不可能实现的，现代的很多政府职能的转变与政策的变化相关。②韦伯的官僚制模式使得传统行政模式的结构和管理方式过于陈旧，尤其是其"理性形式、不透明性、组织僵化以及等级制的特性"。[2]严格的官僚制模式束缚了行政机关的主动性，以及公务人员的积极性。③旧行政模式背离了自由，而且与市场作用相比较效率太低，"政府官僚制大大限制了个人自由"，"官僚制模式显然不如市场过程更有效率"。[3]在传统公共管理的理论下，政府行为虽然比过去提高了效率，但是仍然无法适应社会发展的快速需求，因而渴望可以吸收一些经济学的先进理论和方法。

今天我们站在服务型政府的立场重新审视西方传统的管制型行政模式，虽然政府在大量的管制内容中也包含着服务的因素在内，但是行政模式理论与实践的重点本质在于如何搞好"管理"，"服务"不过是政府管制行为的"孳息"。在这样的管制主义观念下，各种理论更多的是立足于如何提高行政效率来进行建构，很难超越历史的局限。

(二) 第二阶段："商品时代"——新公共管理理论下的管制改良阶段

20世纪70年代以后，西方国家的市场经济得到了迅猛发展，全球化的时代已经展现在人们面前。经济社会的发展，要求政府放开对公共部门的垄断，引入内容更丰富、竞争更公平的市场机制。而马克斯·韦伯理论下的官僚行政体制又十分强调权力的集中，政府既要满足内部机构的扩张，又要对外履行"福利国家"的职能，于是导致了非常严重的财政赤字，政府不堪其苦，社会反响强烈。为了解决经济发展的瓶颈问题，化解各种社会矛盾，学者们意识到传统的行政管理理论和模式已经不再适应社会发展的要求，必须改变这种机构臃肿、权力垄断、效率低下的局面，于是对传统行政模式进行改革的理论开始出现，进而演化为新公共管理理论。[4]新公共管理理论很快产生了剧烈的社会效果，20世纪70年代末西方国家兴起一场声势浩大的公共管理改革浪潮，被看做是一场"重塑政

---

〔1〕 〔澳〕欧文·E. 休斯：《公共管理导论》，彭和平、周明德、金竹青译，中国人民大学出版社2001年版，第46页。

〔2〕 〔澳〕欧文·E. 休斯：《公共管理导论》，彭和平、周明德、金竹青译，中国人民大学出版社2001年版，第47页。

〔3〕 〔澳〕欧文·E. 休斯：《公共管理导论》，彭和平、周明德、金竹青译，中国人民大学出版社2001年版，第57页。

〔4〕 李传军：《管理主义的终结——服务型政府兴起的历史与逻辑》，中国人民大学出版社2007年版，第135页。

府"和"再造公共部门"的"新公共管理运动"。该运动力图调整政府和社会管理之间的关系，重塑政府和社会管理的手段、过程和模式。如英国政府撒切尔夫人上台后，开始了以注重商业管理技术、引入竞争机制、进行顾客导向为特征的新公共管理运动。而美国以奥斯本和盖布勒的《改革政府》为理论指导，于1993 年开始"重塑政府运动"。1994 年，美国颁布了《顾客至上：服务美国民众标准》。随后，加拿大、澳大利亚、新西兰、荷兰、日本等国都把顾客导向作为政府改革的重要环节。[1]

新公共管理理论是借鉴企业管理的原则与方法进行政府管理的一种管理模式，所要解决的主要问题就是：在政府过度规范化、法制化和过多控制的情形下，如何提升政府的管理能力和改善政府的管理绩效。新公共管理理论是建立在理性经济人的假设的基础上，认为行政机关应当符合一个理性的"经济人"的判断，追求用最低的成本、最高的效率来实现利益的最大化。作为对传统公共行政理论的发展和更新，新公共管理理论开始吸收了经济学、管理学、社会学、政治学、公共政策分析等多学科的理论成果，从一个更广的视角，更多元的角度来考量政府的职权及其行使。这里的"新"主要表现在几个方面：

第一，主体方面。新公共管理理论强调公共服务提供主体的多元化。随着人们生活内容和重心的变化，政府的职能范畴也在发生着潜移默化的转变，但是政府的人员编制和财物分配是有限的，难以应对所有的事务，所以开始将一些涉及公共管理的事项交给一些更有效率、更有专业精神的社会组织或者私营部门来行使。最明显的标志就是民营化在各国的兴起。美国作为一个完全的市场经济国家，更强调这种民营化的推进。以最具典型的公用事业为例，美国将大量的公共产品交由私主体提供，由这些私营部门来承包经营，而政府不再直接提供和经营这些公共产品，而改为行使规制权。其中在联邦的层面上，一共设置了 4 个规制委员会来负责州际间的公用事业规制问题；在州级层面，各州都设置一个或若干个负责本州自来水、电力、煤气、通讯等公用产品价格的委员会。各委员会的名称有所不同，如公用事业委员会、公用服务委员会等，有的则称为专门委员会（如铁路委员会）。对于这种主体的转变，不仅限于传统的公用事业领域，而是逐步渗透到了政府的各项职能之中，甚至包括了监狱。许多政府部门建立了执行机构或半自治性的分散机构，让它们负责公共项目的执行以及公共产品和服务的提供。政府将重心转移为制定政策、协调和规制。

---

〔1〕 黄学贤："中国行政法学的发展趋势研究述评"，载黄学贤主编：《中国行政法学专题研究评述》，苏州大学出版社 2010 年出版，第 12 页。

第二，目标方面。新公共管理下的政府不再将重心放在管制的严格性和行为的规范化上，也不再强调公共产品的投入和经营，而是将目标设定为提高公共管理的质量和效率，关注公共产品的效果和影响。因此开始借鉴企业中常见的绩效管理模式，要求政府各部门制定明确的绩效标准，根据这些标准对政府及其公务人员的业绩进行更加全面系统的考量。为了便于各级公务人员提高工作效率，"在具体行政操作中它重视赋予一线的中低级文官职、权、责，充分给予他们在资源配置、人员安排等方面的自主权，以适应变化不定的外部环境和公众不断变化的需求。"[1]

第三，方式方面。引入竞争机制，并强调政府的公共服务意识，要求政府提供回应性服务。新公共管理理论，把公众设计为"顾客"和"消费者"，而政府及其公务人员则被设计成富有责任心的"企业管理者"。政府应该为客户提供符合客户要求的服务，增强对公众需要的回应能力。在这种背景之下政府会通过顾客调查、顾客随访、社区调查、顾客联系报告等多种方式，征求公众对公共服务的意见和要求，并测量其满意度。除此之外，为了能够提高效率，政府还引入了竞争机制，打破政府经营公共产品服务的垄断，在公私部门之间展开竞争。因为"竞争可以鼓励革新，激发公职人员的创造性；竞争还可以提高公共部门内部公职人员的自尊心和士气。"[2]

在新公共管理理论阶段，人们已经开始关注到政府的服务义务，并在改革的过程中尽可能地将政府的服务职能正当化、合法化。可以说，新公共管理理论是服务型政府的萌芽阶段。但是，由于新公共管理理论的哲学前设是"经济人"，把政府和社会之间的关系作为企业和顾客的关系，以企业管理的原则来应对国家行政问题，就必然导致政府与社会之间仍然是一种博弈，甚至对立的关系。在政府与社会的"交易"中，政府出售了"权力"和"服务"，买入了对社会的管理。看上去是一种平等的关系，实际上仍然是政府对社会的管制，只是这种管制的方式变得更加委婉缓和。从客观上来看，这个阶段中政府服务职能的地位已不再是"孳息"，而上升为"商品"。

（三）第三阶段："价值时代"——新公共服务理论下的服务型政府阶段

正是在对新公共管理的狂热追求背后，有些学者开始对新公共管理理论在继

---

〔1〕［美］戴维·奥斯本、特德·盖布勒：《改革政府——企业精神如何改革着公营部门》，周敦仁等译，上海译文出版社 1996 年版，第 233～261 页。

〔2〕［美］戴维·奥斯本、特德·盖布勒：《改革政府——企业精神如何改革着公营部门》，周敦仁等译，上海译文出版社 1996 年版，第 54～62 页。

承的基础上进行批判和反思，他们用公共管理的公共取向、民主取向或社群取向批评新公共管理学派的"市场模式"，提出了新公共服务理论。新公共服务学派认为，"资本主义与民主政治在强调保护个人自由而不是发展的现实问题的社会中共存。当今新公共管理的政府'市场模式'超出了早期'改革'的范围，具有消减公共部门管理中作为原则的民主政治的危险。"〔1〕这种理论建立是希望政府不再热情高涨地从事市场化运动，而开始回归公共管理职能。首次正式系统地提出新公共服务理论的是美国学者罗伯特·丹哈特和珍妮特·丹哈特。丹哈特夫妇提供了新公共服务与新公共管理比较的一个代表性范式，他们提出了对服务行政有相当指导意义的7个方面：①服务非掌舵；②公共利益是目标而非副产品；③战略地思考，民主地行动；④服务于公民而不是顾客；⑤责任并不是单一的；⑥重视人而不只是生产率；⑦超越企业家身份，重视公民权和公共服务。夏书章先生对此有这样的评价，"在传统公共管理与新公共管理之后，出现新公共服务运动，并非偶然，故不论他们之间的理论观点和具体内容上的分歧和争议如何，有一点似乎可以肯定和不容忽视，即强调或提醒公共管理主要是或者归根到底是公共服务的性质。"〔2〕

　　新公共服务理论之所以如此的重视政府服务，是因为其精锐地发现在现代社会背景下，政府与社会、个人已经不再是以往的对立的、不断斗争的关系，而形成一种名为"生存照顾"的关系。〔3〕也就是说，政府离不开社会（个人）、社会（个人）也离不开政府，两者相互依存，共同发展。于是社会或个人也不再是"客体"，而与政府一同成为了主体。应当说，这种认识论上的飞跃使得新公共服务理论对以往的管理主义理论产生了质的飞跃，政府服务于社会的要求不再来自于政府之外，而成为政府内在的目的性价值，至此服务型政府理论真正形成了。

　　从西方国家服务型政府的法治化进程中，我们看到了一个否定之否定的发展规律。新事物总是产生于旧事物之中，并对旧事物进行了扬弃，于是新事物总是比旧事物更具有生命力和优越性。同时，新事物又在对自身的否定之否定中不断的发展。而服务型政府在吸取以前理论优点和实践经验的基础上，又在更广泛、

---

〔1〕 ［美］珍妮特·V. 登哈特、罗伯特·B. 登哈特：《新公共服务》，丁煌译，中国人民大学出版社2001年版，第37页。

〔2〕 魏红亮："新公共服务理论的超越与困惑"，载法律图书馆 http://www. law – lib. om/lw/lw – view，asp？no = 7803。

〔3〕 转引自陈新民："服务型政府及生存照顾概念的原始面貌"，载陈新民：《公法学札记》，中国政法大学出版社2001年版，第47～48页。

更宏观的意义上影响着西方法治化的发展，最终影响着人，尤其是个人，在社会发展中的应有之位。

二、中国服务型政府法治化建设的背景

西方国家的服务型政府法治化进程为我们展现了一幅自下而上、上下良性互动的动态画面。带着对西方服务型政府的思考，再来看一下我国服务型政府法制化建设的轨迹。

（一）中国传统行政模式剖析

传统，是一个相对的概念。在服务型政府的前提下，对于西方而言，传统的行政模式可以界定为官僚制，甚至也可以将其后的新公共管理主义一同打包为"管制主义"；对于中国而言，传统的行政模式可能是指封建社会时代的行政模式，也可能是指民国政府时期的行政模式，而我们认为在服务型政府的语境下，将传统的界定点放置于社会主义市场经济体系建立之前可能较为妥当。这是因为不论是封建社会、民国时期还是计划经济时期，社会、个人在国家（或统治阶级）的视野里一直处于客体的地位，是作为政治或行政的对象来对待，即我国的行政模式一直是管制主义模式。通常对政府管制的范围有 3 种理解：针对社会公共利益的管制；对经济的管制；对社会整体的管制。[1] 封建社会中，统治者管理或行政的目的很简单，就是要"治民"；行政的方式也很简单，就是将纷繁复杂的社会生活简单地规定入僵死的框架中。于是统治者编织了一张铺天盖地的大网，将社会生活的每一个方面都罩在这张"管制之网"中，大网之下的人们不需要思索怎样生活，也不需要表达自己的欲求和想法，因为统治者推定这张大网已经满足了你的所有欲望，如果你要挣脱这张大网，那么就会招来严厉的打击。人们只要相信统治者的权威和他所宣扬的真实，并执行命令即可，不需要考虑这些命令是否正当。人们也不需要去预期行政的结果会是怎样，因为统治者的行为向来十分神秘，不具有安定性。"网状行政体制是服务于管制型政府的，它的目标是维护良好的社会秩序。"[2] 我国这种行政状态从封建社会一直延续到了新中国成立之前，直到人民当家作了主人，我们说这个历史区间中的管制主义可以认定为是统治者对社会整体意义上的管制。在新中国计划经济时期，虽然人民代议机构制定了宪法和法律，通过人民选举产生了人民政府，但是政府在经济领域仍然采取管制主义模式，对微观经济领域进行直接的控制、干预，这个时期是对经

---

〔1〕 刘星：《服务型政府：理论反思与制度创新》，中国政法大学出版社 2006 年版，第 211～212 页。

〔2〕 徐继敏："地方行政体制创新与服务型政府建设"，载中国法学会行政法学研究会编：《中国法学会行政法学研究会 2008 年研究会论文集》（上篇），浙江工商大学出版社 2009 年版，第 191 页。

济管制的时期。直到市场经济的建设时期，政府在放开市场的一系列实践中才逐渐意识到国家发展经济、保护环境、社会管理等一系列活动的最终目的是提升人的尊严和主体地位，尤其是我们社会主义制度下的人民政府行政更应当注重于"为人民服务"。"必须坚持以人为本、执政为民，把实现好、维护好、发展好最广大人民的根本利益作为出发点和落脚点。"[1]因此，这也是我们在服务型政府的视野下将中国的传统行政模式界定在市场经济体制建立之前的原因。按照学者李传军的观点，我国传统的行政模式主要具有六大特征：管制行政、全能行政、强制行政、黑箱行政、经验行政、数字行政。[2]我们认为，从另外一个侧面看，我国的行政模式特征可以归纳为：高度集权、全面管制、以令代法、强权保障、缺乏监督。

透过历史的车轮，我们可以看到人们对管制主义的批判可以归结为"政府失灵"4个字。西方社会经过了一个"市场失灵"的体验，于是其希望打造一个"全能政府"。而全能政府强调在某种意识形态的控制下实行大规模干预社会的大政府。[3]可惜这个全能政府在治理过程中也出现了"政府失灵"的情况，尤其是在应对经济发展的问题上更甚。在我国，虽然我们没有这样一个渐进的过程，但是我们却与西方国家一样体会到了管制主义的弊病。学者刘星将管制失灵的原因归纳为4点：①政府处于信息劣势的地位，被管制者比政府掌握了更多的信息，了解的更详细，于是政府不知道被管制者到底是如何决策的，利用了哪些信息，而被管制者不知道政府做出了何种程度的努力。双方之间信息不对称，严重的妨碍了管制的实际效果。②传统的管制理论将公共利益假定为管制目标，然而施蒂格勒提出的政府规制部门利益理论实际上与公共利益理论完全相反，他认为管制产生的立法机关和政府仅可以代表某一集团的利益，并不能代替公共利益，因此管制往往脱离了公共利益的轨道。③由于政府在管制的过程中面临着大量的工作量，如收集信息、制定规章、作出裁决等等，而信息不对称、权利寻租等行为又降低了工作的效率，同时被管制者还要因应对管制而消耗一定的资源，因此管制模式耗费了大量的成本。随着管制的不断扩张，其成本也在不断随之增加。④政府管制与管制目标之间的不匹配性会导致不匹配的结果。如政府没有认清要解决的问题而选择了错误的管制方法；政府虽然认清了要解决的问题，但是

---

[1] 参见温家宝2007年3月5日在第十届全国人民代表大会第五次会议上所作的《政府工作报告》。

[2] 李传军：《管理主义的终结——服务型政府兴起的历史与逻辑》，中国人民大学出版社2007年版，第263~264页。

[3] 吴玉宗："服务型政府建设欲行还难——服务型政府建设阻力分析"，载《西南民族大学学报》2007年第5期。

管制的方法已经不再适用；公众意志的改变使政府管制不再被认同。[1]

(二) 中国服务型政府的提出及初步探索

与西方国家不同的是，我国的服务型政府概念是政府部门主导的。2004 年 2 月 21 日，温家宝总理在中央党校省部级干部研究班结业式上首次提出"建设服务型政府"。2005 年两会期间，温家宝总理在《政府工作报告》中正式提出"建设服务型政府"目标，即政府转型要从治理改革入手，转变政府职能，依法行政，使政府转变为公共服务型政府、法治政府，真正成为公共物品的提供者、经济社会环境的创造者、人民权利的维护者。2007 年 10 月 15 日，胡锦涛在党的十七大报告中进一步强调要"加快行政管理体制改革，建设服务型政府"。2008 年 2 月 23 日，中央政治局就建设服务型政府举行第 4 次集体学习，其后十七届二中全会通过了备受瞩目的《关于深化行政管理体制改革的意见》和《国务院机构改革方案》，为服务型政府建设指明了方向。2008 年 3 月 5 日，温家宝在《政府工作报告》中指出："加快建设服务型政府。进一步转变政府职能，健全政府职责体系，在加强和改善经济调节、市场监管同时，更加注重履行社会管理和公共服务职能，着力改善民生和加强社会建设。"那么，我们的政府为什么会提出服务型政府这一概念呢？我们回过头来看，服务型政府这一概念的提出是党和政府在世纪之初面对我国改革开放、经济发展过程中一系列问题而做出的深刻反思。在经济方面，十一届三中全会打破了传统的计划经济体制，我国进入了建设社会主义市场经济的历史时代。十多年的经济建设，党和政府总结了很多的经验教训，对市场经济的性质和规律认识日益深刻。加入世界贸易组织之后，我国经济建设面临的挑战更加严峻，要适应经济全球化的历史趋势，就必须要坚决打破政企不分的计划经济残余，建立高度多元化的市场经济体系，通过宏观的手段来调节微观经济。在社会管理方面，由于之前过于强调经济建设而忽略了社保、卫生、文化、环境、住房等一系列基础公共建设，导致在世纪之交我们的社会矛盾问题十分严重，已经影响到了经济的发展甚至是整个社会的稳定。于是，政府开始重新审视经济与社会发展之间的关系，以及政府在其中的作用是怎样。虽然党和政府也提出了以德治国与依法治国相结合的号召，将和谐作为整个社会价值体系的核心，提出了"八荣八耻"来引导社会主流价值观，但是这种德治的模式似乎并没有为解决日益尖锐的社会矛盾而发挥显著效力。与此同时，国内重重的社会矛盾最终指向了党和政府的领导，促使党和政府对自身有所反思：一方面要加强政府体制改革，使政府真正能够成为"人民政府"；另一方面要加强执政党

[1] 刘星：《服务型政府：理论反思与制度创新》，中国政法大学出版社 2006 年版，第 214~215 页。

内部的建设，从严治党。因此，姜明安教授指出，建设服务型政府是推进市场经济发展的需要；是推进民主政治发展的需要；是构建法治政府的需要；是落实科学发展观，保障经济和社会可持续发展的需要。[1]

服务型政府作为一个政治概念的提出，理论界和实务界立刻产生了强烈的反应。早在 20 世纪末，在理论界就开始出现了对服务型政府的理论讨论，讨论的以政治学、管理学或马克思主义哲学的学者居多，法学界对此讨论的并不是特别热烈。我们的行政法学理论主要是集中于法治政府的建设，强调的是如何依法行政、完善行政立法、建立科学的行政程序、推动行政审判的深入发展。服务型政府的提出，使我们的法学理论界有点措手不及。学者们开始思考服务型政府与法治政府的关系、服务型政府与行政法的关系、服务型政府与公民社会的关系、服务与规制的关系等理论问题，[2]形成了一批专著和论文。

与学术界的冷静形成反差的是，我们的各级政府部门则积极响应党和中央的号召，结合社会管理创新运动开展的轰轰烈烈、风生水起。有的地方搞部门试点，有的地方制定规范性文件，有的地方创新工作机制（如微笑执法），有的地方精简行政程序，其中有经验也有反思。学者张康之指出，"在我国一些地区的地方政府中，创建服务型政府的运动也积累了许多成功的经验，而且在从服务型政府的理念向服务型政府的现实模式转变的过程中，提出了许多技术性支持的要求。"[3]学者李传军认为，我国服务型政府建设的基本内容包括：减少行政审批、简化工作程序、实行行政公开、制度创新提高规范化、推行公共服务市场化等五个方面。[4]还有学者认为，公共服务型政府有 4 个特征：民主和责任的政府、法治和高效的政府、实现合理分权的政府、为全社会提供优质产品和服务的政府。[5]我们认为从"服务"的角度，各地服务型政府的建设大体朝向几个方面：

第一，增强公民办事便利性。很多地方政府从精简机构建设、重新定位职能、优化工作机制等方面来加强"服务"的属性，使前来办事的人民群众真正

---

〔1〕 姜明安："建设服务型政府应正确处理的若干关系"，载《北京大学学报》（哲学社会科学版）2010 年第 6 期。

〔2〕 姜明安："加强对服务型政府建设的理论研究"，载《行政法论丛》（第 13 卷），法律出版社2011 年版，第 2 页。

〔3〕 张康之："行政审批制度改革：政府从管制走向服务"，载《公共行政》2004 年第 2 期。

〔4〕 李传军：《管理主义的终结——服务型政府兴起的历史与逻辑》，中国人民大学出版社 2007 年版，第 277～279 页。

〔5〕 谢庆奎："服务型政府建设的理论研究"，载《学习探索》2005 年第 5 期。

享受到便利。目前全国省级党政机关的厅局级机构已达 2100 个，平均每个省（自治区、直辖市）设置 70 多个，超过中央编制部门规定的机构限额 15 个左右；全国地区一级党政常设机构平均设置 50 多个，地级市 65 个，县一级 45 个，分别超限 20 个、15 个、10 个左右；中央每设置一个机构，县以上则相应增设 3000 多个机构。据初步统计，全国县级以上党政机关常设机构总数高达 3 万有余。[1] 庞杂的行政机构在耗费大量的资源同时，也给老百姓办事带来极大的不便，人们为了一个审批可能要跑数十个行政部门。重庆市于 1998 年尝试精简行政，将国土资源和房屋管理两个机构合并成立国土房屋管理局，在此基础上通过立法将国有土地使用证和房屋产权证合一。2001 年，上海市率先提出建立一个高效、精干的服务型政府，进一步加快政府职能转变，树立管理就是服务的思想，为中外各类企业提供良好的政府服务和安全稳定的社会经济环境。[2] 江苏省南通市于 2012 年投入使用的南通市政务中心将税务、工商、土地、社保、旅游等基本上所有涉及行政审批的事项整合在一起，形成"一条龙"、"一站式"的工作机制，极大的便利了人民群众。南通市税务机关还建立了网上办税系统，并在黄金时段以公益广告的形式向全社会宣传。

第二，落实公民权利，加强权利保障。在服务的理念下，公民的知情权、参与权、监督权、救济权等各项权利突显出来，各地的政府围绕着公民的权利来强化服务工作。如 2007 年出台的《政府信息公开条例》明确规定国家机关对一定范围内的信息应当向民众及时、准确地公开。随后，诸如南京、苏州、重庆等地都相应落实了信息公开的途径。同时，公民通过听证、问卷调查、公示等制度、公私合营、公共服务市场化等形式参与到政府重大事项决策、重要文件制定、政府职能执行等工作中的频率和程度也越来越高、越来越深。如成都市于 2004 年制定了《成都市重大行政决策事项公示和听证办法》将公民参与重大事项的权利规范化，福建省在部分公务耗材、文化产业等方面推行市场化，既节约了行政资源，又推动了地方经济发展。

第三，强化监督。在积极服务的同时，各地政府纷纷推行"阳光政务"，建立投诉中心、"市长信箱"，执行首办责任制度等，一方面加强自身内部监督机制的建设，通过绩效考核、首办责任制等方式来加强内部的监督；另一方面畅通

---

〔1〕 徐继敏："地方行政体制创新与服务型政府建设"，载中国法学会行政法学研究会编：《中国法学会行政法学研究会 2008 年年会论文集》（上篇），浙江工商大学出版社 2009 年版，第 191 页。

〔2〕 徐匡迪："上海将率先建立高效、精干的服务型政府"，载新华网 http://news.xinhuanet.com/newscenter/2001 -11/27/content_ 136196. htm.

社会监督的渠道，使人民群众能够监督、敢于监督、监督有效。我国的司法监督体系也随之作出变革，从整体上强化监督的力量。随着这些工作的落实，加之网络信息时代的到来，我们的政府机关越来越重视公民的意见，很多违法违纪的行政官员被公之于众并受到惩处，如"天价香烟"、"微笑局长"、"地主城管"等等。

（三）中国服务型政府建设中存在的问题与困境

在我国服务型政府建设初显成效的同时我们也应当理性地看到，服务型政府建设过程中出现了种种的问题，影响着我国服务型政府的建设进程。通过新闻媒体可以发现，2002 年到 2005 年之间关于服务型政府建设的报道非常多，很多地方政府都宣扬自己的服务措施，而到 2006 年后报道就明显少了很多并逐渐淡出公众的视线。我国服务型政府建设中存在的问题主要有以下方面：

第一，政府职能转变尚不彻底。服务型政府与有限政府、法治政府之间不是相互否定、相互排斥的关系，三者之间是相辅相成的。只有在法治的基础上建立起来的政府，才能真正体现人民的意志、才能真正的实现为人民服务，而服务就意味着政府应当尽量在公民自主权利的领域内缩回管理的触手，变管制为服务。同时，政府权力的收缩并不意味着政府职能的减弱，相反，政府应当在基础设施建设等公共服务方面增加投入，也就是说政府应当做到"不当管的坚决不管，当管的积极管"。在当下的我国，政府应当从市场经济微观领域跳出来，改变政企不分、过度干预经济的做法为通过宏观手段来调节经济发展，同时在公共管理和社会事务方面增加财政投入，维护社会公共利益。然而，很多地方在服务型政府的尝试中仍然受到计划经济思想和个体利益的束缚，不肯去放权，也不愿去投入，于是出现了很多奇怪的现象：政府名义上实行政企分开，实际上则是换个包装继续插手干预市场经济；而本应当由政府积极主导的公共基础建设，政府却打着"委外"的名义随意交给私人负责，结果公共建设偷工减料、滥竽充数，成为少数人牟利的途径。

第二，流于形式，缺乏制度建设。服务型政府需要法治赋予其稳定性、合法性甚至是正当性，否则服务型政府建设将一直是一个政治口号而漂泊不定。虽然在中央层面，国务院提出了相关的规划纲要或行动部署，但在地方层面很多地方政府实践却很形式的、简单的进行应付，注重"形式工程"，对工作机制"技术化改良"，并没有深入分析背后的制度性问题。如很多地方政府搞"市长接待日"、"重大事项听证"、"政务超市"等措施，但程序仍然繁琐、审批依然困难，老百姓并没有切实体会到政府的"服务"。尤其是重大事项听证制度，绝大多数地方都流于形式，所谓的群众代表总是"奇怪"地代表着政府的意志，所谓的专家似乎总是"一致"地附和着政府的言论。综观这些地方的做法，我们可以发现通过地方立法、规范性文件等形式将政府服务工作制度化、规范化的情况很少，也缺乏程序性规定，这些政府追求的是短期内的政治效应，并没有意识到服务型政府是一个长期的、历史性的命题，需要以法治为基础。正如杨临宏教授所言："我国现行的绝大多数有关行政管理的法律、法规、规章都不是在服务型政府理念指导下制定和实施的，行政执法模式和方式也都是在没有服务理念指导下建立和运行的，可以说是一种'霸道型'政府。"[1]

第三，政府服务错位，浪费行政资源。政府在履行服务职能的过程中，由于各种因素的影响，可能会造成政府服务的错位。这种错位包括：①歧视性错位。宪法规定了人人平等的原则，杜绝个别人享有高于别人的特权。但在实践中却会出现政府服务的不平等问题，典型的如城市与农村的二元社会结构问题，农村的居民从法律地位到法律权利都无法和城市居民享受同等的政府服务。②盲目性服务。政府不能真正了解民众需要怎样的服务，只能想当然的"为"或"不为"，往往导致应当管的没有管，不应当管的瞎管。不仅不能服务社会，甚至会引发社会矛盾。③缺失性服务。目前政府服务领域还存在着大量的空白地带，这些往往是投资大、收益差、矛盾复杂等吃力不讨好的项目，政府出于惰性或利益的考量，能拖就拖，不愿意积极面对这些问题。[2]政府服务的错误带来的直接损失就是行政资源的浪费，如 2005 年中国财政性教育支出占 GDP 比例为 2.81%，到了 2006 年上升为 3.01%，可见我们的行政投入是逐渐增加的，如果没有服务到位，实际上这些投入就"打水漂"。

第四，政府单方行动，民众参与不进来。现代行政法十分强调公民的参与权利，要求政府应当积极地听取公民的意见，尽可能多地让公民参与到行政立法、行政决策、行政处理等行为中来，在人民代议制立法手段之外扩展民意表达的途径。服务型政府所强调的"服务"只有更充分的吸收民意，才能真正懂得什么是民众所需的，什么是民众所急的，才能有的放矢保证服务的质量。然而我们的服务型政府建设却普遍存在着"内热外冷"的现象，一方面各级政府在大张旗鼓、锣鼓喧天地捧吹着自己如何服务社会、取得了怎样的效果；另一方面社会民众却对政府的这些行径冷眼相对、漠不关心，有的民众都不知道有"服务型政府"的口号，具体表现为公共参与的途径不足、部分公众参与愿望不强烈。[3]

---

〔1〕 杨临宏："行政理念下的行政法"，载《法治论丛》2008 年第 6 期。

〔2〕 孙选中："服务型政府及其服务行政机制研究"，中国政法大学 2008 年博士学位论文。

〔3〕 毛春合："中国构建服务型政府的再思考"，载《经济研究导刊》2009 年第 1 期。

造成这种问题的原因就是，政府缺乏与民众的双向互动，关起门来造出的"车"是不可能走上民众的"路"。只有民众参与，服务型政府才能取得存在的正当性和发展的生命力。

第五，公务员的服务能力不高。任何一个政府的行为最终都要落实到公务员的"人"上来，服务的直接效果就是来源于公务员与人民群众的往来之中。目前我国公务员在服务群众方面存在的主要问题有三：一是公务员的文化层次相对不高，而且低学历的公务员绝大多数位于县区级直接与老百姓打交道的机关之中，文化素质的因素制约着他们的服务效果。二是公务员服务人民群众的热情普遍不高。长期以来的"官本位"思想使公务员认为自己是"官"，不愿意弯下腰来走入人民群众之中。而且基层行政机关繁杂众多的工作任务压力也使公务员疲于"打工"，不愿意在工作之外再去增加负担。三是很多公务员缺乏服务人民群众的能力。群众们的诉求是十分多样的，涉及社会生活的方方面面，我们的公务员往往没有能力去解决群众们的需求，甚至于如何同群众沟通联系的能力都十分贫乏。

上述种种问题表明，我们的服务型政府建设已经遇到了一个瓶颈，从行政体制、主体理念、社会基础等方面制约着服务型政府的深化。从体制上讲，从计划经济体制下脱胎而来的行政管制模式渗透到了社会生活的每一个领域，改变这种行政模式不是一朝一夕的，也不是简单容易的，这体现了新事物发展的曲折性。而行政管制模式会使各级政府不自觉的收紧权力，加强权力集中，从而导致自上而下各级政府的高度集权。真正处于服务第一线的基层政府没有足够的权力去改变以往形成的管制模式，只能按照业已形成的规定按部就班的执行。当上级要求建设服务型政府的政策性命令下达后，基层政府必然面临着传统工作方式与服务型政府内涵相互矛盾的问题，他们敢于作出抉择吗？答案是很明显的。同时，在我国的行政体制中集权带来的大量利益划分也严重影响着对传统管制模式的突破，这涉及中央与地方的关系、部门之间的关系、地方与部门之间的关系、地方与地方之间的关系等等，每一方都拥有着一定既得利益，谁又愿意交出来呢？

从理念来看，中华五千年的政治文化历史加上长期管制主义的影响使我们的社会中充斥着"官本位"的思想，对权力的攫取与追求深入到了几乎每一个中国人的骨子里。对权威的崇拜和对政府的崇拜是中国传统政治文化的主流之一。[1]服务型政府从提出到现在只不过十几年的时间，想用这十几年的时间去一下打败千年的观念积淀谈何容易。于是，我们在现实中经常会看到政府官员对着

---

〔1〕 刘泽华、葛荃：《论中国传统政治文化》，吉林大学出版社 1987 年版，第 26～42 页。

电视镜头时总是很热情地抒发自己对人民群众的热爱，结果人们真正找到他办事时，却装模作样、喝五吆六，俨然一副为人父母的样子。其实我们的政府官员，打从心底里就不愿意接受自己是"公仆"的定位，因此他们也不愿意从根本上解决服务型政府遇到的体制问题，而是更寄希望于动动小脑筋、要要小花招、玩玩小噱头，用一些无足轻重的形象工程来愚民。看来，我们的党和政府还要继续加强对党员和干部思想价值观的教育。

从社会基础来看，服务型政府的建设也是一个社会整体走向成熟的过程，它既需要行政模式的改变，同时也不能以行政模式改变为唯一要素。应当看到，健全的市场经济体制、成熟的民间团体发展和公民权利意识的觉醒等政治的、经济的、社会的、文化的因素同样重要。首先是我们的市场经济体系是否建立健全。"政府职能转变是发展市场经济的前提，市场经济的发达又是政府职能转变的条件，这似乎是一个悖论。"[1] 如果我们的市场经济体系尚不足以自主运行并发挥相当的作用，那么行政的手段就难以从中抽离出来。改革开放三十多年来，我们的市场经济建设取得了显著成就，但是也存在着很多问题：一是法律制度并不完善，在许多领域存在着法律缺失、法律冲突等问题，无法应对市场经济中产生的各种矛盾。二是市场的动力还依赖于政府，尤其是国有企业在资金来源、经济项目和交易运行方面还离不开政府的支持，很多民营企业也是在吃政府的"关系饭"，市场主体的独立性还比较差。三是市场的规范性还不够。市场经济还普遍被认为是一个"唯利是图"的领域，市场主体自觉遵守法律和诚信道德的意识不强，而对于市场失范行为又缺乏有效的监管，导致市场运作不规范，经常发生损害社会公共利益、侵害人民合法权利的行为。如"毒奶粉"、"楼倒倒"等严重危害人民群众生命健康财产安全的事件层出不穷，迫使政府干预到市场经济的运行当中去。其次，再看我们的民间团体发展是否成熟。国内外关于民间团体的研究由来已久，目前普遍认为民间团体自治有助于推动政府职能的转变、对政府进行监督、真正体现公民的意志，节约社会资源、推动市场经济的发展、解决很多政府难以解决的社会弊病等，因而很多国家通过宪法法律赋予民间组织产生和运行的法律权利。近年来，我国也十分注重民间组织的发展，在个别地市搞了以社区为单位的基层自治试点，实践发现社团组织在社会维稳和社会管理中发挥了重要的作用。民间团体在我国还将有非常广阔的发展空间，不过在当下的阶段，这些民间团体多是在政府主导下的"半官方"状态，其资金、人事、运作等都还受到政府的干预缺乏自主性，且这些组织往往没有科学的规章制度，管理比较

---

〔1〕 周霖："论我国政府职能转变的艰巨性和长期性"，载《学术探索》2002 年第 5 期。

混乱，容易产生矛盾而分崩离析。民间团体存在的这些问题，直接影响到政府与社会民众之间的互动，政府难以精准的了解社会对服务的需求，民众也难以有效的向政府表达自己的欲求。最后到微观领域，社会公民的权利意识（尤其是公权意识，即通常的参政意识）是否觉醒呢？我们说服务型政府的核心在于服务，那么对于服务的评价权就应当掌握在民众的手中。只有民众才能赋予政府服务的正当性。然而我们每个人都可以切身体会到的是，我国民众对于政治的正式参与积极性并不高，人们更愿意在茶余饭后将政治上的流言蜚语当做聊天的谈资，真正让他们行使投票权、监督权时却要么随意应付、要么躲躲闪闪，最后实在逼到无路可退时，就进行集体上访等群体性事件。虽然近年来出现了个别人在政府听证会上反应激烈的情况，但这些情况毕竟是少数，而这些人往往是有文化基础的学者、律师，大部分老百姓还是处于无知、麻木或极端的状态。我们的时代"既是一个权利化政治的时代，又是一个政治权利化的时代。"[1] 公民的政治觉醒对于服务型政府建设至关重要。除了上述 3 个因素，社会基础中还有很多具体的因素会影响到服务型政府的建设，需要我们进一步研究。

不论是行政机制、文化理念或是社会基础上服务型政府遇到的瓶颈，归根结底是传统的行政管制模式的窠臼。传统行政管制模式不会轻易的退出历史舞台，还将与新型的服务型政府模式之间发生激烈的碰撞，服务型政府的前途必将充满坎坷。但是，服务型政府符合历史发展的潮流、符合民主法治与人权的要求，曙光已经升起。

---

〔1〕 范进学：《权利政治——一种宪政民主理论的阐释》，山东人民出版社 2003 年版，第 1 页。

回应与创新：服务型政府法治化的
制度建构

桂　萍*

一、服务型政府价值追求——公共利益

服务型政府法治化的基本内容是指政府要以维护公共利益为基本导向和价值追求，加快政府职能转变，积极推进社会管理体制创新。把政府定位于服务者的角色的国家公权力组织，其价值体系应是包含依法行政、公平正义、安定有序、诚实守信、高效便民、权责统一的多元化、立体化的价值体系，而这个价值体系的逻辑起点就是公共利益。公共利益是国家公权力运行过程中客观存在的基本要素，是国家行政行为追求的价值目标和合法性基础，是政府管理公共事务、提供公共服务和维持公共秩序的基本出发点。因此，将公共利益置于核心地位，从公共利益出发，转变政府职能是服务型政府的根本任务。然而当前政府法治的一个突出问题，就是"公共利益部门化"、"部门利益私人化"，从而为国家公权力"假借公共利益之名侵害集体利益、公民利益"提供权力扩张的空间，这无疑是与服务型政府的价值诉求是

---

　　* 苏州大学王健法学院博士研究生、宿迁学院社会服务系法学教研室副教授。

相背离的。在社会利益多元化的今天，代表公共利益的政府，应在多元利益关系表达和博弈的基础上，寻求多元利益关系的均衡点，从而在最大程度地保护每个公民的个人利益的基础上，实现法治政府的最基本价值诉求。

（一）公共利益的内涵界定

顾名思义，公共利益首要强调的是"公共的、公用的、公众的"，然而如何正确理解"公共"，正如台湾学者陈锐雄指出："何谓公共利益，因非常抽象，可能言人人殊"[1]。"公共利益"本身语义和内涵界定上的抽象性、动态性和宏观性使"公共利益"概念中的"利益内容"和"受益对象"等要素的规范难以明确化。如果就此把"公共利益"定义为一个包罗万象、漫无边界的模糊概念，那么它就完全失去了法律意义；但如果"公共利益"是确定并有界限的，那究竟如何从法治的视角对"公共利益"做出一个尽可能明确的界定和判断呢？

"公共利益"概念界定在理论上的困境，也在法律条文中得到了体现：在面对"公共利益"这一难以确定的法律概念时，法律也一样表现出其无奈。在宪法视阈下，我国2004年宪法的修正案已明确规定了国家对农村集体土地的征收征用和对公民的私有财产的征收征用，都必须是"为了公共利益的需要"。但是由于我国的宪法缺乏可诉性，公共利益的明确性还有赖于具体的法律法规来实现，可无论是《土地管理法》、《物权法》、《行政许可法》等多部法律，还是2012年8月首次确立公益诉讼制度的民事诉讼法，都没有对公共利益做具体界定，而是原则性、宣示性、概括式的条款居多。随着酝酿多年的《行政诉讼法》的修改也即将有希望出台行政公益诉讼制度，使得在判例制度阙如的我国司法实践中愈来愈迫切需要对"公共利益"的内涵外延做一个相对清晰的界定。无疑，理论界与司法实务界对"公共利益"认知上的长期分歧，会造成公共利益概念的泛化和滥用，并可能会演变为法治社会政治与法律实践中最具危险的现象。因此在中国政府法治化的进程中对公共利益的界定与阐释既是法理上的厘清溯源，亦能为缺乏相关判例支持的司法实践提供理论上的指引。

具体如何界定公共利益呢？概括来看，学界和实务界提出的公共利益具体化的基本模式体现在立法、行政执法和司法3个层次上。

第一种模式是通过立法来规范公益。立法的本质就是不同利益之间的平衡与调整，在现代民主政体中，立法权是代表、汇集公共利益的国家权力，公共利益是立法根本的价值取向。在人民当家作主的中国，社会主义法律的本质更是"人民意志的体现"。立法者应当牢固树立"民意为本"的理念，积极探索公平开

---

〔1〕 陈锐雄：《民法总则新论》，台北三民书局出版社1982年版，第913页。

放、多向度的公共利益表达渠道，为不同群体提供公平的利益诉求的制度性平台，并且善于在不同利益群体的博弈中作出理性、冷静、睿智的立法决策。立法规范公益并不意味要在立法中对公共利益进行明确的实体定义，而是尽可能将公共利益的具体范围和种类进行概括和列举。国内不少学者主张人大以列举式立法模式将"公共利益"具体化、固置化。如张千帆教授主张由民主条件下产生的国家权力机关（代议机关）来承担，他认为："由于代议制民主和功利主义具有天然联系，议会一般被认为是'公共利益'的最适当决定者。"[1]也有学者主张用法律列举与概括相结合的方式来定义"公共利益"，认为"既然公共利益是一个不断需要被解释的概念，那么亦可以通过司法判例和法律解释来扩展公共利益的范围，明确其具体界限。"[2]我们亦主张立法者通过多层级的立法来界定"公共利益"，而不是仅局限于国家权力机关的立法或以"一事一议"方式界定。事实上，许多国家和地区就是通过这种在法律法规条文里大量列举的方式，明确属于公共利益的范围。如我国台湾地区的"土地法"第208条规定：因下列公共事业之需要，得依本法之规定征收私有土地。但征收之范围，应以事业所必需者为限：①国防设备；②交通事业；③公用事业；④水利事业；⑤公共卫生；⑥政府、地方自治机关及其他公共建筑；⑦教育学术及慈善事业；⑧国营事业；⑨其他由政府兴办以公共利益为目的之事业。我国在相关立法中也已取得可喜的突破。比如说我国2011年的《国有土地上房屋征收与补偿条例》第8条就以列举的方式将公共利益的需要界定为："①国防和外交的需要；②由政府组织实施的能源、交通、水利等基础设施建设的需要；③由政府组织实施的科技、教育、文化、卫生、体育、环境和资源保护、防灾减灾、文物保护、社会福利、市政公用等公共事业的需要；④由政府组织实施的保障性安居工程建设的需要；⑤由政府依照城乡规划法有关规定组织实施的对危房集中、基础设施落后等地段进行旧城区改建的需要；⑥法律、行政法规规定的其他公共利益的需要。"此外，我国《信托法》第60条也对"公益信托"做了类似的列举式的规定。这种法律列举类型的条文积极的意义在于使公共利益的适用范围得到一定程度的明确，大大限制了行政机关的自由裁量权，但缺点在于这种对公共利益的列举式解释难免挂一漏万，不具有普遍意义。而且这种条文最后仍有一个兜底性条款，使得公共利益的内涵开放性变强，因此有学者建议"对这一概括性条款的用语应十分缜密，要

---

〔1〕 张千帆："'公共利益'是什么？——社会功利主义的定义及其宪法上的局限性"，载《法学论坛》2005年第1期。

〔2〕 范进学："定义'公共利益'的方法论及概念诠释"，载《法学论坛》2005年第1期。

使动用这一条款有相当难度，需要相当层级的人大及其常委会才具有此项权力，如果对概括性条款的动用与效力不严加限制，地方国家机关会滥用这一条款，使这一条款形成'漏斗效应'，从而会把所有约束国家权力的努力化为乌有。"[1]

第二种模式是由行政来创设公益。它表现在行政既可以以消极行政行为来防止人民的行为侵犯公共利益，也可以以积极的行政行为增进公共利益。行政的这种"创设公益"的积极行政行为，既可以存在于干涉行政之中，也可以存在于给付行政行为之中。[2]行政机关在行使行政权的过程中，可以依据自由裁量权决定何谓公共利益，但行政机关的行政行为要遵守行政法的基本原则。首先，无论是对私人财产的征收或征用等侵害性行政行为，还是对行政奖励、行政给付等授益性行政行为都要遵守法律保留原则，即行政机关作为法律实施主体，只能依据现行有效的法律规定来限制或者剥夺公民权利，通过实施法律的方式来实现法定的公共利益目标。当然不同性质的行政行为在法律保留的密度上可有所不同。其次，"行政创设公益"的行为也要遵守比例原则。比例原则是拘束行政权力违法最有效的原则，它可称得上是行政法中的帝王条款。[3]传统比例原则的核心内容在于通过限制行政机关在实施侵害行政行为时，必须采取最小侵害之方法，从而达到既维护了公共利益又保护了人民合法权益之目的。[4]公共利益的实现往往伴随着国家强制力的使用，而强制力的行使必须要控制、适度。毫无疑问比例原则对于规范和把握公权力的行使的"度"上具有重要的意义：比例原则不仅对公权力的行使具有约束和指导性的作用，也是测度公共利益行为是否适当以及合目的性的一个工具。在现代服务行政的条件下，比例原则应扩大到给付行政等授益性行政行为，如有几种程度不等的行为可以选择，行政机关应在法律和其他相关条件许可的范围内选择对人民授益最大的行政行为而为之，这是现代行政的特点和要求使然，也是现代福利国家应该而且能够做到的。[5]公共利益的实现要遵守的另一个重要原则就是正当程序原则，即公共利益的实现要符合遵守一定的正当程序，并且不经法定、正当的程序不能以实现公共利益之名侵犯公民的合法权益。确认公共利益，更多的不是以主观标准，而是以客观标准作为主要依据，通过公用目的调查、信息公开、说明理由和组织听证等方式，以及公开、公正、回避等程序法中的核心理念来确认所要保护的是否属于公共利益。从现实实

[1] 唐忠民、温泽彬："关于'公共利益'的界定模式"，载《现代法学》2006年第5期。
[2] 黄学贤："公共利益界定的基本要素及应用"，载《法学》2004年第10期。
[3] 陈新民：《中国行政法学原理》，中国政法大学出版社2002年版，第45页。
[4] 黄学贤："行政法中的比例原则研究"，载《法律科学》2001年第1期。
[5] 黄学贤："行政法中的比例原则研究"，载《法律科学》2001年第1期。

例来看，在涉及公私利益矛盾的重大行政纠纷事件中，争端当事人及全社会对争端解决过程公正性的重视程度甚至超过了对纠纷解决结果本身的关注。因此，在这个意义上，服务型政府是建立在法治社会实体正义与程序正义兼重的制度架构上的。

第三种模式是由司法决定公益。在所有国家权力中，司法权被认为是危险最小的一支，因此也拥有了对公共利益的最终决定权。司法对公益决定性作用的法理依据是司法的被动性、独立性和终局性。司法的被动性表现在行政诉讼和民事诉讼中法院的"不告不理"原则，这意味着司法机关会比较慎重对待这项决定权，只能在"逻辑的力量"用尽之后，方去动用"力量的逻辑"，不会动辄就以维护公共利益为由，去否定或者限制民事主体的自由，去剥夺私人的财产权利。[1]司法的独立性是指司法活动是按照既定的规则和严格的程序规范来进行独立的法律判断的活动，这也保证了司法活动的相对公正性。而司法的公正性和独立性又保证了司法机关确立的判断公共利益的司法标准在"定分止争"中具有最终的法律效力。司法机关这种通过个案界定"公共利益"的模式是司法机关行使决定权的表现，也构成了对政府行为的事后制约。如果没有法院的事后裁决，立法机关的立法只能在法律保留意义上对行政机关起到一个事先的预警作用，它既不能对行政机关提供一个普遍适用的规范标准，也无法对其违法或错误的行政行为在事后予以补救，更不能给公民受侵害的合法权利设置充分的法律救济渠道。有权利必有救济。当公民个人的权益受到行政机关这种基于貌似"合法"的公共利益的理由的损害时，受损害人必须被赋予获得法律上的救济的权利，这种救济权包括补偿权、申诉权、复议权、诉讼权等，当然其中最重要、最核心的救济权就是诉讼权。比如对政府征收、征用土地，或房屋拆迁中的某些行政行为不满，可直接诉讼，也可先申诉或复议、要求政府作出相应补偿。如行政相对人或相关人再对复议决定不服或认为补偿不公平合理时，还可以再向法院提起相关诉讼，让法院成为"最后说理的地方"，由法院通过司法程序根据具体情况对公共利益进行衡量，并对公共利益予以最后的确认。在过去长期的司法实践中，对不确定概念的解释和适用曾被认为属于行政机关自由裁量的范畴，司法机关应充分尊重行政权力，不宜对其裁量的合理性进行审查。现行《行政诉讼法》也是规定法院只能对具体行政行为的合法性进行审查，而实践中有关"公共利益"的法律审查很大部分是个合理性判断的问题。可喜的是新近通过的《民事诉讼法》修正案增加规定："对污染环境、侵害众多消费者合法权益等损害社会公共利益的

---

[1] 王轶："正确理解公共利益，切实维护私人权利"，载《理论参考》2007 年第 6 期。

行为，法律规定的机关和有关组织可以向人民法院提起诉讼。"这一条款的确立是中国公益诉讼制度迈出的跨越性一步，填补了我国法律关于公益诉讼的空白。但这个公益诉讼的条款只是原则性的，很多具体的问题诸如公益诉讼原告资格和受案范围的具体规定还需要配套法律法规或司法解释予以补充和完善，也需要在司法实践中不断探索和完善。因此可以说，我国目前还是没有真正建立起来公益诉讼制度。不过反观近年来的司法实践，法院对行政机关就不确定法律概念之解释，已经可不受行政机关解释之拘束，并加以司法审查。在司法审查中，法院应通过综合权衡以公共利益限制公民权利行为的目的、内容、必要性、妥当性及被限制的公民权利的性质、种类等多方面因素，来判断该公共利益是否符合立法的要求，以及行政机关的自由裁量权是否被滥用。

总而言之，"公共利益"的确定须由立法机关、行政机关和司法机关共同行使，相互之间还要有一定的制约。如果说立法者是以概括的"价值观念"予公共利益以抽象的法律规制，法官则以审判对公益价值作最后的决定，而行政则是以正当程序来形成和实现公益。那么，学者的任务就是要根据社会的发展，尤其是法治的日益进步而不断对公共利益进行"价值充实"。[1] 因此，我们不妨对公共利益做一个以价值分析为基础的概念界定："公共利益是社会群体存在和发展所必需的，并能为他们中不确定多数人所认可和享有的内容广泛的价值体。"[2]

（二）公共利益的外延界分

服务型政府的本质特征就是政府能够采取有效措施实现公共利益，积极回应市民社会的需求。现代"市民社会"理论是西方市民社会高度发展的产物，涉及社会、公民和国家的疆域分野问题。正如黑格尔所说"市民社会是个人私利的战场，是一切人反对一切人的战场，同样，市民社会也是私人利益跟特殊公共事务冲突的舞台，并且是它们二者共同跟国家的最高观点和制度冲突的舞台。"[3] 由此，我们认为公共利益与个人利益、社会利益和国家利益等概念既有联系又有区别，而只有当个人利益、国家利益和社会利益都受到同等保护，才是在更深刻的意义上维护国家整体的公共利益。

1. 公共利益与个人利益。公共利益来源于个人利益又区别于个人利益。从功利主义的角度看，公共利益并非是什么独立于个人利益的特殊的利益，离开了个人利益谈论公共利益毫无意义。"共同体的利益组成共同体的若干成员的利益

〔1〕 黄学贤、王太高：《行政公益诉讼研究》，中国政法大学出版社 2008 年版，第 75 页。
〔2〕 黄学贤、王太高：《行政公益诉讼研究》，中国政法大学出版社 2008 年版，第 72 页。
〔3〕 ［德］黑格尔：《法哲学原理》，范杨、张企泰译，商务印书馆 1961 年版，第 309 页。

总和。"[1] 既然公共利益是具体法治的基本诉求目标，法律就是要实现个人利益之和的最大化。然而公共利益"确实不是个人利益的简单总和，不可能完全归结和还原为具体的个人利益，是个人利益的有机总和。这种总和既过滤掉了个人利益中的任意性、偶然性和特殊性的因素，同时又综合并放大了其中的合理性、必然性和普遍性的成分，使某种普遍合理的利益得以生成和延续。"[2]

在通常的情况下，"公共利益"中"公共"的标准是指多数人的利益。"多数"是区别公共利益与个人利益的关键。如果相对少数人的利益与相对多数人的利益相悖，那么在这些既定的少数人与多数人共同构成的群体范围内，少数人的利益永远不可能形成公共利益。但是，数量上的多数也并不是"公共"的绝对标准，这一方面是因为，若以人数的多寡为公共的绝对标准，则必然造成多数人的利益始终凌驾于少数人的利益之上，从而造成对少数人利益的侵害，如多数占优的阶级或阶层凌驾于其他的阶级或阶层之上。即使我们承认人数占优的人的利益具有优先性，这在我们的现实生活中也是不成立的，事实情况往往是少数人集团的利益在损害着大多数人的利益。另一方面是因为，一些特殊的利益，即使是属于少数人的利益，也无条件地构成公共利益。如救济赤贫者在任何社会都形成公共利益的一项重要内容。[3] 因此，这里的"多数"概念不是恒定的概念，并且是有一定限制的。只有多数受到限制并认识到所有社会成员的平等地位，才能构成彼此尊重、相互包容的公共理性之前提[4]，才能谨防多数人对少数人的"暴政"。因此，当"少数人"的利益与"多数人"的利益产生冲突并且无法通过相互协商达成共识时，应该首先对少数人的利益进行补偿，然后再努力实现多数人的共同利益。

由此，我们可以得知公共利益与私人利益是辩证统一的关系，两者既存在协调一致性又存在矛盾冲突性。协调一致性表现在公共利益是众多个体利益的结合，它来源于个体利益并高于个体利益。公共利益可以在个人追逐私益的过程中自然形成，并且公共利益的实现最终都会落实到每个公民个体上。协调性还表现在两者之间在一些特定情况下甚至可以相互转化。正如孟德斯鸠认为，在公共利益与个人利益关系上，"就象宇宙的体系一样，有一种离心力，不断地要使众天

---

[1] [英]边沁：《道德与立法原理导论》，时殷弘译，商务印书馆2000年版，第58页。

[2] 杨通进："爱尔维修与霍尔巴赫论个人利益与社会利益"，载《中国青年政治学院学报》1998年第4期。

[3] 参见蔡乐渭："论行政法上的公共利益"，中国政法大学2007年博士学位论文。

[4] 张宇："公共利益：谁来界定？如何整合？——基于公共政策制定视角的分析"，载《甘肃社会科学》2012年第4期。

体远离中心，同时又有一种向心力，把它们吸向中心去。这样当每个人自以为是
奔向个人利益的时候，就是走向了公共的利益。"[1] 公共利益与个人利益的矛盾
冲突性表现在公共利益与私人利益之间从表现上看似乎是此长彼消的关系，公共
利益的实现通常以减损私人利益作为成本，或者说以限制或者剥夺某种公民权利
作为代价。这种利益冲突是一种普遍存在的利益关系，这是由利益的主观价值判
断性、人们利益要求的多样性和社会资源的有限性决定的。这就注定了不同的主
体所追求的利益一定是不同的，或者在追求相同的利益时也不一定能同时得到满
足。每一个具有理性的人都发展着自己的主体性，具有各自不同的需要，并且这
种需要本身也是在不断发展变化的。因此，作为从属于不同主体的个人利益与公
共利益的冲突也必然成为一种普遍存在的形态。在两者相互冲突的情况下，我
们既不能让个人利益随意侵害公共利益，也不能让公共利益任意侵犯个人利
益，更不能让政府或其他行政主体假借公共利益之名侵害个人合法利益。而如
何解决个人利益与公共利益相冲突时的协调与取舍问题正是服务型政府法治化
所关注的重要命题。正如我国台湾行政法学家翁岳生教授在检讨行政法发展的经
验时也提出："今后我们所要努力的方向，便是要使公益与私益这两者之间，取
得平衡。"[2]

2. 公共利益与国家利益。对于国家这个概念，可以分为民族意义上的国家（na-
tion）、领土意义上的国家（country）和政治意义上的国家（state）。而在我们国
家政治和法律实践中讨论的"国家利益"中的"国家"指的是国内法意义上的
"国家（state）"，主要是指统一体的政治方面。凯尔森认为，从纯粹法学观点出
发，国家是一个具有规范性秩序的特殊的社团，是由国内的（不同于国际的）
法律秩序创造的共同体。国家作为法人是这一共同体或构成这一共同体的国家法
律秩序的人格化。[3] 在此意义上，国家利益是国家这一政治共同体整体所拥有
的利益，是具有全国性与普遍性的利益。那么国家利益与公共利益的概念内涵是
否一致呢？按照马克思主义的观点，国家是阶级统治和阶级压迫的工具，国家是
为统治阶级服务的。作为统治阶级的统治工具，那么国家利益就代表着统治阶级
的利益。由于统治阶级往往是社会中的少数人，因此，国家利益并不必然是公共
利益。只有在国家行使公共管理职能时，才能代表公共利益。而在社会主义条件
下，国家的利益代表着最广大人民群众的根本利益，社会主义国家是为维护广大

---

[1] ［法］孟德斯鸠：《论法的精神》（上），张雁深译，商务印书馆1982年版，第25页。
[2] 翁岳生：《法治国家之行政法与司法》，台北月旦出版社股份有限公司1994年版，第221页。
[3] ［奥］凯尔森：《法与国家的一般理论》，沈宗灵译，中国大百科出版社1996年版，第203页。

人民群众的利益而存在的，国家利益就是个人利益与集体利益的终极统一。因此，在我们社会主义国家，人民当家作主，国家的利益就可以视为人民的共同的利益。在我国的法律条文中，也大都把国家定位于公共利益的执行者和代表者。如《宪法》第10条规定："国家为了公共利益的需要，可以依照法律规定对土地实行征收或者征用并给予补偿。"《宪法》第13条："国家为了公共利益的需要，可以依照法律规定对公民的私有财产实行征收或者征用并给予补偿。"《土地管理法》第2条第4款："国家为了公共利益的需要，可以依法对土地实行征收或者征用并给予补偿。"

我们要注意的是这里所讨论的国家利益首先是严格代表国家政权整体意义上的共同利益，其最重要的特征是整体性。国家利益不是国家成员各自拥有的个人利益的简单相加，也不是组成国家的各个区域的利益的简单相加。当然，这种整体性并不是绝对地要求统一性，它不要求国家利益符合每一个成员的利益，现实中，国家利益也经常可能与少数人的利益相冲突。另外，国家是一种拥有治理社会的权力机构，在一定的领土内拥有外部和内部的主权。在我国，国家政权是国家的具体化身，通常情况下，是由我们政府部门代表国家这个共同体处理日常的行政事务，行使行政权。因此，政府容易以国家利益代表者的身份出现。但国家利益不能等同于政府利益或部门利益。这是因为，其一，政府的自利性决定了政府利益主要是指政府本身的利益，其既存在合理的政府利益，也存在过度膨胀的政府利益。其二，国家机关有其自己独立的法律人格。当他们以法人的身份从事活动时，比如国家采购或与其他法人组织签订行政合同时，它代表的利益就不能混同于公共利益。其三，政府作为社会组织，是由具体的政府公务员组成的，这些公务员有其自身的个人利益和小团体利益。因此政府利益即国家机关利益不能等同于国家利益，也更不能一定代表公共利益。更多的时候，政府利益其实是与公共利益相冲突的，比如政府财政利益与国库利益可能是与每个公民个体期望增加自身财富收入的利益是直接对立的；又比如政府通过出让土地使用权增加城市建设费用是政府利益所在，但这一行为的直接后果往往是以严重侵害农民土地利益为代价的。在这种情况下，政府就是在借公共利益之名，以侵犯公民利益之实，满足政府自身甚至是某些官员的私益。

3. 公共利益与社会利益。"社会"的概念同"公共"的概念一样，也是个极其抽象的概念。如果试图对"社会"概念的内涵与外延也加以界分的话，社会就是由某内部的个人、群体按照一定关系组成的，包括人的物质及精神活动产物如社会思想、行为、习俗、制度等内容在内的一个复杂系统。"作为社会利益主体的'社会'，比社会学所谓的'群体'、政治学所谓的'阶级'更宽泛，它是由无数个体、群体组成的，每个个人和群体都是其中的分子但又不同于个别的个人和群体。"[1]"社会"概念还要与"国家"概念对比起来理解。社会是不同于国家的另一种自治共同体。"社会"与"国家"的概念是不能混为一谈的。"社会"的界限可能会超越"国家"的边界。正如霍布豪斯认为，"在文明世界中，互相影响的途径并没有被国境隔断，而是整个世界有可能成为一个社会，而且为了许多种目的，不同国家中彼此相当的阶级之间的关系会比同一个国家中差别很大的阶级之间的关系更为密切。因此我们不应当把国家解释为社会，而应当把它看做是一种社会。这样讲好象没有多少区别，实际上却是大不一样的。"[2]"国家"与"社会"概念的区别也决定了社会利益与国家利益是两类从属于不同利益主体的不同利益。首先，"国家"的阶级属性，"决定了国家利益可能会是某一部分阶层的利益而不是其社会成员的整体的普遍的利益，或者说国家利益就是统治阶级的利益与其支配的社会公共利益的一种混合。"[3]而社会利益则一定会表现为其成员的共同利益。其次，国家利益主要追求政治利益，社会利益内容则主要包含经济利益和文化利益。

　　社会利益与公共利益之间的区分是这几组相关利益概念对比中最微妙的。很多时候公共利益、社会利益与社会共同利益的概念会发生混同。如我国《民法通则》第 7 条规定："民事活动应当尊重社会公德，不得损害社会公共利益，扰乱社会经济秩序"。《合同法》第 7 条规定："当事人订立、履行合同，应当遵守法律、行政法规，尊重社会公德，不得扰乱社会经济秩序，损害社会公共利益。"《外资企业法》第 4 条规定："外资企业必须遵守中国的法律、法规，不得损害中国的社会公共利益。"此外我国还有多处法律规定中都有"社会公共利益"的表述。以至于有的学者认为，"公共利益、社会利益与社会共同利益在本质上并无区别。"[4]社会法学家代表庞德也认为"个人、公共与社会利益之分只是角度不同，如国家人格统一的公共利益可视为社会政治体制安全的社会利益。"[5]但也有学者认为："社会利益与国家利益一样，都是公共利益的下位概念。"[6]因此，社会利益与公共利益两者的概念内涵是不能完全重合的。社会利益必然是公

---

〔1〕 孙笑侠："论法律与社会利益"，载《中国法学》1995 年第 4 期。

〔2〕 [英] 霍布豪斯：《形而上学的国家论》，汪淑均译，商务印书馆 1997 年版，第 97 页。

〔3〕 俞可平：《权利政治与公益政治》，社会科学文献出版社 2000 年版，第 133 页。

〔4〕 颜运秋、石新中："论法律中的公共利益"，载《中国人民公安大学学报》2004 年第 4 期。

〔5〕 王轶、董文军："论国家利益——简论我国民法典中民事权利的边界"，载 http://syue. com/Paper/Law/People/86380. html.

〔6〕 胡锦光、王锴："论我国宪法中'公共利益'的界定"，载《中国法学》2005 年第 1 期。

共利益，但公共利益不一定都是社会利益。公共利益内容和对象的多样性和不确定性决定了有些公共利益可能只是某个地域或某个阶层的公共利益。

二、服务型政府职能核心——公共服务

1. 政府提供公共服务的理论依据。服务型政府是指在科学发展观的指导下，科学定位政府角色，以公共服务职能为主导，推动市场经济的完善，致力于提高公共服务绩效的全新政府范式。我国政府职能转换的目标就是实现公共服务型政府的范式转换，强调将转变职能作为政府改革的关键。这体现了我国新时期经济社会发展对服务型政府的本质要求就是通过法律与公共政策来约束与规范行政权力的运作，建立健全切实有效的公共服务体系，以强化和实现政府的社会管理和公共服务职能。我国政府提供公共服务的理论依据主要来源于以下三个方面：

第一，中国共产党的服务思想为我国公共服务的改革与发展提供了内生的精神动力。追根溯源，中国共产党政府服务思想的理论渊源是马克思主义政府服务思想，即"无产阶级政府及其公职人员是人民的公仆"理论。以毛泽东为核心的中国共产党第一代中央领导集体的"为人民服务"的政府服务思想是实现"马克思主义政府服务思想"中国化历史演进的第一大理论成果，是对马克思主义政府服务思想的继承和发展。改革开放30年中国共产党政府服务思想是实现"马克思主义政府服务思想"中国化历史演进的第二大理论成果，是中国特色社会主义理论体系的重要组成部分。其主要包括邓小平"领导就是服务"的思想、江泽民"三个代表"重要思想以及新一代中央领导集体提出的科学发展观和构建和谐社会的思想。尤其是中共十六届六中全会通过的《中共中央关于构建社会主义和谐社会若干重大问题的决定》以"建设服务型政府，强化社会管理和公共服务职能"的词句鲜明地表达了服务型政府建设思想。中共十七大的政治报告更是旗帜鲜明地提出了"加快行政管理体制改革，建设服务型政府"重大思想理论成果。

第二，我国公共服务的理论基础受国外新公共管理和新公共服务理论影响较深。新公共管理运动致力于优化政府经济职能，重视市场机制的调节作用，主张公共服务市场化运作，推行公共服务供给多元化，大大提高了公共服务的效率。而新公共服务理论是在对新公共管理理论进行反思和批判的基础上提出和建立的，其本质上是对新公共管理理论的一种扬弃。新公共服务理论主张用一种基于公民权、民主和为公共利益服务的新公共服务模式来替代当前的那些基于经济自我利益的主导行政模式。公共行政官员在其管理公共组织和执行公共政策时应该致力于承担为公民服务和向公民放权的职责，其工作重点既不应是"掌舵"，也不应是"划桨"，而应是建立一套明显具有完善整合力和回应力的公共机构。具

体来说，新公共服务理论的基本理念包括：政府的职能是服务，而不是掌舵；公共利益是目标而非副产品。在思想上要具有战略性，在行动上要具有民主性；为公民服务，而不是为顾客服务；责任并不简单；重视人，而不只是重视生产率；民权和公共服务比企业家精神更重要。[1] 新公共服务理论的理论基础包含公民社会的公民权理论、社区和市民社会模型、组织人本主义和组织对话理论及后现代公共行政理论，其价值理念和服务型政府"以人为本"的价值取向相一致，对服务型政府的公共服务理念的建立和制度的创新有极大的借鉴意义。

第三，政府提供公共服务符合服务型政府的行政法治逻辑。首先，"服务型政府，已经成为我国政府职能转变的目标和方向，因而行政法因应服务型政府的方向而发生相应的范式转变也就势在必然。"[2] 我国现代行政法律体系价值取向的转变就是由秩序行政法到服务行政法的转变；由传统行政法的"公私对立"到现代行政法的"公私不分、公中有私、私中有公"转变，从而政府职能也由强调公权对私权管理控制的高权型政府向公私平等的平权型政府转变，政府的管理理念由"管得最多的政府是最好的政府"向"服务最多的政府是最好的政府"转变。由此，在现代民主社会中，伴随中国社会转型，行政的强制性色彩日渐减退，仅仅依靠传统行政手段已不能适应民主行政的现实需要，"行政目标的实现越来越依赖契约、指导、服务等具有私法性质的柔性手段。"[3] 而私法契约理念引入行政法"可弥补传统行政的不足，软化与淡化权力的僵化性与强制性，从而提高政府为民的服务水准。"[4] 其次，如前文所述，服务型政府最基本的价值诉求是公共利益，公共利益的实现依赖于公共利益的有效配置，而公共利益配置的最主要手段，就是公共服务与公共产品的供给。因此，提供公共服务是维护公共利益的重要手段，是服务型政府的主要职能。政府职责的基本领域，是在维护国家机器正常运转的前提下，满足通过市场机制无法充分满足的社会公共需要。政府提供公共服务的职责，包括为各种市场主体提供良好的发展环境与平等竞争的条件，为社会提供安全和公共产品，为劳动者提供就业机会和社会保障服务等方面。

2. 政府提供公共服务的理念创新。

第一，政府要着力培养公民的"公民精神"。"公民精神"是公民主动参与

〔1〕 丁煌："政府的职责：'服务'而非'掌舵'——《新公共服务：服务，而不是掌舵》评介"，载《中国人民大学学报》2004 年第 6 期。

〔2〕 黄学贤：《中国行政法学专题研究述评》，苏州大学出版社 2010 年版，第 7 页。

〔3〕 关保英：《行政法的私权文化与潜能》，山东人民出版社 2003 年版，第 232 页。

〔4〕 张弘：《公共行政与服务行政下中国行政法的结构性变革》，法律出版社 2010 年版，第 215 页。

公共事务和公共服务价值目标的实现的前提，是指公民参与政治生活、关注公共安全、公共环境、公共卫生等有关社区共同利益的精神态度。服务型政府里的公民不再只是被动的和只关注个人利益的"顾客"，而是主动关注公共利益的"公民"。"现代社会的复杂性使得单纯依靠政府界定和维护公共利益的社会治理模式难以维系，必须激发公民参与公共生活的主动性和能动性，在政府的引导下通过公民对话实现公共利益。"[1] 因为公共利益是公民与政府就共同利益进行对话的结果，只有具备"公民精神"的公民积极关心和参与公共生活和公共决策，公共利益才能得到最大程度的表达。服务型政府培养公民精神应包括公民意识的确立、公民气质的具有、公共精神的培育和公共伦理的倡导。"只有公民具有高度的公民精神才能实现管理的高效，即高公民精神与高职业主义才能形成公民友爱与相互信任的有效管理的环境。"[2]

第二，政府从"经济生存性"公共服务到"社会发展性"公共服务的服务范围的拓展。经济生存性公共服务是指政府为保证国家经济发展和公民基本生存条件所必需的公共服务类型，包括基础设施建设；住房保障；公共交通、供电、供水、供气、垃圾与污水处理等公用事业；社会保险；社会救济与社会福利等。社会发展性公共服务是政府为促进公民参与社会生活的各项发展而提供的产品和服务，包括科学、教育、文化、卫生、体育服务；度假旅游；生态环境等等。"政府的这一义务在很大程度上与国际法上《经济、社会和文化权利国际公约》所指的经济、社会和文化权利对应，也和宪法学上所讲的公民社会权对应。"[3]我国从改革开放以来，一直将公共部门的改革作为推进经济体制改革重要组成部分。在过去从计划经济向市场经济转型的过程中，政府较多地关注经济发展领域，对教育、文化、环境保护等社会公共服务领域投入相对不足，其结果是政府对发展性公共服务的供给水平远远落后于经济发展水平。而建设和谐小康社会，落实科学的发展观，就要求我们的政府进一步拓宽公共服务的供给范围，大力增加社会发展性公共服务供给的数量和种类。

第三，公共服务供给方式和主体的多元化发展。随着中国经济社会的高速发展，财力和能力有限的政府已不可能提供足够的、高质量的公共服务以满足公众日益增长的公共需求。公共供需矛盾日益突出，这些矛盾的存在迫切要求对公共

〔1〕 邢华："论公共利益与服务型政府建设"，载《中国行政管理》2009 年第 7 期。

〔2〕 ［美］乔治·弗雷德里克森：《公共行政的精神》，张成福等译，中国人民大学出版社 2003 年版，第 204 页。

〔3〕 陈云良："服务型政府的公共服务义务"，载《人民论坛》2010 年 10 月。

服务的管理与供给模式进行变革。20 世纪 70 年代以来，西方主要市场经济国家已经纷纷在公共服务供给方面进行了成功的改革，包括推行公私合作、公用事业私有化、合同出租、用者付费等有效的市场化方式，逐步完成了从政府垄断到多元化供给的公共服务供给的转型。近年来，我国也开始尝试打破政府垄断，在公共服务提供的过程中引入市场竞争机制，如我国在公用事业领域普遍采取了民营化的改革措施。"民营化倡导私人部门替代公共部门承担社会公共产品和服务的供给功能，借以提升公共产品和服务的品质和质量。"[1] 但是公共事业民营化过程中出现了竞争性损失、社会公平和公共责任缺失等等问题，需要尽快通过制定政策、完善立法、打破垄断、建立监管平台等一系列措施确保公共服务的公益性和公用性。又比如从 20 世纪 90 年代以来，公共服务外包已经开始在我国城市基层政府得到了初步应用。"公共服务外包就是指通过合同承包的方式将向社会提供公共服务的任务交由私人部门承担。"[2] 正如姜明安教授所言："现代行政法强调公中有私，私中有公。私方相对人不仅可以参与公务，而且可以承包公务；政府外包不仅限于供水、供电、公共医疗、公共交通、高速公路营运、公共教育、职业培训、垃圾处理、住房和市政建设等公共服务，而且可及于监狱管理、行政审批、行政许可、行政处罚等行政规制。"[3] 这就意味着政府不需要过度或直接介入微观的公共服务领域，而是可以在某种程度上通过市场化的运作履行公共服务职能，采取行政合同、行政指导等多种柔性行政管理手段来允许和鼓励私人部门、社会组织等多方主体参与公共服务的提供，从而提高政府服务的效率。可以说，此类柔性管理方式近年来在行政实务中运用得越来越广泛，产生了有助于实现行政管理目标的积极效果，有助于形成行政相关与行政相对人的和谐关系。但如果处理不好，也会表现出不自觉、不规范、正负面效应交织、法治化程度较低的问题。[4] 因此服务型政府法治建设的一个重要课题就是如何使这些非强制性的行政行为和公用事业等领域的市场化运作在提供高效、便民的公共服务同时，又能尊重法治原则的内在规定性和安定性，自觉纳入法治化的轨道与体系，而不会因为一味地追求创新和政绩，反而超越了法治的边界。

---

〔1〕 杨海坤、郭朋："公用事业民营化管制与公共利益保护"，载《当代法学》2006 年第 5 期。

〔2〕 贾旭东："基于扎根理论的中国城市基层政府公共服务外包研究"，兰州大学 2010 年博士学位论文。

〔3〕 姜明安："新行政法：公中有私，私中有公"，载《法制日报》2007 年 10 月 14 日，http：//news. sohu. com/20071014/n252641713. shtml。

〔4〕 莫于川：《柔性行政方式法治化研究——从建设法治政府、服务型政府的视角》，厦门大学出版社 2011 年版，第 14～15 页。

三、服务型政府模式初试——政社互动

服务型政府是指以公民本位、社会本位的理念为指导，以公共利益为价值起点，通过有效的制度安排，引进市场与社会的力量，形成公共服务有效供给机制的政府管理体系。近些年来，随着我国社会主义市场经济和民主政治的发展以及全球化的融合趋势，政府管理体制改革和政府职能转变的重要性日渐凸显。在全国各地都在风起云涌地进行政府职能再造和重塑的改革创新的年代，"服务型政府"的管理创新改革无疑成了一个政府和学界共同关注的综合性课题。其中，2007年党的十七大首次提出的"建立政府行政管理与基层群众自治有效衔接和良性互动的机制"成为了政府管理体制改革的重点。2008年国务院颁布的《关于加强市县政府依法行政的决定》中又进一步指出："依法行政重点在基层，难点在基层。要增强社会自治功能，扩大基层群众自治范围，充分保障和实现基层群众自我管理、自我服务、自我监督、自我教育的各项权利。"2012年党的十八大报告中又再一次强调要"健全基层党组织领导的充满活力的基层群众自治机制。发挥基层各类组织协同作用，实现政府管理和基层民主有机结合。"在这样的社会转型期，"政社互动"就是作为实现"基层组织自治与政府行政管理的有效互动和衔接"的一种新型管理模式，成为了政府管理创新的改革试点。政府通过行政权力的自我约束和权力下放，实现社区自治组织的权力归位，最大限度地激发社会创造活力与潜力，创造和谐社区。在此意义上，"政社互动"被赋予了完善政府服务功能、推进公共服务社会化和市场化、增强基层自治组织活力的职能，是在社会管理创新大背景下服务型政府制度构建的一次有益尝试。

（一）"政社互动"的基本内涵

服务型政府语境下的"政社互动"的内涵包含以下几个方面：

第一，"政社互动"以维护公共利益为基本价值诉求。"服务型政府是以公共利益为价值起点，通过有效的制度安排，引进市场与社会的力量，形成公共服务有效供给机制，以实现公正、透明、高效地为公众和全社会提供优质公共产品和服务的政府。"[1]那么何谓"公共利益"呢？"公共利益是社会群体存在和发展所必需的，并能为他们中不确定多数人所认可和享有的内容广泛的价值体。"[2]但在实践中"公共利益"是一个内涵和外延都难以界分的概念。由于行政机关所拥有的广泛的自由裁量权以及立法难以穷尽或精准列举公益的范围，行政权能

---

〔1〕 张文礼、吴光芸："论服务型政府与公共服务的有效供给"，载《兰州大学学报》（社会科学版）2007年第5期。

〔2〕 黄学贤、王太高：《行政公益诉讼研究》，中国政法大学出版社2008年版，第72页。

在很大程度上可以"创设""公共利益"的范围。为了限制公权力"假借公共利益之名侵害公民个人权利"的权力扩张与膨胀，行政机关行使行政权必须遵守法律保留原则、正当程序原则和比例原则，以期达到既维护社会公共利益又保护公民合法权益之目的。诚然，公共利益与个人利益的冲突是一种普遍存在的形态，而如何解决个人利益与公共利益相冲突时的协调与取舍问题正是服务型政府法治化所关注的重要命题。在两者相互冲突的情况下，我们既不能让个人私益随意侵害公益，也不能让公共利益任意侵犯个人利益，更不能让政府或其他行政主体假借公共利益之名侵害个人合法利益。正如我国台湾行政法学家翁岳生教授在检讨行政法发展的经验时也提出："今后我们所要努力的方向，便是要使公益与私益这两者之间，取得平衡。"[1]代表公共利益的政府，应在多元利益关系表达和博弈的基础上，尽可能平衡公益与私益，以期真正实现公益。

　　第二，"政社互动"以公共服务多元化、市场化为合法性前提。在政治改革实践中，公共利益的实现依赖于公共利益的有效配置，而公共利益配置的最主要手段，就是公共服务与公共产品的供给。因此，提供公共服务是维护公共利益的重要手段，是服务型政府的核心职能。20 世纪 70 年代以来，西方主要市场经济国家已经纷纷开放公共服务领域，实现公共管理的市场化和社会化，包括推行公私合作、公用事业私有化、合同出租、用者付费等有效的市场化方式，逐步完成了从政府垄断到多元化供给的公共服务供给的转型。近年来，我国也开始尝试打破政府垄断，在公共服务提供的过程中引入市场竞争机制，如在我国公用事业领域普遍倡导"私人部门替代公共部门承担社会公共产品和服务的供给功能的"[2]民营化的改革。又比如从 20 世纪 90 年代以来，公共服务外包已经开始在我国城市基层政府得到了初步应用。"公共服务外包就是指通过合同承包的方式将向社会提供公共服务的任务交由私人部门承担。"[3]正如姜明安教授所言："现代行政法强调公中有私，私中有公。私方相对人不仅可以参与公务，而且可以承包公务。"[4]这就意味着政府不需要过度或直接介入微观的公共服务领域，而是可以在某种程度上通过市场化的运作履行公共服务职能，采取行政合同、行政指导等多种柔性行政管理手段来允许和鼓励私人部门、社会组织等多方主体参与公共服

---

〔1〕 翁岳生：《法治国家之行政法与司法》，台北月旦出版社股份有限公司 1994 年版，第 221 页。

〔2〕 杨海坤、郭朋："公用事业民营化管制与公共利益保护"，载《当代法学》2006 年第 5 期。

〔3〕 贾旭东："基于扎根理论的中国城市基层政府公共服务外包研究"，兰州大学 2010 年博士学位论文。

〔4〕 姜明安："新行政法：公中有私，私中有公"，载《法制日报》2007 年 10 月 14 日，http：//news.sohu.com/20071014/n252641713.shtml.

务的提供，构建公共服务多元化、市场化的供给体制，从而提高政府服务的效率。

第三，政社互动以政府与公民之间平等、合作的新型互动关系为基础。在传统管制型政府的模式下，政府与公民之间的基本关系是"管理"与"被管理"之间的关系，政府居于统治地位，公民在庞大的官僚体制的威慑前习惯于服从和仰视。虽然随着工业文明的到来，使得政府作为管理者与被管理者民众之间摆脱了人身依附关系，实现了形式上的、法律上的平等，但是二者之间依然存在着实质上的不平等。而"服务型政府"以追求公共利益为价值起点，以公民本位、社会本位为核心理念，意味着政府职能的定位由强调公权对私权管理控制的高权型政府向公私平等的平权型政府转变，政府的管理理念也由"管得最多的政府是最好的政府"向"服务最多的政府是最好的政府"转变，政府与公民之间的关系在新的层次上实现了更为真实的平等。政府与公民之间关系的转型对政府提供公共服务的传统方式和理念提出了挑战。在传统公权力完全操纵话语权的"警察国家"里，政府提供公共服务的能力和水平显然是会受到很多制约的。但是在现代服务行政中，行政的强制性色彩已日渐减退，政府提供公共服务不再取决于政府意志，而应在不违背公共利益和社会公德的前提下，取决于公民自由意志的表达和诉求，"政府必须对公民的服务要求做出前瞻性的回应。否则，政府提供什么服务，公民就得享受什么服务的强制式服务供给方式是违背服务型政府本质的。"[1] 政府与公民之间关系的转型与公共利益的实现也密切相关。服务型政府里的政府已转变为"服务者"，而不再是"掌舵者"，公民也不再只是被动的和只关注个人利益的"顾客"，而是主动关注公共利益的"公民"。"现代社会的复杂性使得单纯依靠政府界定和维护公共利益的社会治理模式难以维系，必须激发公民参与公共生活的主动性和能动性，在政府的引导下通过公民对话实现公共利益。"[2] 而公共利益的实现、公共服务的提供就是公民与政府进行平等对话的结果。换言之，正是出于对"公共利益"的共同关注与生存依赖，使得政府与公民之间由对抗的紧张关系转向了互动、合作的新型关系。

概言之，服务型政府应是一个有限政府，政府应该转变过去大包大揽的做法，代之以为社会服务为宗旨的现代国家宏观管理模式，让社会运用自身的力量来处理某些公共事务。多元化的社会组织将在社区领域逐步发挥其在公共服务和

---

〔1〕 施雪华："'服务型政府'的基本涵义、理论基础和建构条件"，载《社会科学》2010 年第 2期。

〔2〕 邢华："论公共利益与服务型政府建设"，载《中国行政管理》2009 年第 7 期。

社会管理中的功能，促进社会格局逐步从"大政府，小社会"向"小政府，大社会"转变。但这种转变并不意味着政府的社会服务、社会责任范围的缩小。因为社会组织和社区介入公共事务的管理和公共服务的供给，能够弥补政府行政管理权力过于刚性的不足。并且，事实上很多社会事务完全可以通过社会自律方式得以实现。政府把本来就不该管的事务放权、还权给社会，从而使政府从纷繁的公务事项中解脱出来，提升自身的公共服务效率。由此，建设服务型政府需要政府加快培育社会组织和扩大社会自治权力，实现传统政府职能部分社会化改造，鼓励和引导各种社会力量参与提供公共服务，完善群众自治机制和基层民主制度，建立以政府为主导的各种社会主体共同参与的公共服务供给体系。而要充分发挥基层社会组织的能动作用，需要政府致力于搭建制度化的平台，在政府与社会、公民之间建立各种行之有效的、良性的沟通机制和互动体系，通过一系列持久而有效的程序设计和精致科学的制度安排，而不是"亡羊补牢，头痛医头，脚痛医脚"的应景式运动与口号，确保公民真正地、广泛地参与社会公共事务的治理。服务型政府是国家公权力回应公民合法正当利益诉求的政府，通过公私双方在平等身份基础上的对话、沟通和协商，制定出符合公共利益需求的决策和规划，并加以有效、有责地贯彻和执行，"以此形成由传统的'政府本位'的单向治理走向政府与社会、与民众平等身份基础上的信任合作、互动共治。"[1]

（二）"政社互动"的主体定位

服务型政府的法治化进程就是政府与各种社会组织团体、社区组织、企事业单位、社区公民等多方主体之间实现"政社互动"的过程。在这一过程中，政府以及各个市场主体、社会主体共同参与公共服务方式的创新。因此，我们在"政社互动"的模式中先探讨一下互动多方主体的角色定位。

1. 政府。"政社互动"的关键是政府职能的转变。转变政府职能是加强社会自治功能的前提，而社会自治功能的增强也有助于深入推动政府职能的转变。在计划经济条件下，政府扮演了生产者、监督者和控制者的全能型的角色，其为社会和公众提供公共服务的职能和角色被淡化。而在市场经济的制度运行中，政府职能也由原来对微观主体的指令管理转换到为市场主体、社会主体的服务上来。某种程度上，政府其实就是一个博弈参与者。政府把其他博弈参与者撮合到一起促成公共问题的解决方案，并且就公共问题进行磋商或充当经纪人，其角色定位从主管者、控制者转变成调解、中介或裁判的角色。政府的主要职责在于确保公共利益居于支配地位，确保公共问题的解决方案本身及其产生的过程都符合正

---

[1] 李松林："论新公共服务理论对我国建设服务型政府的启示"，载《理论月刊》2010年第2期。

义、公正和公平的民主规范。在一个具有积极公民权的社会里，政府的能力永远是有限的，在政社互动的角色中，政府同样要实现角色的转换和归位，改变以前对社区服务统包统管的做法。"政府在社区服务中的主要任务是创造环境，提供条件，而不再是直接参与社区服务的提供。"[1] 但是政府职能的转变并不意味政府在公共管理事务中当"甩手掌柜"，政府在"政社互动"中还应该起主要作用，这主要体现在政府对公共服务领域的财政保障功能的加强。随着政府财政收入的增长，行政运行成本和三公经费的压缩，并且由于市场经济的发展使市场在资源配置中基础性作用逐渐增强，政府应逐步退出对微观的、竞争性领域的直接投入，转而承担起更多的公共服务责任，在和民生密切相关的领域诸如"三农"、教育、社会保障、医疗卫生、环境保护等方面要进一步加大财政投入，同时还应该通过创新机制吸纳非营利组织和企业参与到公共服务体系中。政府职能的这种转变必然会引发政府管理模式的创新改革。近年来，我国基层政府结合自身实际，借鉴西方国家先进的管理经验，探索出大量政府管理的创新模式。如各地推出"行政审批一表制"、"行政审批超时默许机制"等一系列行政审批制度改革创新，大幅减少行政审批事项，简化行政审批流程；不断拓展政务公开内容，完善政府信息发布制度，同时强化行政决策制定过程的民主参与和程序公开的原则；加强电子政务建设，不断完善"网络问政"的平台，越来越多的党政机关开始借"网"问政，打造出了"微博问政"[2] 等各种政社互动的新模式。

2. 社会组织。社会组织是为了实现特定的目标而有意识地组合起来的社会群体，是人们为了特定目的而组建的稳定的合作形式。社会组织应是一个开放的系统，"是一个成熟社会政治架构中的重要组成部分，它既是社会多元利益的协调机构，还是实现行业自律、开展行业服务、保障公平竞争的机构。"[3] 社会组织具有非政府性、非营利性、自愿性，只要能够成为相对独立的、组织良好的、有着广泛的基层动员能力的自治组织，就可以在我国的经济和社会建设中发挥巨大的社会功能，并产生监督和制约政府权力的强大力量。因此，社会组织是政府和民众之间的巨大的弹性力量和沟通机制，它奠定了基层民主特别是社会自治的组织基础，是现代民主体系的重要内容，在中国的政治文明建设进程中起着不可替代的作用。目前我国法律明文规定的社会组织主要包括社会团体、民办非企业

---

〔1〕 潘小娟：《中国基层社会重构——社区治理研究》，中国法制出版社 2004 年版，第 150 页。

〔2〕 当然，对于这一种"微博问政"热，很多人持怀疑态度，认为不过是"博客问政"换个名头而已，是另一种政治作秀，并会"滋长一些代表委员的惰性，过分依赖这些沟通方式，而不去深入基层和实际了"。参见"微博问政"百度百科 http：//baike. baidu. com/view/3312761. htm。

〔3〕 李惠、张晓光："公共服务：政府职能转变的现实选择"，载《经济论坛》2004 年第 10 期。

单位和基金会 3 种类型，而实际开展活动的各类社会组织的其他社会组织还包括大量无法按照现行法律法规登记注册的民间草根组织、社区社会组织、农村社会组织及各种松散型、网络型社会组织等等。[1] 在我国建设服务型政府的语境下，"政府职能正逐步从对企业的直接行政管理中淡出，政府工作将逐步从以行政手段为主向以经济手段和法律手段为主转变，这使得大量过去由政府承担的技术性、服务性、协调性职能直接转给了社会组织。"[2] 社会组织参与社会管理是打破传统体制下政府对公共事务的垄断的基本要求，也契合了推进整个社会管理体制创新的现实需要。党的十八大报告再一次强调了社会组织的重要性，提出要"发挥基层各类组织协同作用，加快形成政社分开、权责明确、依法自治的现代社会组织体制。"这就要求我们市县政府及其部门要加强对社会组织的培育、规范和管理，把社会可以自我调节和管理的职能交给社会组织。要积极与社会组织进行合作，鼓励、引导社会组织有序参与社会管理、提供公共服务。各类社会组织也要充分利用自身的资源、知识和技术优势，在更大的范围内与外界环境进行各种形式的交换和互动，积极参与到社会管理与制度建设中来，并起到沟通政府与社会成员的桥梁作用。

3. 社区。中文里一般意义上的社区至少包括以下特征：有一定的地理区域；有一定数量的人口；居民之间有共同的意识和利益，并有着较密切的社会交往。而英文 community 一词含有公社、团体、社会、公众，以及共同体、共同性等多种含义。本文讨论的社区是把社区视为生活在同一地理区域内、具有共同意识和共同利益的社会群体，是为居住在一个固定区域的居民群体与社会起着沟通连贯的桥梁作用的群众基层组织。社区作为社会的基本构成单位，以及政府与市场的结合体，在改革的过程中，承接了许多经济体制改革、社会体制改革中剥离出来的任务，并逐步发展成为政府公共服务的主要承接平台，社区居委会等社区组织也成为了社区公共服务的重要力量。因此，"如何为社区居民提供更多更好的公共服务，既是政府职能转变与改革的目标，也是社区建设与发展的目标。"[3] 社区建设在我国公共服务供给体制改革中有着日益重要的地位和作用。我国从 2000 年在城市开始探索社区建设，取得了积极的成效。2006 年，国务院颁布了《关于加强和改进社区服务工作的意见》首次明确提出大力推进公共服务体系建设，

---

[1] 据统计，截至 2010 年，全国依法登记的社会组织 43.9 万个，其中社会团体 24.26 万个，民办非企业单位 19.45 万个，基金会 2168 个，其他社会组织 300 多万个，引自白平则："如何认识我国的社会组织"，载《政治学研究》2012 年第 2 期。

[2] 应松年："社会管理创新要求加强行政决策程序建设"，载《中国法学》2012 年第 2 期。

[3] 耿云："治理理论视角下的中国城市社区公共服务研究"，中国政法大学 2008 年博士学位论文。

使政府公共服务覆盖到社区。2007 年，国家发改委和民政部联合制定了《"十一五"社区服务体系发展规划纲要》，对进一步推进文化、教育、科技、体育、卫生、环境、法律、安全等公共服务进社区提出了具体的规划意见。虽然当前我国社区建设由于在很大程度上是政府自上而下推动的，因此存在政府越位、居委会错位、非营利组织缺位等等问题，但在现今社会，经过多年的改革探索，社区已然成为社会成员参与公共生活，维护共同利益的重要平台。当前我国社区建设的主要任务是在全面开展城市社区建设的同时，积极推进农村社区建设；完善基层服务和管理网络，增强社区服务的能力，促进社区的可持续发展，把社区建设成为管理有序、服务完善的社会生活共同体。

4. 公民。"政社互动"最基本、最普遍的主体是社区和社会组织中的每一个公民。"公民"一词起源于古希腊，在亚里士多德看来，"城邦正是若干公民的组合"[1]。现代公民是指"具有一国国籍，并根据该国法律规定享有权利和承担义务的人。"[2] 公民作为一个近现代意义上的法律概念，与民主政治和法治秩序紧密相连。"公民"概念有以下四个法律特征：①公民是一个普遍概念，是指自然人个人的一种身份和资格，公民资格的取得与丧失和国籍直接相关，而"公民身份的基础归根结底在于通过文明社会构建起来的负责的公民的群体"[3]；②公民概念是反映个人与国家之间关系的概念，属于某一国的公民就意味着既享有该国法律所赋予的权利，也必须承担该国宪法和法律所克以的义务，保障公民权利是法治社会的应有之义；③公民概念反映了公民之间的平等关系，公民在法律面前人人平等的理念是社会正义得以实现的前提；④公民平等保护原则里的"平等"是实质意义上的平等，它并不排斥对某些具有社会弱势群体特征的公民的差别性保护和倾斜性政策。在政社互动的语境中，"公民共同体的特征是自由平等的政治关系、积极的公共精神和信任与合作的社会网络，从而形成了现代性公民文化。"[4] "只有公民具有高度的'公民精神'才能实现管理的高效，即高公民精神与高职业主义才能形成公民友爱与相互信任的有效管理的环境。"[5] 这里的"公民精神"是指公民参与政治生活、关注公共安全、公共环境、公共卫生等有关社区共同利益的精神态度。公民精神和公民文化的培养与孕育对我国社

〔1〕 ［古希腊］亚里士多德：《政治学》，吴寿彭译，商务印书馆 1965 年版，第 109 页。

〔2〕 公民百科，http://baike.baidu.com/view/7983.htm.

〔3〕 ［美］托马斯·雅诺斯基：《公民与文明社会》，柯雄译，辽宁教育出版社 2000 年版，第 32 页。

〔4〕 刘雪松：《公民文化与法治秩序》，中国社会科学出版社 2007 年版，第 13 页。

〔5〕 ［美］乔治·弗雷德里克森：《公共行政的精神》，张成福等译，中国人民大学出版社 2003 年版，第 204 页。

会的团结安定、民主宪政的发展和服务型政府的制度构建具有重大意义。可以说，没有体现时代精神的公民文化和公民意识，再完美、精致的制度设计也将形同虚设。

（三）我国"政社互动"开展的主要困境

1. 法治传统和法律信仰的阙如。我国法治根基的薄弱是阻碍"政社互动"广泛开展的关键性因素。法治的两大基本要义之一是法应是善法、良法，具有被普遍遵从的至上地位。法治社会中法的这种至上性主要体现在对公共权力的至上与控制。而在中国古代封建社会长期的"人治"之中，法只是暴力惩治，维护封建专制的工具与手段。近现代的法治变革也没有隔断法律工具主义的脉络。新中国成立后的相当一段时间内，法又成了阶级斗争和频繁政治运动的工具。经过几代人前仆后继地努力，如今"依法治国"已经作为治国方针写进了宪法纲要里，我们国家在"依法治国"的建设道路上也已经取得了来之不易的成就，宣布了中国特色社会主义法律体系已经形成，但即便如此，我们的法治在很大程度上"也仍然还是只在工具意义上主张法和法治"[1]。中国的"人治"传统如此积重难返，以致于法治的进程依然步履维艰、任重道远。正如苏力所说，他"不认为当我们上下一致，决心'依法治国'时，法治就足以（尽管这可能是一个重要的条件）形成了。"[2]法治的另一基本要义是公民有普遍遵守、尊重法律的"隆法"信仰，包括宪法至上的理念、私权神圣与私法自治的民法理念、执法为民的行政理念等，而在我国这些基本法律信仰和理念的缺乏，导致社会公众"臣民"观念浓厚，习惯于被动接受政府管理和控制，缺少与政府的互动诉求，导致公民与社会组织的力量对公共政策的影响微乎其微。

2. 参与型政治文化的缺失。我们国家公民参政意识的淡漠严重阻碍了民主政治的发展，也使"政社互动"的推广缺少了政治文化的根基。政治文化是指"在一个社会国民的认知、情感和评价中被内化了的政治制度。"[3]阿尔蒙德归纳了三种政治文化：地域型政治文化、依附型政治文化和参与型政治文化，他认为"一般说来，一种地域型、依附型或是参与型文化分别对一种传统的、中央集权的和民主的政治结构来说，将是最为适合的。"[4]三种政治文化并不截然而

---

〔1〕 孙莉："法治与自由论析"，载《法学》1997年第8期，第12页。

〔2〕 苏力：《制度是如何形成的》，北京大学出版社2007年版，第221页。

〔3〕 ［美］加布里埃尔·A.阿尔蒙德、西德尼·维巴：《公民文化——五国的政治态度和民主》，马殿君等译，浙江人民出版社1989年版，第15页。

〔4〕 ［美］加布里埃尔·A.阿尔蒙德、西德尼·维巴：《公民文化——五国的政治态度和民主》，马殿君等译，浙江人民出版社1989年版，第23～24页。

分，而是互相渗透、依托。按其标准，由于我国中央集权的历史传统和现有的中央集权的行政管理体制似乎意味着依附型政治文化存在的合理性。然而我们推行了 30 多年的"民主政治"改革，是在朝着建设"社会主义民主国家"的方向努力。因此，我们政治系统和政治文化之间难免出现了不相适应或是"水土不调"的地方，政治文明的进化就必须经历从依附型文化向参与型文化的成功蜕变的过程。这种过程"包含了在相当比例的国民中间对民主基础结构的肯定取向的扩散、公民义务准则的接受和公民能力意识的发展。"〔1〕

3. 基层群众组织自治基础的薄弱。我国城镇和农村薄弱的群众自治基础影响了"政社互动"模式中基层自治组织能动作用的充分发挥。以我们国家广大农村地区为例，城镇化及社区化的程度还比较低，"熟人社会"的乡土逻辑和人情机制维系了农村社会的秩序生产，使得乡村社会成为一张微观权力关系网，也因此被整合成一个个对内密切往来、对外相对封闭的社群团体。费孝通先生认为，"乡土社会秩序的维持，有很多方面和现代社会秩序的维持是不相同的……乡土社会是'礼治'的社会。"〔2〕因此，尽管有学者认为，"当前中国乡村的行政村，在经历了新中国以来的乡村体制变革后，已演变成'半熟人社会'"〔3〕，但我们不难发现，乡村礼治的传统依然积淀深厚，诸如"村民自治"和"一事一议"这些"准"社区化实践并不能改变农民政治权利贫困、法律意识淡漠的现实。因此，乡村熟人社会的农民个体对作为村民自治组织中最高级、最权威的组织形式——村民委员会的参与度与认同度普遍不高，广大农民难以通过正常通畅的渠道表达自身正当的利益诉求。同时，村民自治组织滥用权力的现象严重，有相当数量的村委会职能异化，忽略自治职能的履行。村委会干部出于自身利益的考量，往往在政府力量面前唯唯诺诺，不敢也不善于与政府对话，成为掌握"话语权"的上级政府的"传声筒"和"受气包"。于是，随着越来越多的政府职能延伸到基层，村委会的自治功能式微，基层群众自治组织反而呈现出日趋明显的"政府化"趋势。

---

〔1〕 ［美］加布里埃尔·A. 阿尔蒙德、西德尼·维巴：《公民文化——五国的政治态度和民主》，马殿君等译，浙江人民出版社 1989 年版，第 31 页。

〔2〕 费孝通：《乡土中国 生育制度》，北京大学出版社 1998 年版，第 49～51 页。

〔3〕 参见贺雪峰：《乡村治理的社会基础》，中国社会科学出版社 2003 年版，转引自陈柏峰："熟人社会：村庄秩序机制的理想型探究"，载《社会》2011 年第 1 期。

（四）"太仓模式"的成功探索

江苏省苏州市由于在城乡一体化的改革中走在了全省乃至全国的前列，[1]农村城镇化、社区化水平相对较高，城乡差距较小，良好的经济发展环境为政府管理创新改革提供了良好的经济基础和社会环境。其中苏州太仓市的"政社互动"改革在全国起到了示范的效应。

2008年，江苏太仓市率先在全国试点"政社互动"机制，通过基层自治组织能力的提升，实现与政府行政管理的良性互动，用了近4年的时间走出了一条改变现有传统体制下的基层社会管理新模式。如今，政府行政管理与社区多元主体协同配合、良性互动的社会管理新格局已初现端倪。[2]太仓市的"政社互动"的主要运作方式是："政府搭台，社会协同"。政府主导，社区多元主体共同参与；政府行政与社会自治功能互补；政府管理与社会调节力量互动。通过实施一系列制度创新和制度设计，在实践层面，充分调动政府、基层自治力量参与"政社互动"的积极性，政府公共服务事务项目化，通过签订协议的方式放权、增能、监督、评估，让基层自治组织、社会组织与政府行政管理充分衔接互动，构建基层和谐社区。具体表现在以下几个方面：

第一，政府"放权归位"，充分发挥基层群众组织的自治功能。为明确政府和自治组织的权责边界，到2011年6月底，各镇、区全部与村签订了平等协商式的《协助政府管理协议书》，全面取代了过去行政命令式的《行政责任书》。在涉及卫生保洁、镇级河道清淤等一些具体事务上，政府需要和村民自治组织签署单项协议书，约定协助管理的款项，相当于政府向自治组织"购买"服务。这些"一揽子"行政契约厘清和梳理出政府和群众自治组织的权责边界，将"责权利"捆绑落实到村和社区，实行"权随责走，费随事转"，政府和自治组织的关系变成一种平等关系，协商解决相关事务。对政府来说，"放手不撒手"真正体现柔性管理的新特质；对群众自治组织来说，行政职责变成了协助管理，充分体现了政府对基层群众自治组织的尊重，巩固确立了市、乡镇政府自身与基层自治组织的指导关系。

---

〔1〕 "苏州市的GDP水平在全国排名中高居第6位，而更值得称道的是，经济的高速发展，并没有扩大城乡差距。苏州城乡居民收入差距多年来保持在2:1，远低于全国3.13:1的水平，按照'十二五'城乡一体化的发展目标，到2015年，苏州农民年人均纯收入将超过2.5万元。"参见"创造新业绩 喜迎十八大——央视《焦点访谈》聚焦苏州城乡一体化"，载苏州新闻2012年11月3日，http://news.2500sz.com/news/szxw/2012-11/3_1737980.shtml.

〔2〕 "'政社互动'：给力社会管理"，载枞阳在线2012年06月01日，http://www.aqzyzx.com/system/2012/06/01/006035260.shtml.

　　第二，充分听取和尊重基层群众的民意，深化基层民主。"行政管理与群众自治在协商签约的过程中完成了衔接，在双向评估的过程中实现了互动。"[1] 太仓市印发了《"政社互动"双向履约评估指导意见》，明确了评估内容，规定了评估程序，以平等主体间的"双向评估"工作取代行政框架内的"单边考核"。为了激发村民对公共事务的热情，近年来，太仓每年会举办两次"民主决策日"活动。此外，太仓每个村居委会都设立了"政社互动联络员"，广泛收集村民群众对本村实行村民自治的要求、意见和建议。有些村还建立了村民来访登记接待制度，实行分片负责制。太仓市还举行了"政社互动面对面——太仓市2012年公共服务专题"活动，多个政府部门集中发布公共服务政策、解答村民咨询。通过这样一些政府与群众零距离、不设限的交流活动，又一次拓展了"政社互动"双向交流的途径。

　　第三，大力鼓励和培育基层自治组织开展能力建设，充分发挥各种社会组织的自治功能。除了发挥社区的自治作用，太仓市各级政府也着力于培养其他社会组织的协同作用和社会工作人才的专业作用。为培育社工和社会组织，太仓市2012年专门制定了《太仓市"三社联动"实施计划》，提出"到2015年全市万人拥有社会组织数要达10家以上，备案的社区社会组织数达每个城市社区10个、农村社区5个，等级社会组织达30%以上"[2] 的目标。目前，太仓市还准备逐步改变社会组织的管理模式，降低登记门槛。太仓市政府还专门出资建设了面积1000平方米的社会组织服务中心，为处于萌芽期或初创期，群众需求多、发展前景好、服务潜力大的社会组织提供孵化服务。

　　第四，加大民生投入，完善公共服务管理服务机制，健全劳动就业和社会保障制度。2005年，太仓在江苏省率先启动了劳动和社会保障"村村通"工程，在各村、各社区建立了劳动保障服务站。2012年，太仓市人社局计划进一步推进政府公共民生服务"户户通"工程。在建立城乡社会医疗保险一体化方面，太仓市在全国首创了"大病住院担保机制"，对符合条件的对象，实施强力保障社会医疗的机会公平，防止"因病致贫"现象的发生。在社会服务信息化方面，太仓市人社局实施了以"数据集中、职能下延、全市联网、信息共享"为重点的劳动保障信息系统建设。

---

　　〔1〕"'政社互动'：权随责走，费随事转"，载苏州新闻网2012年9月4日，http：//www. subaonet. com.

　　〔2〕"'政社互动'还权于民—苏州太仓"，载《苏州日报》2012年4月27日，http：//www. subaonet. com/2012/0427/914100. shtml.

第五，积极推动能动司法，妥善解决各种纠纷。为了配合"政社互动"的改革，提供优质高效的司法服务和保障，太仓市人民法院积极延伸审判职能，主动向政府、社区和村委会等有关部门提出司法建议，充分发挥巡回法庭的作用，送法下乡，推动乡镇民主法治建设。在法庭审判实践中，注重调判结合，丰富各种调解新法。太仓法院还着力完善了"和谐共建"平台，构建矛盾化解前沿阵地，加强了"一镇一调解室"，"一镇一法官"的工作力度，并进一步完善了诉讼服务中心和诉前调解工作室的建设。同时，进一步规范完善了信访工作平台和弱势维权平台，体现司法关怀社会效果。比如更多关注弱势群体维权，开展"农民工讨薪"专项执行活动；针对小微企业融资艰难的生存困境，制定落实《服务小微企业发展的八项措施》，全力助推小微企业健康快速发展；在对外地未成年人犯社区矫正方面，推出"同城待遇"的政策，构建非太仓籍未成年犯的矫正体系。[1]

---

[1] "太仓法院践行'能动司法'开创司法为民新局面"，载太仓新闻网 2012 年 10 月 9 日，http://www.tc.chinanews.com/1/2012/1009/34972.html.